머리말

'슈퍼모델 선발대회'에서 한 트랜스젠더가 최종결선에 올랐다는 보도가 눈길을 끈다. "죽을 만큼 울었다"는 그녀의 고백을 완벽하게 이해할 수 없을지도 모른다. 그렇지만 여성으로 다시 태어난 그녀는 분명 당당하고 아름다워 보인다. 여성모델 선발대회가 가질 수도 있는 '성의 상품화'라는 이슈는 잠시 잊도록 하자. 단지 '바뀐 성(gender)'으로 꿈을 이루기 위해 최선을 다하는 그녀의 열정만 보도록 하자. 태어날 때 그녀가 갖고 있던 성기(sexual organ)에 따라 결정된 성별(sex designation)을 평생토록 그녀에게 강요했다면 그녀는 지금처럼 열정을 가지고 행복하게 살 수 있었을까?

성별이 바뀔 수 있다면 같은 성별의 사람들이 사랑하고, 결혼할 수 있다는 사실도 그리 공포심이나 혐오감을 가질 일은 아니다. 트랜스젠더가 사랑하고 결혼한다면 이 커플(연인들 또는 부부)의 생물학적 성별은 동성(same sex)이니까 말이다. 그래서 트랜스젠더는 동성애로 가기 위한 '징검다리'라는 말을 하는지도 모른다. 미국과 캐나다, 그리고 유럽을 중심으로 동성간의 혼인 혹은 결합이 합법화되고 있다. 오랜 역사와 전통을 가진 '혼인(marriage)'이라는 말의 무게를 떨쳐버리지 못한 나라들에서는 혼인이라는 말만 사용하지 않을 뿐이지 혼인과 같거나 거의 비슷한 수준의 법적 보호와 혜택을 동성커플에게 제공하고 있다. 물론 많은 이슬람권 국가에서는 여전히 동성애가 범죄에 해당한다. 이런 삶의 아이러니가 어디 있을까? 어느 나라에서 태어났느냐에 따라 '아름다운 사랑'이 되기도 하고 '저주받은 범죄'가 되기도 하다니.

동성애에 대한 공포심 또는 혐오감은 남성 동성애자들에게서 많이 발견되는 HIV감염에서 연유하는 것으로 보인다. HIV라는 바

이러스로 인해 발병된다고 알려진 에이즈(AIDS)가 인류의 생존에 치명적인 현대판 흑사병이 될 수 있다면 그런 공포심이나 혐오감이 결코 과장된 것만은 아니다. 하지만 HIV감염은 임신이나 수혈 또는 주사바늘을 통해서도 감염되는 것으로 알려져 있고, 콘돔의 사용으로 충분히 예방할 수 있다는 보고도 있다. 아무튼 HIV감염은 많은 경우에 성교행위(sexual intercourse)를 통해 전염되는 질병임은 분명하지만 일상적인 접촉을 통해서는 전염되지 않는다는 사실도 분명하다. 이 지점에서 HIV의 위험성에 대한 인식과 함께 HIV감염인이나 에이즈환자에 대한 사회적 낙인과 합리적 근거 없는 차별대우의 부당성을 지적할 필요가 있다. 누구나 자신이 부담해야 할 책임을 지는 것만으로 충분하니까.

세상에는 많은 소수자(minorities)가 있지만 섹슈얼리티(sexuality)와 관련된 소수자들만큼 가혹하지만 가려진 현실에 일상적으로 노출된 집단도 없다. 섹슈얼리티의 배후에는 늘 '편향된(biased) 도덕'이 자리잡고 있고, 도덕처럼 변화되기도 어렵고 심지어 이중적이기까지 한 규범도 없기 때문이다. 이 책에서는 섹슈얼리티와 관련된 세 집단의 소수자들(트랜스젠더, 동성애자, HIV감염인/AIDS환자)을 다루고 있다. 자칫 진지하고 차분한 논의는 빠진 채, 선정적이고 자극적인 가십과 '마케팅'으로 포장된 상업적 이용만 난무할 수 있는 이런 주제들에 대하여 이성적 논의의 지평이 확대되기를 기대하면서 이 책을 세상에 내놓는다. 기꺼이 출판을 결정해준 세창출판사의 꼼꼼하고 수준 높은 편집, 그리고 수많은 문헌과 자료의 수집과 교정에 시간과 열정을 아끼지 않은 나의 조교 이승택과 유철희의 헌신적 노고에 대해서 이 자리를 빌려 감사의 말을 전한다.

2009년 여름
안암동 연구실에서
이 준 일

차 례

제1장 | 서 론

제2장 | 성정체성과 트랜스젠더의 권리

제3장 | 성적 지향과 동성애자의 권리

제4장 | HIV와 에이즈환자의 권리

제5장 | 결 론

Sexuality
and
Law

제1장 | 서 론

- 섹슈얼리티의 법적 문제 -

I. 섹슈얼리티

사람은 태어나서 사랑하다가 죽는다고 해도 완전히 틀린 말은 아니다. 여기서 '사랑한다'는 말에는 어떤 사람과 함께 살거나(동거) 잠자리(섹스)를 같이한다는 의미도 포함된다. 정신적 사랑만이 사랑이 아니고, 사랑은 육체적 사랑까지 포함하기 때문이다. 그러니까 인간은 사랑하는 누군가와 함께 살거나 잠자리를 같이하다가 죽어 간다고 말할 수 있다. 그래서 '사랑(love)'과 '섹스(sex)'는 인간의 삶에서 가장 중요한 것들 가운데 하나다. 사랑과 섹스를 뺀 문학이나 예술을 상상할 수 있는가? 어쩌면 사랑과 섹스는 인간의 삶을 규정하는 가장 본질적인 요소인지도 모른다. 이런 사랑이나 섹스와 관련된 모든 것을 '섹슈얼리티(sexuality)'라고 부르기로 하자.[1] 그러면 섹슈얼리티의 개념에는 사랑이나 섹스와 관련된 모든 대상, 다시 말해 사랑이나 섹스와 관련된 인간의 감정, 태도, 표현, 행동, 관계 등 다양한 내용이 포함될 수 있다. 예를 들어 이성(opposite sex)의 상대방에 대한 좋아하는 감정, 부끄러워하는 태도, 사랑한다는 표현, 몸을 접촉하는 행동, 서로의 헌신적인 관계 따위가 섹슈얼리티의 범주에 속한다.

II. 법

1. 사회규범으로서 법규범

우리가 흔히 '법'이라고 부르는 것은 정확히 말하자면 '법'이

1) 섹슈얼리티의 개념은 다양하게 정의된다. 예를 들어 "성적 특질을 지칭하는 추상명사"로 정의하는 설혜심, "더 풍부한 '섹슈얼리티의 역사'를 위해," <역사비평>, 통권 제75호(2006년 여름호), 424면 참조.

라는 형식을 가진 규범, 즉 '법규범'을 뜻한다. 법규범은 여러 형태의 사회규범 가운데 하나다. 우리가 잘 알고 있는 사회규범에는 도덕규범, 윤리규범, 종교규범 등이 포함된다. 이러한 사회규범들은 사회공동체의 가치와 판단기준을 제시함으로써 질서를 형성하고 유지한다. 사회규범의 한 형태인 법규범은 다양한 '법규정'(실정법의 문언/text)으로 표현되는 '규범(norm)'을 의미한다. 규범의 하나로서 법규범은 인간의 '행동(behaviour)'과 '관계(relationship)'를 규율한다.

2. 규범으로서 법규범

우선 법규범은 한 사회의 구성원으로서 인간이 어떤 행동을 해야 하고, 또 어떤 행동을 하지 말아야 하며, 그리고 어떤 행동을 해도 되는지를 규율한다. 왜냐하면 법규범은 일정한 행동을 명령(obligation: 반드시 해야만 하는 행위)하거나 금지(prohibition: 반드시 하지 말아야 하는 행위)하고, 또한 허용(permission: 할 수도 있고 하지 않을 수도 있는 행위)하기 때문이다.[2] 법규범이 명령한 행동(예: 자동차를 운전할 때는 반드시 안전벨트를 착용해야만 한다)은 반드시 이행해야 하고, 법규범이 금지한 행동(예: 금연구역에서는 흡연을 하지 말아야 한다)은 반드시 하지 말아야 한다. 명령과 금지는 모두 일정한 의무를 부과하는 것이고, 이러한 의무를 이행하지 않은 경우에는 일정한 제재(sanction)가 부과된다. 반면에 법규범이 허용한 행동에 대해서는 개인의 결정에 따라 할 수도 있고, 하지 않을 수 있는 선택(choice)의 가능성이 부여된다. 이러한 선택의 가능성 안에서 사람들은 자유(freedom)를 향유하게 된다. 따라서 자유란 어떠한 의무(명령 또는 금지)도 부과되지 않은 허용의 상태에서 자신이 원하는 대로 할 수 있는 개인의 지위를 뜻한다. 결국 사회구성원들은 법규범이 부과한 의무를 이행하

2) 규범의 세 가지 양식으로서 명령, 금지, 허용의 개념과 상호관계에 대해서는 이준일, <헌법학강의>, 제3판(2008), 376면 이하 참조.

기만 하면 자신이 원하는 바(결정・선택)에 따라 자유롭게 행동할 수 있다.

다음으로 법규범은 사회구성원들 상호간의 관계를 규율한다. 법규범을 통해 형성되는 사회구성원들의 관계는 권리(right)와 의무(obligation)의 관계로 구성된다. 법규범에 따라 권리를 부여받은 자는 상대방에게 권리의 내용을 이행하도록 요구할 수 있다. 따라서 권리의 상대방은 권리의 내용을 이행해야 할 의무가 있다. 이행되지 않은 의무에 대해서는 국가가 개입하여 이행을 강제한다. 이처럼 사회의 구성원들은 법규범에 따라 부여된 권리와 의무의 복잡한 그물망 속에서 얽히고설킨 관계를 형성하면 살아간다.

3. 강제규범으로서 법규범

인간의 행동과 관계를 규율하는 규범이라는 점에서 법규범은 다른 사회규범과 차이가 없다. 법규범을 다른 사회규범과 구분하는 본질적인 차이는 강제력에 있다. 행동과 관련되든 관계와 관련되든 법규범은 국가를 통해 강제된다. 강제의 형태는 형벌이나 손해배상일 수도 있고, 국가에 의한 강제집행일 수도 있다. 강제되는 규범인 만큼 법규범은 그 내용의 의미가 명확해야 한다. 다시 말해 법규범의 의미내용에 대해서 모든 사람들이 객관적으로 인식할 수 있어야 한다. 그리고 국가에 의해 강제되는 법규범은 반드시 필요한 경우에만 제정될 필요가 있다. 매우 단순하게 말하자면 법규범은 사회구성원들 상호간의 이해관계를 조정하고 사회의 공익상 필요한 경우에만 제정되어야 한다.

III. 섹슈얼리티와 법

사랑이나 섹스와 관련된 인간의 감정, 태도, 표현, 행동, 관계 등에 대해서 법은 어떤 경우에 개입할 수 있는가? 인간의 행동과 관계를 규율해야 하는 강제규범으로서 법규범이 섹슈얼리티와 관련해서는 언제가 사회구성원들 상호간의 이해관계를 조정하고 공익상 필요한 경우에 해당하는가?

우선 사랑이나 섹스와 관련된 인간의 '감정'이나 '태도'는 인간의 내면에 머물러 있는 한 다른 사회구성원들과 아무런 관련도 없고, 공익과의 관련성도 전혀 존재하지 않는다. 따라서 인간의 내면에 머물러 있는 한 상대방을 좋아하는 감정이나 태도를 법규범을 통해서 규율해야 할 필요성은 없다고 보인다. 질풍노도의 청년기에 꿈속에서 짝사랑하는 여성을 보듬고 몽정(夢精)을 해도 법적으로 규율할 수 없는 것과 같다. 반면에 사랑이나 섹스와 관련된 인간의 감정이나 태도가 외적으로 표출된 '표현'이나 '행동'은 다른 사회구성원들에게 영향을 미치고, 공익과 깊은 관련을 맺는다. 이것은 다른 사회구성원을 사랑한다는 표현이나 행동이 반드시 법규범을 통해 규율되어야 함을 의미한다. 마음속으로는 어느 누구를, 그리고 어떤 방식으로든 좋아하고 사랑하는 감정과 태도를 가질 수 있지만 상대방이 원하지 않는 또는 사회적으로 허용되지 않는 방식으로 좋아하고 사랑하는 마음을 표현하거나 행동으로 옮길 수는 없다. 예를 들어 스토커의 경우처럼 상대방이 원하지 않는데 수시로 '사랑한다'는 문자메시지를 보내거나 상대방의 문 앞에서 매일 꽃을 들고 서성이는 행동, 심지어 원하지 않는 상대방의 몸을 만지거나 강제로 성행위를 시도하는 행동은 법적으로 금지되고 처벌이 가해진다.

여기서 섹슈얼리티와 관련된 표현이나 행동으로서 법규범에 의해서 금지되어야 하는 표현이나 행동의 범주에 포함되는 것들을 판단하는 기준을 제시해볼 수 있다. 무엇보다 다른 사회구성원의 기본적 권리를 침해하는 표현이나 행동은 금지된다. 타인의 명예나 사생활 또는 성적 자기결정권을 침해하는 성적 표현이나 행동은 사랑이란 이름으로 정당화될 수 없다. 그리고 한 사회의 기본적 합의를 담은 헌법의 기본가치(constitutional basic value)나 사회공동체의 공익(public interest)을 침해하는 표현이나 행동도 금지된다.[3] 문제는 무엇이 헌법의 기본가치와 사회공동체의 공익에 해당하는지 하는 점이다. 또한 헌법의 기본가치나 사회공동체의 공익에 포함된 내용의 의미는 시간의 흐름에 따라 변화될 수 있다는 점이다. 그런 것들 중에 가장 대표적인 것이 성별의 결정기준과 변경가능성, 혼인의 개념과 동성간의 결합에 대한 인정과 처우, 에이즈환자에 대한 인식이다. 이 책에서는 바로 이러한 주제에 대해서 논의하게 될 것이다.

---

3) 예를 들어 포르노그래피에 속하는 성적 표현이나 성매매와 같은 성적 행동이 해당한다. 포르노그래피와 성매매에 대해서는 이준일, <인권법: 사회적 이슈와 인권>, 제2판(2009), 제13장 및 제23장 참조.

Sexuality and Law

제2장 | 성정체성과 트랜스젠더의 권리

Constitutional and Legal Issues in Gender Identity, Sexual Orientation and HIV/AIDS

제1절

문제제기

I. 무엇이 문제인가?

1. 세 가지 특별한 사건

영국에서 다음과 같은 세 가지의 특별한 사건이 발생했다.

:: [사건 1] ::

C는 스물일곱 살이었던 1995년 크리스마스에 강간을 당한다. C는 1958년 남성의 성기를 가지고 생물학적 성별로는 남성으로 태어났다. 하지만 1994년 자신의 성기를 제거하고 여성의 성기를 인공적으로 만드는 성전환수술을 받았다. 영국형법에 따르면 남성이 여성이나 남성을 강간하는 것은 범죄행위다. 여기서 강간이란 사람의 질(vagina)이나 항문(anus)에 성기를 삽입하는 것을 말한다. 인공질(artificial vagina)을 가지고 있는 C에 대한 강간행위는 형법상 범죄행위인 강간에 해당하는가? [Regina v. John Matthews 사건[1)]]

:: [사건 2] ::

1946년 남성의 신체를 가지고 태어난 E는 스물한 살이 되던 해에 한 여성과 결혼하였으나 1971년 이혼했다. 이혼 후 E는 여성의 옷을 입고 다니면서 여성으로 생활하였고, 1981년에는 성전환수술을 받아 고환(testicle)과 성기(penis)를 제거한 뒤 그 자리에 '인공질'이라 부르기도 하는

1) 1996년 10월 28일에 선고된 형사법원(Crown Court) 결정 RCC NO. T960397 참조. 결정문은 영국 트랜스젠더 인권단체인 'The Press for Change'의 웹사이트(www.pfc.org.uk)에서 인용.

구멍(orifice)을 만들었다. 같은 해 5월 E는 생물학적으로 남성인 B와 결혼식을 올렸고, B는 E가 남성으로 태어나 성전환수술을 받았다는 사실에 대해서 잘 알고 있다. E는 1999년 영국 가족법(Family Law Act: FLA, 1986)[2]에 따라 가정법원에 자신이 B와 맺고 있는 혼인관계의 확인을 구하는 소송을 제기하였다. E는 B의 여성배우자로 인정될 수 있는가? 또한 E와 B의 결혼은 법률적 혼인으로 인정될 수 있는가? [Belinger v. Belinger 사건[3]]

:: **[사건 3]** ::

1955년생인 X는 생물학적으로 볼 때 여성으로 태어났지만 청소년기를 겪으며 남자로 살기를 원하는 자신의 성정체성을 고민하는 가운데 종종 자살의 충동을 느꼈다. 결국 X는 스무 살이 되던 1975년부터 호르몬 치료를 받으며 본격적으로 남자로서의 삶을 살아가면서 1979년에는 여성인 Y(1959년생)와 동거를 시작했다. 마침내 X는 1979년 말에 성전환수술을 받았고, 1992년 1월 Y가 타인의 정자를 기증받아 인공임신(AID)을 하게 되었으며, 같은 해 10월 Z를 낳았다. X는 법적으로[4] Z의 아버지가 될 수 있는가? [X, Y, Z v. the United Kingdom 사건[5]]

세 가지 사건에서 공통적으로 등장하는 사람들이 있다. 남자의 성기를 가지고 태어났지만 자신을 여성이라고 '생각하는' 사람들,

---

2) 영국 가족법(FLA) 제55조(혼인에 관한 지위의 확인) 제1항 제(a)호에 따르면 혼인이 처음부터 유효한 혼인이라는 확인을 법원에 신청할 수 있다.

3) 2000년 11월 2일에 선고된 가정법원 결정과 2001년 7월 17일에 선고된 항소법원 결정 [2001] EWCA Civ 1140 및 2003년 4월 10일에 선고된 최고법원(House of Lords) 결정 [2003] UKHL 21 참조. 가정법원 결정문과 항소법원 결정문은 영국 트랜스젠더 인권단체인 'The Press for Change'의 웹사이트(www.pfc.org.uk)에서, 최고법원 결정은 영국 의회 웹사이트(www.parliament.uk)에서 인용.

4) 영국의 「인간의 생식과 발생에 관한 법률」(The Human Fertility and Embryology Act, 1990)에 따르면 혼인하지 않은 여성이 그 파트너의 동의로 타인의 정자를 기증받아 임신한 경우에 정자기증자가 아니라 그 파트너가 태어난 아이의 법적인 부(아버지)가 된다(동법 제28조 제3항).

5) 1997년 4월 22일에 선고된 유럽인권재판소(European Court of Human Rights: ECHR) 결정 75/1995/581/667 참조.

여자의 몸으로 태어났으나 남성으로서의 삶을 살기 '희망하는' 사람들, 바로 트랜스젠더(transgender)다. 세 가지 사건은 좀 복잡해 보이기도 하지만 사실 문제는 매우 단순할 수도 있다. 트랜스젠더가 자신이 '생각하는' 대로 여성으로 살게 하거나, 본인이 '희망하는' 남성으로서의 삶을 살도록 해주면 문제는 간단하게 해결된다. 하지만 사람의 생각이나 희망은 바뀔 수 있다. 그것도 수시로 바뀔 수 있다. 그렇다면 성별에 관한 자신의 생각이나 희망이 바뀔 때마다 성별을 자유롭게 바꿀 수 있는가? 만약 그럴 수 있다면 우리는 사람을 만날 때마다 매번 그 사람의 성별을 확인해야 한다. 당신은 지금도 남자인가요? 어제는 여자였는데 혹시 오늘은 바뀌지 않았나요? 극단적으로 말하자면 어떤 사람은 하루에도 여러 차례 성별을 변경할 수 있다.

하지만 트랜스젠더의 경우에도 성별이란 그렇게 마음대로 바꿀 수 있는 것이 아니다. 위의 세 가지 사건에서 등장하는 트랜스젠더들이 받은 성전환수술은 많은 고통과 엄청난 비용, 그리고 오랜 시간을 수반하므로 마음이 바뀔 때마다 받을 수 있는 것이 아니기 때문이다. 실제로 거의 모든 트랜스젠더는 '오직 한 번'의 성전환을 희망하지 여러 차례, 그것도 수시로 성전환을 희망하지는 않는다. 따라서 본인의 희망하는 대로 성별을 변경하는 것이 일생동안 단 한 번만 허용된다면 성별변경에 대해서 인정하지 못할 이유가 없다. 더욱이 엄격한 요건을 정하여 전문의사의 진단과 집도로 성전환에 관한 치료나 수술을 받은 트랜스젠더의 경우에는 성별의 변경을 인정해도 문제가 없을 것이다. 다만 문제는 성별을 변경한 트랜스젠더에게 변경된 그 성별을 태어날 때부터 가진 사람들에게 인정되는 모든 법적 효과를 동일하게 인정할 것인지 여부다. 예를 들어 혼인 등의 가족관계, 강간처럼 특정한 성별의 사람만이 대상이 되는 범죄, 성별을 구분하여 진행되는 스포츠경기의 경우에도 트랜스젠더의 변경된 성별을 법적 효력이 있는 성별로 인정할 것인지가 문제될 수 있다.

2. 주관적 성별과 객관적 성별

사람은 혼자 사는 존재가 아니므로 스스로 자신의 성별을 무엇으로 인식하는지도 중요하지만 다른 사람들이 그 사람을 어떤 성별로 인식해 주는지도 대단히 중요하다. 본인 스스로 인식하는 자신의 성별을 **주관적 성별**(subjective gender)이라고 부른다면 다른 사람들이 인식해 주는 성별을 **객관적 성별**(objective gender)이라고 부를 수 있다. 주관적 성별의 경우에는 우선 자신의 생각과 희망에 따라 수시로 바뀔 수 있다는 점에서 이러한 의미의 성별을 도대체 성별이라고 부를 수 있는지 여부부터 문제가 된다. 만약 주관적으로 인식하거나 희망하는 성별이 독립적인 의미의 성별로 인정받으려면 어느 정도의 '진지성'을 가지고, 또한 어느 정도의 '지속성'을 가지고 있어야 한다. 특히 진지성과 지속성의 측면에서 한 번 바뀐 성별은 다시 바뀌는 일이 없어야 할 만큼 강력한 것이어야 한다(재변경 불가능성). 한편 객관적 성별의 경우에는 어떤 사람의 성별에 대해서 다른 사람들이 동일하게 인식할 수 있는 '징표'가 무엇인지가 문제된다. 이러한 징표는 무엇보다도 모든 사람들에게 경험적인 확인이 가능한 '인식가능성' 및 시간이나 공간의 변화에 따라 변화되지 않는다는 '불가변성'을 본질적인 특성으로 가진다. 아무튼 객관적 성별보다는 주관적 성별을 확인하기가 더 어려워 보인다. 주관적 성별로 인정하기 위한 '진지성'을 판단하는 기준이 대단히 불명확하기 때문이다. 그래서 일반적으로는 객관적 성별이 선호된다.

하지만 객관적 성별의 경우에도 여전히 문제는 남아 있다. 우선 객관적 성별의 본질적 특성인 불가변성 또는 고정성과 관련하여 과연 성별은 변경될 수 없는지에 대해서 의문이 든다. 다시 말해 한 번 남자는 영원한 남자고, 한 번 여자는 영원한 여자인가?

그렇다면 남성에서 여성으로 또는 여성에서 남성으로 성전환수술을 받은 트랜스젠더의 경우에도 태어날 때 부여받은 성별을 죽을 때까지 유지해야 하는가? 하지만 이것은 트랜스젠더에게 너무나 가혹하다. 마치 사람에게 맞는 침대를 고르는 것이 아니라 침대에 맞춰 사람의 몸을 잘라내는 격이 되기 때문이다. 여기서 객관적 성별을 결정하는 기준이 도대체 무엇인지에 관한 근본적인 의문이 생긴다. 태어나면서 한 번 결정되면 평생토록 바뀔 수 없는 '성염색체'인가? 아니면 '성전환수술'이라고 부르는 의학적 치료에 의해서 적어도 외관상으로는 변경될 수 있는, 하지만 한 번 바뀌면 다시 바뀌는 것은 불가능하기 때문에 바뀌기 위해서 엄청난 결심을 필요로 하는 '성기'나 '생식기관'인가? 만약 성별의 결정기준이 오로지 성염색체라면 현재의 의학기술도 인간의 성염색체를 변경하는 수준에는 이르지 못하였으므로 인간의 성별은 영원히 변경될 수 없고, 트랜스젠더는 성전환수술을 받는다고 하더라도 태어날 때의 성별로 살아야 하는 가혹한 현실에 부딪히게 된다. 하지만 성기나 생식기관도 성별을 결정하는 하나의 기준으로 고려될 수 있다면 인간의 성별은 성기나 생식기관의 변화로 변경될 수 있고, 트랜스젠더는 태어날 때의 성별을 버리고 성전환수술을 통해 변경된 성별에 따라 남은 삶을 살아갈 수 있게 된다. 따라서 성별을 객관적 성별로 이해하고, 객관적 성별의 본질적 요소를 불가변성(고정성)으로 고집하는 한에서 성별의 기준은 우선적으로 성염색체가 될 수밖에 없다. 결국 객관적 성별의 개념을 유지하는 경우에 불가변적인 성염색체에 따라 성별을 구분함으로써 트랜스젠더의 가혹한 현실에 눈감든지 아니면 이러한 현실을 고려하여 불가변성을 객관적 성별의 징표에서 배제함과 동시에 불가변적인 성염색체가 아니라 가변적인 성기·생식기관을 성별을 구분하는 기준으로 삼아야 한다.

객관적인 성별을 결정하는 기준으로서 성기·생식기관의 가변성이 우려된다면 객관적 성별을 결정하는 고정적인 기준으로 생각해볼 수 있는 것이 또 하나 있다. 앞서 주관적 성별로 불렸던 것, 다시 말해 자신을 특정한 성별로 느끼거나 인식하는 '성정체성'도 고정적인 기준이 될 수 있다. 여기서 객관적 성별과 주관적 성별은 개념적으로 결합될 가능성이 있다. 물론 성정체성은 성염색체만큼 객관적인 확인이 어려운 것은 사실이지만 적어도 태어날 때부터 고정적인 것이라는 점에서 객관적 성별을 결정하는 기준이 될 수는 있다. 하지만 성정체성을 객관적 성별을 결정하는 기준으로 삼기에는 경험적 확인이 어렵다는 매우 큰 약점이 여전히 존재한다. 도대체 사람의 마음을 객관적으로 확인하는 것이 가능하기나 하단 말인가? 따라서 객관적 성별을 고집하는 경우에 성정체성은 결정적인 판단기준이 되기 어렵다.

3. 제3의 성별 또는 다양한 성별

트랜스젠더, 즉 성별의 전환은 남성(male)과 여성(female)이라는 두 개의 성별을 전제로 한다. 트랜스젠더는 남성에서 여성으로 성별을 전환하거나(male to female: MTF), 여성에서 남성으로 성별을 전환하는 것(female to male: FTM)을 의미하기 때문이다. 여기서 트랜스젠더를 남성도 여성도 아닌, '제3의 성별(the third sex)'이라는 새로운 성별의 범주로 구분하는 것도 가능하지 않을까? 언뜻 객관적 성별과 주관적 성별이 모두 남성 또는 여성으로 일치하는 2개의 성별 범주 외에 객관적 성별과 주관적 성별이 서로 불일치하는 세 번째 성별 범주를 구성해보는 것도 트랜스젠더가 처한 가혹한 현실을 어느 정도 해결해 줄 수 있을 것으로 보인다. 이것은 객관적 성별과 주관적 성별의 구분이 가지는 문제점을 한 번에 해소할 수도 있다. 원칙적으로 객관적 성별의 개념을 견지하면서도 불가변성이나 인식가능성의 표지에 대한 예외를 둘 수 있는 성별개념의 구성이 가능해지기 때문이다. 이러한 구성에 따르면 인간은 원칙적으로 객관적 성별의 개념에 근거해 성염색체를 기준으로 남성과 여성으로 구분된다. 그리고 경험적 확인은 가능하지만 변경이 가능한 성기나 생식기관 또는 경험적 확인은 용이하지 않지만 변경이 불가능한 성정체성을 기준삼아 인간을 예외적으로 제3의 성별에 분류시킬 수 있다. 이와 같은 분류에 의하면 성전환수술을 받아 성기와 생식기관을 변경한 사람 또는 성염색체에 따른 성별과 반대되는 성별로 자신을 인식하는 성정체성을 가진 사람은 제3의 성별에 포함될 수 있게 된다. 하지만 트랜스젠더는 객관적 성별과 주관적 성별이 불일치하는 사람을 의미하고, 객관적 성별이나 주관적 성별도 남성과 여성이라는 두 개의 범주로 구분된 성별을 전제한다면 트랜스젠더를 제3의 새로운 성별로 범주화하는 경우에도 여전히 남성과 여성의 이분법적 구분은 불가피하다.

차라리 남성과 여성의 구분을 완전히 없애는 것은 어떤가? 대신에 다양한 성별을 인정하는 것은 어떤가? 객관적 성별은 남성이 아니면 여성이라는 식의 이분법적으로 구분될 수 있다. 하지만 주관적 성별은 남성성과 여성성의 함유정도에 따라 개인마다 차이를 보일 수 있다. 예를 들어 0퍼센트의 남성성과 100퍼센트의 여성성을 가진 사람부터 100퍼센트의 남성성과 0퍼센트의 여성성을 가진 사람까지 다양한 성별의 스펙트럼을 만들어볼 수 있다. 이러한 기준에 따르는 경우에도 비슷한 유형의 사람들을 범주화하는 것이 가능하겠지만 사실상 성별을 구분하는 의미는 사라진다. 이러한 해결방식이 트랜스젠더의 문제를 근본적으로 해결하는 대안이 될 수도 있다. 하지만 실제적으로 트랜스젠더의 문제는 남성과 여성의 이분법적 구분을 전제로 한 성별의 전환(change)이다. 트랜스젠더가 현실적으로 원하는 것은 여전히 남성과 여성의 이분법적 구분에 따르는 주관적 성별의 인정이기 때문이다. 따라서 성별구분의 완전한 폐지는 트랜스젠더의 문제를 해결하는 데 현실적으로는 크게 도움이 되지 못한다. 결국 남성과 여성의 이분법적 구분을 전제로 성별의 전환가능성을 논의하는 것이 트랜스젠더의 문제를 해결하는

데 실질적으로 유용하다. 게다가 남성과 여성 사이에는 본질적인 차이가 존재한다. 예를 들어 남성은 임신에 참여할 수는 있어도 스스로 임신을 할 수는 없다. 반대로 여성은 본인이 임신할 수는 있어도 다른 사람을 임신시킬 수는 없다. 남성과 여성 사이에 존재하는 이러한 본질적 차이가 확인될 수 있는 한 남성과 여성의 이분법적 구분은 넘어설 수 없는 한계일 수 있다.

4. 성별등록제도와 성별구분

성별의 구분에 관한 현실적 필요성이 없다면 국가는 개인의 성별을 공적 장부에 등록할 필요가 없다. 뒤집어서 생각하면 성별의 구분은 국가가 국민을 성별에 따라 효과적으로 관리하기 위하여 고안해 낸 제도일 수 있다. 그렇다면 왜 국가는 국민의 성별을 구분하여 등록하는가? 성별은 혼인, 상속 등의 가족관계를 규율하고, 강간죄 등과 같이 특정한 성별을 대상으로 하는 범죄를 규정하는 데 필수적인 것으로 보인다. 또한 한국처럼 남성만이 병역의무를 이행해야 하는 법체계를 가진 국가의 경우에 성별의 구분은 징병제도를 운영하기 위하여 반드시 필요하다. 하지만 동성(same sex)간의 혼인이 허용된다면, 또한 남성과 여성의 상속순위나 상속분에 차이가 없어진다면, 그리고 여성뿐만 아니라 남성에 대한 강간도 범죄로 규정하고, 남성과 같이 여성도 병역의무를 이행해야 한다면 성별의 구분은 전혀 필요가 없게 된다. 현실이 반드시 정당한 것은 아니지만 적어도 대부분 국가의 현실에서 동성간의 혼인은 인정되지 않고, 적어도 한국의 현실에서 남성만이 병역의무를 부담해야 한다. 그리고 앞서 지적한 것처럼 임신과 같은 남성과 여성의 본질적 차이를 완전히 배제할 수도 없다. 따라서 국가의 입장에서 볼 때 현실적으로 통용되고 있는 성별의 구분 및 구분된 성별의 등록은 불가피하다고 판단된다.

II. 성별의 결정과 불가변성

1. 주어진 성별

남자와 여자의 이분법적 구분을 전제로 할 때 남자는 남자로, 여자는 여자로 태어난다는 사실은 너무나 당연한 상식에 속하는 것으로 보인다. 남자는 처음부터 남자고, 여자는 처음부터 여자라는 뜻이다. 자연법칙에 따르면 남자나 여자 모두 인생의 시작부터 남자나 여자이지, 인생의 중간에 남자가 되거나 여자가 되는 사람은 없다. 남자와 여자는 태어나면서 생김새(외모)부터 다르다. 무엇보다 외부로 드러난 성기(genitalia)가 다르다. 실제로 대부분의 부모는 태어난 자녀의 성기를 보고 자녀의 성별을 구분하게 된다. 남자와 여자의 성기가 다른 것은 성염색체(sex chromosome)가 다르기 때문이다. 성염색체는 눈으로 확인할 수 있는 성기나 생식기관(sex organs)뿐만 아니라 눈으로 볼 수 없는 생식기관도 다르게 만든다. 남자는 고환(testicle, testis)이나 정관(sperm duct)과 같은 남자의 생식기관을 가지고, 여자는 난소(ovary)나 자궁(uterus)과 같은 여자의 생식기관을 가지고 태어난다. 게다가 남자와 여자는 태어날 때부터 행동방식과 생활방식도 많이 다르다. 개인차는 있을지라도 남자아이들은 대체로 시끄럽고 거칠지만, 여자아이들은 대체로 조용하고 부드럽다. 남자와 여자의 머리스타일이 다르고, 남자와 여자는 옷 입는 것(dress code)도 다르다. 가끔씩 반대의 성별이 입는 옷을 입기 좋아하는 **복장도착자**(transvestite)라는 사람들이 존재하기는 하지만 이들은 예외적인 경우에 해당한다. 그리고 어쨌든 대부분의 사람들은 태어날 때 부여받은 성별을 자신의 성별로 인식하고 살아간다. 결국 자신의 의지나 희망과 상관없이 유전학적으로(성염색체에 의해) 또는 해부학적으로(성기나 생식기관에 의해) 결정된 성별에 따라 남자와 여자로 명확하게 구분되어 태어나고, 그렇게 결정된 성별에 따라 어느 정도 결정된 삶을 살아가게 된다.

2. 변화될 수 없는 성별

사람을 남자와 여자의 이분법에 따라 구분할 경우에 더 중요한 것이 있는데 일반적으로 남자와 여자의 구분은 평생토록 변경되지 않는다는 사실이다. 거의 모든 사람은 남자로 태어나면 죽을 때까지 남자고, 여자로 태어나서 남자가 되는 일은 결코 없다. 성별은 출생과 더불어 결정되고, 죽을 때까지 변경되지 않는다는 것도 의심할 수 없는 상식에 속한다. 태어날 때 한 번 결정된 성염색체는 어떠한 경우에도 변할 수 없기 때문이다. 또한 그에 따라 결정된 성기나 생식기관도 반대의 성별이 가진 성기나 생식기관으로 바뀔 수 없다. 물론 염색체의 이상으로 성염색체만 가지고는 남성과 여성의 구분이 명확하지 않은 사람도 있다. 또한 남성의 성염색체(XY)를 가졌지만 남성의 성기가 명확하게 드러나지 않는 사람, 그리고 여성의 성염색체(XX)를 가졌지만 남성의 성기와 유사한 것을 가지고 있는 사람도 있다. 이런 **간성**(inter-sex)의 사람들을 흔히 '중성' 또는 '양성'이라고도 부른다. 이런 사람들은 수술을 통해 하나의 성별로 자신의 성별을 확정하게 된다. 아무튼 이런 사람들도 대단히 예외적인 경우에 해당한다. 그보다 중요한 사실은 간성의 사람들이 받는 수술이 성별을 '변경'하는 수술이 아니라 성별을 '확정'하는 수술이기 때문에 성별의 불가변성은 그 사람들에게도 그대로 적용된다는 점이다. 그렇다면 한 번 결정된 성별은 변할 수 없다는 것이 거의 보편적인 진리에 속할 수도 있다.

III. 성별의 혼란

하지만 앞에서 제시한 세 가지의 사건에서 등장하는 사람들처럼 남자로 태어났는데 자신을 여자라고 생각하는 사람, 여자로 태어났는데 남자로 살고 싶은 사람들을 가끔씩 만나게 된다. 이른바 **성정체성혼란**(gender identity disorder)을 겪으며 살아가는 사람들이 우리 주위에 존재하는 것이다. 성정체성혼란이란 쉽게 말해 '몸의 성별(신체적 성별)'과 '마음의 성별(정신적 성별)'이 불일치하는 현상이다. 신체적 특성이나 성징을 통해 확인되는 몸의 성별은 '유전학적(generic) 성별'이나 '생물학적(biological) 성별' 또는 '해부학적(anatomic) 성별'이라고 부른다. 반면에 내면의 생각이나 감정을 통해 나타나는 마음의 성별은 '심리적(psychological) 성별' 또는 '성정체성(gender identity)'이라고 부른다. 대부분의 사람은 몸(신체)의 성별과 마음(정신)의 성별이 일치한다. 남자의 몸을 가지고 태어나면 자신의 정체를 남자로 인식하고, 여자의 몸을 가지고 태어나면 자신의 정체를 여자로 인식하는 것이 일반적인 현상인 것이다. 따라서 남자의 몸으로 태어났는데 자신이 여자일지도 모른다는 생각이 들거나 여자의 몸으로 태어났는데 자신이 남자일 수도 있다는 느낌이 드는 것은 특별한 것이다. 이러한 특별한 생각과 느낌을 가진 사람들을 '트랜스젠더'라고 부른다. 그리고 이 사람들이 자신의 성정체성에 대해서 가지는 혼란스러운 느낌과 생각은 일종의 정신적 질환이나 장애로서 '성전환증(transsexualism)'이라고 부르고, 이런 증세를 가진 사람들을 '성전환자(transsexual)'라고 부른다.

물론 트랜스젠더의 경우에도 신체적 성별은 태어날 때부터 결정되고, 그러한 신체적 성별은 죽을 때까지 변화되지 않는다. 또한 정신적 성별도 태어날 때부터 결정되고, 죽을 때까지 변화될 수 없는 것이라고 볼 수 있다. 따라서 트랜스젠더가 겪는 신체적 성별과 정신적 성별의 불일치도 역시 태어날 때부터 결정된 것으로서 평생을 좌우하게 된다. 결국 인간은 신체적 성별과 정신적 성별이 일치하는 사람들의 그룹과 양자가 불일치하는 사람들의 그룹으로 구분될 수 있다. 전자의 그룹은 남성과 여성으로 쉽게 구분될 수 있지만 후자의 그룹은 그렇지 않다. 신체적 성별과 정신적 성별 가운데 무엇을 판단기준으로 하는지에 따라 다른 성별을 갖기 때문이다. 문제는 신체적 성별과 정신적 성별의 불일치를 인정할 것인지, 그리고 양자가 불일치하는 경우에 무엇을 우선시킬지 하는 점이다.

IV. 성별의 판단기준

1. 성별의 불일치와 성별판단기준

트랜스젠더가 처한 가혹한 현실을 고려한다면 신체적 성별과 정신적 성별의 불일치는 인정되어야 할 것으로 보인다. 두 개의 성별이 불일치하는 현상은 본인의 의지나 희망과 상관없이 태어날 때부터 결정되어서 평생 동안 변화될 수 없는 것이기 때문이다. 이제 남은 문제는 신체적 성별과 정신적 성별이 불일치할 때 어떤 것을 성별을 판단하는 기준으로 삼을 것인지 하는 점이다. 남자로 태어나서도 여자라는 성정체성을 가진 사람, 여자로 태어났지만 남자라는 성정체성을 가진 사람은 남자인가 아니면 여자인가? 이것도 저것도 아니면 앞서 언급한 것처럼 차라리 '제3의 성별'이라고 불러야 하는 중간의 성별이 존재하는 것은 아닌가? 트랜스젠더에 속한 사람들의 성별을 구분하는 기준은 성염색체와 그로부터 결정된 성기나 생식기관인가? 아니면 성별과 관련된 자신의 정체를 남자나 여자로 인식하는 성정체성과 그에 따라 변경된 성기나 생식기관인가? 성정체성에 맞게 인공적으로 만들어진 성기를 도대체 '진정한 의미의' 성기라고 할 수는 있는 것인가? 성전환수술도 하지 않은 사람의 성정체성은 신뢰할 수 있는 '진정한 성별'로 볼 수 있는가? 성전환수술을 하지 않은 경우에는 적어도 생식능력은 없어야 변화된 성별로 인정될 수 있는 것은 아닌가?

2. 성전환수술과 성별판단기준

성정체성의 혼란을 겪는 트랜스젠더는 몸의 성별을 마음의 성별에 맞추기 위해 태어날 때 부여받은 성기나 생식기관을 제거하고 반대의 성별이 가지는 성기나 생식기관을 인공적으로 만드는 수술을 받기도 한다. 남성의 경우에 성기를 제거하고(castration) 여성의 성기(vagina)를 만드는(inversion)수술을 하고, 여성의 경우에 유방제거(mastectomy)나 자궁제거(hysterectomy)를 위한 수술을 하고 남성의 성기(penis)를 만들기 위하여 남근형성술(phalloplasty)이라는 수술을 받는다. 이러한 수술을 **성전환수술**(sex reassignment surgery: SRS)이라고 부른다.[6] 성전환수술에 앞서 정신과적 치료나 호르몬치료가 실시되기도 한다. 정신과 전문의사가 트랜스젠더와 상담하거나, 여성이 되고 싶은 트랜스젠더에게는 여성의 호르몬을, 남성이 되고 싶은 트랜스젠더에게는 남성의 호르몬을 투입하는 것이다. 호르몬치료를 하게 되면 트랜스젠더의 신체는 유전학적으로 결정된 성별과 반대되는 성별이 가지는 신체의 특성을 보이게 된다. 남성처럼 수염이 나고 근육이 생긴다든지 여성처럼 목소리가 변하고 가슴이 부풀어 오르는 것이다. 아무튼 성전환수술이나 호르몬치료를 받은 트랜스젠더는 적어도 외관상으로는 이미 자신이 희망하는 반대의 성별로 변화되었다고 할 수 있

6) 공식적인 기록에 의할 때 전세계에서 첫 번째로 성전환수술을 받은 사람은 덴마크의 화가 Lili Elbe(1886~1931)로 알려져 있다. 그녀는 남성으로 태어나 1930년 독일에서 여성이 되기 위한 첫 번째의 성전환수술을 받은 후, 1931년 다섯 번째 수술을 받고 사망했다. 자세한 내용은 Lesbian Gay Bisexual Trans History Month(www.lgbthistorymonth.org.uk)와 Facial Feminization Surgery (www.facialfeminizationsurgery.info)참조.

다. 그렇다면 이러한 트랜스젠더에게는 자신이 희망하는 성별을 부여해도 되지 않는가?

3. 소 결

우리는 여기서 사람의 성별을 판단하는 기준으로 세 가지 정도를 생각해볼 수 있다. 첫째는 성염색체이고, 둘째는 성기(또는 생식기관), 셋째는 성정체성이다. 전통적으로 성별은 성염색체와 그에 상응하는 성기(또는 생식기관) 등 신체적 특징(성징)을 기준으로 판단했다. 하지만 트랜스젠더의 등장은 성정체성이라는 정신적 특징을 새로운 기준으로서 고려하도록 만들었다. 그리고 성전환수술이나 호르몬치료의 발전은 적어도 성염색체와 성기(또는 생식기관)라는 신체적 특징이 반드시 일치하는 것은 아니라는 사실을 확인시켜 주었다. 이 경우 성염색체보다 성기와 같은 신체적 특징을 기준으로 성별을 판단할 수 있다면 성전환수술을 한 트랜스젠더에게는 성별의 변경을 인정할 만한 근거가 생기는 것이다.

결론적으로 우리가 무엇보다도 주목해야 할 것은 트랜스젠더가 겪고 있는 가혹한 현실이다. 그들의 현실을 '운명'이라는 이름으로 치부할 수 없다면 굳이 성별을 판단하는 기준으로 성염색체를 고집하면서 그들의 성별을 붙잡아 두어야 하는 이유가 어디 있는가? 트랜스젠더들이 주장하는 자신의 성정체성을 성별판단의 기준으로 인정해 주지 않은 이유는 도대체 무엇인가? 목숨을 건 위험스런 성전환수술까지 감행한 그들에게 변경된 성기를 성별판단의 기준으로 삼지 않을 이유는 과연 무엇인가? 이러한 질문을 통해 우리는 다음과 같은 잠정적 결론을 도출해볼 수 있다. ① 성염색체가 성별을 판단하는 절대적 기준은 될 수 없다. ② 신체적 성별과 정신적 성별이 불일치하는 경우에는 정신적 성별을 우선시킬 필요가 있다. ③ 특히 정신적 성별에 맞게 성기나 생식기관을 변경시킨 경우에는 정신적 성별을 우선시키고, 비록 신체적 성별을 우선시키더라도 성염색체보다는 변경된 성기나 생식기관을 신체적 성별을 판단하는 기준으로 삼아야 한다. 이러한 잠정적 결론에 기초하여 트랜스젠더가 부딪히고 있고 구체적인 문제들을 차례대로 살펴보도록 하자.

제2절

이름을 변경할 권리

I. 개　관

신체적 성별과 반대되는 성별을 자신의 성별로 인식하는 트랜스젠더에게 가장 기본적인 문제는 이름(first name)이다. 대부분의 경우에 이름은 그 사람의 성별을 확인시켜주기 때문이다. 일반적으로 여자는 여자의 이름을, 남자는 남자의 이름을 사용한다.[1] 다음번에 태어날 아이가 반대의 성별을 가질 것을 기대하면서 아이의 이름을 지어주기도 하고, 남자아이나 여자아이가 공통적으로 사용하는 중성적 이름을 지어주기도 하지만 대체로 아이의 이름은 성별에 맞게 주어진다. 그런데 이름은 자신이 스스로 짓는 것이 아니라 태어날 때 부모가 지어준다. 물론 부모는 우선 자녀의 성별을 확인하고 그에 따라 그 성별에 맞는 이름을 지어준다. 그리고 그 성별은 성염색체에 따라 결정된 성기나 생식기관을 기준으로 결정된다(신체적 성별). 자신의 자녀가 남자의 성기를 가지고 태어나면 남자의 이름을, 여자의 성기를 가지고 태어나면 여자의 이름을 지어준다. 따라서 트랜스젠더는 자라면서 자신의 성기뿐만 아니라 그에 따라 지어진 이름에 불만을 가질 수밖에 없다.

문제는 성기는 가릴 수 있지만 이름은 감추기가 어렵다는 점이다. 물론 가명이나 별명을 사용하는 것을 생각해볼 수 있다. 남

---

1) 한국에서 전통적으로 여자아이의 이름에 '숙'자를, 남자아이의 이름에 '식'자를 넣는 것을 생각해보자.

성으로 태어났지만 자신을 여성으로 느끼는 트랜스젠더는 여성의 이름을, 여성으로 태어났으나 본인을 남성으로 생각하는 트랜스젠더는 남성의 이름을 본명 대신에 사용할 수 있는 것이다. 하지만 사적인 관계를 넘어 공적인 관계에서는 어쩔 수 없이 본명을 사용해야만 한다. 여기서 본명이란 공적인 장부(예: 주민등록부 또는 가족관계등록부)에 기재된 이름을 말한다. 이렇게 공적으로 기재된 본명을 사용하면 자신의 성별이 드러나게 되고, 자신이 원하는 성별(정신적 성별)과 반대되는 신체적 성별에 따라 대우를 받게 된다. 더욱이 신체적 성별과 반대되는 성별로 자신을 인식하는 트랜스젠더라는 사실이 다른 사람들에게 드러나게 됨으로써 어떠한 차별을 받을지도 모른다. 그래서 트랜스젠더에게 이름은 중요하다. 정확히 말하자면 '자신이 인식하는 성별(성정체성)에 맞는 이름으로 변경할 수 있는 권리(right to change of name according to sexual identity)', 즉 '성정체성을 사유로 한 개명권(改名權)'이 트랜스젠더에게 인정될 필요가 있는 것이다. 이러한 권리는 헌법상 보장된 일반적 인격권의 핵심을 이룬다.[2] 이름은 개인의 인격과 관련된 중요한 징표에 해당하기 때문이다.

II. 트랜스젠더의 개명에 관한 세계 각국의 입법례

트랜스젠더에게 인정되어야 하는 '성정체성에 맞게 이름을 변경할 권리'는 이름의 변경에 관한 일반적 권리와 밀접하게 관련된다. 대부분의 국가에서 본인이 원하면 이름의 변경이 허용된다. 다만 국가마다 이름을 변경하는 요건이 다를 수 있고, 트랜스젠더라는 사실이 그러한 요건에 포함될 수 있는지에 대해서 다른 규정을 가질 수 있다. 만약 트랜스젠더의 이름 변경에 관한 권리가 인정되어야

2) 트랜스젠더의 이름변경에 관한 권리의 헌법적 근거에 대해서는 이준일, "트랜스젠더의 헌법적 문제," <고려법학>(고려대학교 법학연구원), 제50호(2008), 44면 참조.

함에도 불구하고 트랜스젠더라는 사실이 이름을 변경할 수 있는 요건에 포함되지 않거나 포함되는지 여부가 불분명한 경우에는 특별한 법률의 제정을 통해 이 문제를 해결할 필요가 있다. 이하에서는 세계 각국이 트랜스젠더의 이름 변경에 대해서 어떠한 입법을 마련하고 있는지를 검토하기로 한다.

1. 독 일

(1) 개 관

독일은 일찍이 성별을 판단하는 기준으로 성정체성을 포함시켰다. 1980년에 **성전환자의 개명 및 성별변경에 관한 특별법**[3][이하 '성전환자법(TSG)'으로 약칭]을 제정하여 성전환적 증세(transsexelle Prägung)로 인하여 자신이 반대의 성별에 소속되어 있다는 감정(성별소속감: Zugehörigkeitsempfinden)을 가지고 있는 트랜스젠더에게 이름(Vorname) 및 성별을 변경할 수 있는 권리와 절차를 부여한 것이다. 이 법률은 전문가의 의학적 판단에 따라 성전환증(Transsexualismus) 환자로 인정되어 성전환수술(geschlechts anpassende Operation)을 받은 트랜스젠더에게는 헌법상 성별을 변경할 권리가 보장된다는 **1978년의 연방헌법재판소 결정**(제1차 트랜스젠더 결정: 아래 [판례] 참조)이 있은 후에 제정되었다. 연방헌법재판소의 이 결정은 1968년 한 트랜스젠더에 의하여 제기되어 10년에 걸쳐 계속된 법적 투쟁이 이루어낸 결과물이었다.

이 법률의 특징은 성전환수술을 받고 성별변경을 하기 전에도

3) 공식 법률명은 'Gesetz über die Änderung der Vornamen und die Feststellung der Geschlechtszugehörigkeit in besonderen Fällen (Transsexuellengesetz) vom 10. September 1980 (BGBl. I S. 1654)'이고, 최근 2007년 7월 20일 개정되어(BGBl. I S. 1566) 2007년 11월 1일부터 시행되고 있다. 이 법률에 대한 설명은 이준일, "트랜스젠더의 헌법적 문제," <고려법학>(고려대학교 법학연구원), 제50호(2008), 50면 이하, 특히 이 법률의 문제점에 대해서는 52면 참조.

일정한 요건하에서 이름변경이 허가될 수 있다는 점이다. 이러한 이름변경을 **일부해결방식**(kleine Lösung)이라고 부르면서 성전환수술 후의 성별변경을 지칭하는 **전부해결방식**(große Lösung)과 구분하기도 한다. 성전환수술을 받지 않은 트랜스젠더에게 일단 이름을 변경할 수 있는 기회를 부여하는 일부해결방식의 규율은 성전환수술이라는 회복하기 어려운 결정을 내리기 전에 미리 트랜스젠더로서의 삶을 경험하게 하여 성전환수술에 관한 신중한 결정을 유도하는 효과가 있다. 다만 트랜스젠더가 이름을 변경하고도 나중에 원래의 성별로 돌아가는 경우에 발생할 수도 있는 문제들(예: 혼인 또는 임신)을 해결하기 위한 법적 장치가 마련될 필요가 있다. 어쨌든 성전환수술을 받고 성별변경까지 하기 전에 일단 이름을 변경해주는 독일의 제도는 한국에서도 트랜스젠더에게 이름과 성별을 변경할 수 있는 제도를 도입하는 경우에 참고가 될 수 있을 것이다.

[판례] 제1차 트랜스젠더 결정
— 독일 연방헌법재판소 1978. 10. 11. 1BvR 16/72: BVerfGE 49, 286[4) —

[사건 개요] ① 1932년 남성으로 태어난 헬게(Helge)는 군대에 지원하여 입대한 후 제대하였고, 자동차공장에 취직하여 일했지만 동료들과의 관계에 문제가 있어 직장을 그만두었다. 1953년 결혼한 헬게는 1964년에 이혼하게 된다. 그는 이미 1960년경부터 자신의 정체성을 여성으로 인식하기 시작하였고, 여성호르몬을 투여하는 치료를 받아오다 1964년 한 대학병원에서 성전환수술을 받았고, 당시 대학병원에서 여성 간호사로서 일하고 있었다. ② 1968년 그는 법원(Amtsgericht Berlin Schöneberg)[5)]에 성별

4) BVerfGE은 독일 연방헌법재판소 결정집(Bundesverfassungsgericht Entscheidung)을 의미하고, 앞의 숫자(49)는 권수(제49권)를, 뒤의 숫자(286)는 시작하는 페이지(286면)를 뜻한다.

5) 독일의 법원조직에 따르면 가장 하급심으로 지방법원 지원(Amtsgericht)이 있고, 그 위의 상급심으로 주지방법원(Landgericht)이 있으며, 다음으로 주고등법원

변경을 신청했고, 법원은 이 신청을 받아들여서 출생기록부의 성별을 변경하였다. 전문가의 의학적 감정에 따르면 그는 불가역적인 성전환증으로 진단되었기 때문이었다. ③ 하지만 주내무부장관(Senator des Innern)은 이 결정에 반대하여 지방법원(Landgericht)에 제소하였고, 하급법원의 성별변경결정은 취소되었다. 그가 출생 당시 남성의 성기를 가지고 있었으며, 신체적 성별과 반대되는 정신상태를 가지고 있다거나 성기를 제거했다는 사실은 성별의 결정에 중요하지 않다고 판단하였기 때문이다. ④ 그는 베를린 고등법원(Kammergericht)에 항고했으며, 고등법원은 성별이 성기나 성징으로만 결정되지 않고 정신적인 특징에 의해서도 결정된다고 보아, 그가 현재는 여성이라고 판시하였다. 따라서 헌법적 가치결단에 따라 성별변경이 가능해야 하지만 성별변경에 관한 법률규정이 흠결되어 있기 때문에 법원의 결정으로 성별변경이 가능하다고 보았다. 또한 성별변경은 잘못 기재된 성별의 정정(Berichtigung)이 아니라 최초에 기재된 성별의 사후적 변경으로 이해되어야 한다고 하였다. 하지만 베를린 고등법원의 법적 견해가 프랑크푸르트 고등법원(Oberlandesgerecht Frankfurt)의 법적 견해와 일치하지 않아 연방법원(Bundesgerichshof)에 이 사건에 관한 결정을 구하였다. ⑤ 1971년 9월 21일 결정에서 연방법원은 무성별(Geschlechtslosigkeit)은 존재할 수 없고, 사람은 누구나 남성 또는 여성으로 분류된다고 판시하였다. 그리고 성별은 신체적 성징에 따라 결정되고 타고난 것이며 변경불가능하다고 판시하였다. 다만 트랜스젠더의 특별한 사정이 고려되어야 하지만 이것은 법률의 규정이 없이는 불가능하다고 하면서 법관의 법형성이 아닌 입법자의 법률제정으로 해결될 수 있다고 판시하였다.

[결정요지] ① 연방헌법재판소는 성별변경을 허가하지 않은 연방법원의 결정이 독일 헌법에 의해 보장된 인간존엄과 인격의 자유로운 발현에 관한 기본권(기본법 제1조 제1항 및 제2조 제1항)을 침해한다고 보았다. 인간존엄과 인격의 자유로운 발현에 관한 기본권으로부터 자신의 정신적 구조 및 신체적 구조에 따라 남성 또는 여성으로 소속되는 성별을 부여받을 권리가 도출된다. 하지만 출생 당시 외부적 성징에 따라 결

(Oberlandesgericht: OLG)이 있다. 주고등법원 가운데 베를린주고등법원에 대해서만 'Kammergericht (KG)'라고 부른다. 주고등법원의 상급심으로는 연방법원(Bundesgerichtshof: BGH)이 위치한다. 그리고 연방법원의 상급심으로는 연방헌법재판소(Bundesverfassungsgericht: BVerfG)가 있다.

정된 성별의 불가변성에 대해서는 의문이 제기된다. 물론 인격의 자유로운 발현에 관한 기본권은 도덕률(Sittengesestz)에 의해서 제한될 수 있지만 트랜스젠더의 성별변경이 도덕률을 침해하지는 않는다. 정신적 성별과 신체적 성별을 일치시키기 위하여 의학적 견지에서 시술된 성전환수술은 도덕률에 반하지 않고, 출생기록부의 성별을 변경하여 출생 당시의 성별을 기준으로 동성인 사람과 결혼을 했다고 해도 역시 도덕률에 위배되지 않으며, 생식능력이 혼인의 전제조건은 아니므로 트랜스젠더의 혼인은 도덕률에 반하지 않기 때문이다. ② 연방헌법재판소에 따르면 법률규정이 없다고 해서 법원은 성별변경을 거부할 수 없다. 법률규정이 없는 경우에는 인간존엄과 인격의 자유로운 발현에 관한 기본권으로부터 직접적으로 법원이 출생기록부 정정에 관한 규정을 헌법합치적으로 해석해야 할 의무가 도출되기 때문이다. 법적 안정성의 측면에서 입법자가 성별변경에 관한 규정을 제정하는 것이 확실한 방법이지만 그렇지 않은 경우에는 기본권에 대한 사법의 직접적 구속(기본법 제1조 제3항)으로 인해 법원에 그러한 과제가 부과된다.

(2) 이름변경의 요건

물론 단지 이름만을 변경하는 것이지만 트랜스젠더로 인정받아 이름을 변경하기 위한 요건은 상당히 엄격하다.[6] 우리보다 이름에 의한 성별구분이 명확하여 사실상 이름만으로도 성별의 확인이 가능하기 때문인 것으로 판단된다. 이름의 변경을 위해서는 ① 성전환증임을 확인해주는 2명의 전문가가 발급한 감정서가 필요하고, ② 다시 원래의 성별로 돌아가지 않을 것(불가역성)이라는 사실이 확실해야 한다(TSG 제1조 제1항 제1호 및 제2호). 그밖에도 이름의 변경에 관한 법원의 허가결정이 있은 후에 혼인을 한 경우 또는 법원의 허가결정이 있고 300일 이후에 자녀가 태어나거나 자녀에 대해 인지한 경우에는 그 허가결정은 무효가 된다(TSG 제7조). 이름은 변경

---

6) 독일 성전환자법(TSG)의 이름 변경을 위한 요건에 대한 자세한 설명으로 이준일, “트랜스젠더의 헌법적 문제,” <고려법학>(고려대학교 법학연구원), 제50호(2008), 51면 이하 참조.

했지만 성별변경을 하지 않은 트랜스젠더가 혼인을 하거나 자녀를 갖게 된 경우에는 본래의 성별로 돌아간 것을 의미하고, 이는 불가역성의 요건에 위반되기 때문이다. 특히 여기서 확인할 수 있는 사실은 독일의 성전환자법(TSG)이 이름의 변경에서 '생식능력의 불사용'을 요구함으로써 사실상 '생식능력의 제거'를 전제하고 있다는 점이다. 남성이 되기를 원하는 여성이 스스로 임신을 하거나 여성이 되기를 원하는 남성이 어떤 여성에게 임신을 시켰다면 성별의 전환에 관한 그 사람의 진정성을 의심하기에 충분하다. 따라서 성별전환의 진정성을 확인하는 요건으로서 생식능력의 제거가 명시적으로 요구되고 있지는 않지만 적어도 생식능력이 남아 있는 경우에 그것을 사용하는 것은 금지된다. 아무튼 독일의 경우에 트랜스젠더는 성별을 변경하기 이전에 우선 이름을 변경할 수 있지만 성별변경 이전의 이름변경 단계에서부터 대단히 엄격한 요건이 요구된다는 사실을 확인할 수 있다.

[참고] 독일 성전환자법(TSG)의 이름변경 요건

§1 이름변경의 요건

(1) 개인의 이름(Vornamen)은 다음의 요건을 모두 충족한 경우에 법원에 신청하여 변경할 수 있다.

1. 성전환적 증세로 인하여 출생등록부[7]에 기재된 성별이 아니라 반대

---

7) 독일의 신분관계법(Personenstandsgesetz)에 따르면 개인의 신분과 관련한 등록부(Personenstandsbücher)에는 ① 혼인등록부(Heiratsbuch), ② 가족관계등록부(Familienbuch), ③ 출생등록부(Geburtsbuch), ④ 사망등록부(Sterbebuch)의 네 가지가 있다(동법 제1조 및 제2조). 출생등록부와 관련하여 아이가 출생하면 그 부모 등은 1주일 이내에 구두로(mündlich) 신고해야 할 의무가 있고(동법 제16조 및 제17조), 출생신고를 받은 공무원은 출생등록부에 ① 부모의 성명·직업·주소, 독일인이 아니면서 외국국적을 증명한 경우에 국적 및 동의가 있는 경우에 교회·종교단체·세계관공동체 소속 여부, ② 출생 장소·일시, ③ 자녀의 성별, ④ 자녀의 성명, ⑤ 신고자의 성명·직업·주소를 기재한다(동법

의 성별에 소속되어 있다는 감정을 느끼고, 3년 이상 자신의 생각과 일치하게 살아야 한다는 강박관념을 가지고 살아온 경우,

2. 반대의 성별에 대한 소속감이 다시는 변경되지 않을 고도의 개연성이 있는 경우,
3. 다음의 요건 중 하나에 해당하는 자
   a) 독일 헌법(Grundgesetz)상 독일 국민
   b) 무국적이거나 고국이 없는 외국인으로서 독일 국내에 통상의 체류지(gewöhnlichen Aufenthalt)를 정하고 있는 자
   c) 난민의 지위를 얻는 자(Asylberechtigter) 또는 외국인 유민(Flüchtling)으로 국내에 주소(Wohnsitz)가 있는 자
   d) 다음의 요건 가운데 하나를 충족한 외국인으로서 그가 속한 국가에 이 법률에 상응하는 법규가 없는 자
      aa) 영주권자
      bb) 연장가능한 체류허가를 받아 계속해서 합법적으로 국내에 체류하는 자

(2) 이름의 변경을 신청하는 때에는 앞으로 사용하고자 하는 이름을 제시해야 한다.

§7 허가결정의 무효[8)]

(1) 이름 변경의 허가결정은 다음 요건 가운데 하나에 해당하는 경우에 정해진 날짜에 무효가 된다.

1. 허가결정이 있고 300일 이후에 자녀가 태어난 경우에는 자녀가 태어난 날
2. 허가결정이 있고 300일 이후에 태어난 자녀에 대해 인지하거나 법원이 확인결정을 한 경우에는 인지의 효력이 발생한 날 또는 법원의 결정이 유효하게 된 날
3. 혼인을 하게 된 경우에는 민법 제1310조 제1항에 따른 의사표시가 있은 날[9)]

제21조).

8) 성전환자법(TSG) 제7조 제1항 제1호 및 제2호는 1997년 12월 16일 개정되었고, 제1항 제3호 및 제2항 제1호는 1998년 5월 4일 개정되었다.

9) 성전환자법(TSG) 제7조 제1항 제3호는 2005년 12월 6일 독일 연방헌법재판소의 위헌결정(BVerfG v. 6. 12. 2005－1 BvL 3/03)으로 2006년 8월 28일 개

(2)~(3) 생략

(3) 연령제한

독일 성전환자법(TSG)은 처음 제정될 당시에 이름과 성별의 변경을 위한 요건을 **25세 이상의 독일국민**으로 제한하고 있었다(TSG 제1조 제1항 제3호).[10] 비교적 어린 나이에 성급하게 자신의 성정체성에 관한 결정을 내림으로써 발생할 수 있는 회복할 수 없는 결과를 예방하는 데 그 목적이 있었다. 이에 대해서 **1993년 독일 연방헌법재판소**는 이러한 법률조항은 25세 미만의 성인을 차별대우하고, 그들의 인격권을 중대하게 침해하는 규정으로 헌법에 위반된다고 결정하였다(아래 [판례] 참조). 25세 미만의 자에게도 자신의 성정체성에 맞는 이름을 선택할 수 있도록 함으로써 성전환수술 이전에 미리 변경된 성역할을 경험하도록 하여 자신의 성정체성에 대한 확신을 갖게 하고 성급하게 성전환수술을 받는 결정을 하지 않도록 해야 한다는 측면에서 25세 이상의 연령제한은 합리적인 이유가 없는 차별이고 인격권에 대한 중대한 침해라는 취지다. 이에 따라 현재는 독일의 성전환자법(TSG)에 이름과 성별의 변경을 위한 요건으로서 "25세 이상"이라는 연령제한에 관한 규정은 없다. 우리나라가 트랜스젠더의 이름이나 성별의 변경에 관한 법률을 제정한다면 반드시 참조해야 할 판례가 될 것이다.

정되었다.

10) 1980년 성전환자법(TSG) 제1조 제1항 제1호에 따르면 이 법률의 적용을 받는 대상은 ① 헌법(Grumdgesetz)상의 독일국민, ② 무국적자 또는 고국이 없는 외국인으로서 이 법률이 적용되는 영역에 체류하고 있는 자, ③ 난민지위를 획득한 자(Asylberechtigter) 또는 외국인 유민(Flüchtling)으로서 이 법률이 적용되는 영역에 주소를 가지고 있는 자로 한정되었다. 또한 같은 조항의 제3호에서 25세 이상의 자로 제한하고 있었다.

[판례] 제2차 트랜스젠더 결정
– 독일 연방헌법재판소 1993. 1. 26. 1BvL 38, 40, 43/92: BVerfGE 88, 87 –

[사건개요] 여성에서 남성으로 성전환한 2명의 트랜스젠더와 남성에서 여성으로 성전환한 1명의 트랜스젠더는 22세에서 24세의 나이에 있는 자로서 성전환자법(TSG)에 따라 법원에 이름 변경의 허가를 신청하였다. 법원은 이들이 3년 이상 성전환증을 겪고 있고, 더 이상 다른 성별로 변경할 개연성이 거의 없는 성전환증임으로 확인하였다. 하지만 성전환자법(TSG)은 25세 이상의 독일국민에게만 이름 변경을 허가할 수 있도록 규정하고 있었다. 이에 법원은 25세 미만의 트랜스젠더에게 이름의 변경을 허용하지 않는 성전환자법(TSG)이 헌법에 위반된다는 취지로 연방헌법재판소에 위헌법률심판을 청구하였다.

[결정요지] 모든 인간은 법 앞에 평등하다는 헌법의 평등원칙은 정당하지 않은 차별대우를 금지하므로 입법자가 차별대우를 하는 경우에 평등원칙에 엄격하게 구속된다. 이러한 구속의 정도는 기본법 제3조 제2항에 열거된 인적 집단(Personengruppe)과 더 많이 관련되고, 그 집단과 관련된 차별대우가 소수자의 차별로 이어질 위험성이 더 커질수록 더욱 엄격해진다. 또한 사항(Sachverhalten)에 대한 차별대우가 인적 집단에 대한 차별대우에 간접적으로 영향을 주는 경우에도 구속의 정도는 엄격해진다. 반면에 행동(Verhalten)과 관련된 차별대우의 경우에는 그 행동이 차별의 표지가 실현되는 데 영향을 주는지에 따라 달라진다. 그밖에도 인적 집단이나 사항에 대한 차별대우가 기본권으로 보장된 자유의 실현에 불리한 영향을 더 많이 주면 줄수록 입법자의 형성의 자유는 더욱 협소해진다. 이러한 기준에 따라 성전환자법(TSG) 제1조 제1항 제3호는 인적 집단과 관련되고 일반적 인격권에 중대한 영향을 주기 때문에 엄격한 심사를 해야 한다. 이름의 변경은 성전환수술 이전에 성역할의 전환을 미리 경험할 수 있도록 하고, 이를 통해 이러한 성역할이 현재 자신의 성별소속감과 일치하는 삶인지에 대해서 확신을 갖도록 해주기 때문에 매우 중요하다. 특히 25세 미만의 자는 일반적으로 자신의 직업적 미래를 준비하는 시기에 있기 때문에 자신의 성별소속감과 일치하는 성역할에 대해서 자기확신을 갖는 것은 대단히 중요하다. 또한 미리 성역할을

경험하도록 하여 성급하게 성전환수술을 결정하지 않도록 하는 것도 젊은 트랜스젠더들에게 필요하다. 이런 점들을 고려할 때 25세 미만의 트랜스젠더에게 이름의 변경을 허용하지 않는 성전환자법(TSG)은 정당화될 수 없다.

(4) 외국인에 대한 제한

한편 이름과 성별의 신청권자를 **독일국민(Deutscher)으로 한정**한 것에 대해서도 **2006년 연방헌법재판소**는 합법적으로 독일에 계속해서 체류하는 외국인의 경우에 그의 본국에서 유사한 규정이 없는 한 평등원칙에 위반되고, 외국인 트랜스젠더의 인격권을 중대하게 침해한다고 결정하였다.[11] 외국인 트랜스젠더의 이름 변경을 허용하지 않는 것이 그가 속한 본국의 법질서를 존중하는 취지이더라도 그 본국의 법질서가 트랜스젠더의 이름이나 성별 변경에 관한 규정을 두고 있지 않는 경우에는 외국인 트랜스젠더를 차별하여 그의 인격권을 중대하게 침해하게 된다는 취지다. 이에 따라 ① 영주권 또는 연장가능한 체류허가를 받아 계속해서 합법적으로 독일 국내에 체류하는 외국인으로서 ② 그가 속한 국가에 성전환자법(TSG)에 상응하는 법규가 없는 자는 성전환자법(TSG)에 따라 이름과 성별의 변경을 신청할 수 있도록 법률이 개정되었다. 이 판례 역시 트랜스젠더의 이름이나 성별의 변경에 관한 법률이 제정된다면 외국인 트랜스젠더의 처우와 관련하여 반드시 참조해야 할 것으로 판단된다.

---

11) 연방헌법재판소의 결정취지는 위헌이지만 결정주문에 따르면 연방헌법재판소는 법률이 개정될 때까지 계속 적용되고, 입법자에게 2007년 6월 30일까지 법률을 개정하도록 촉구하는 헌법불합치결정이었다. 변형결정의 한 유형으로서 헌법불합치결정에 대해서는 이준일, <헌법학강의>, 제3판(2008), 1191면 이하 참조.

[판례] 외국인 트랜스젠더 결정
— 독일 연방헌법재판소 2006. 6. 18. 1BvL 1, 12/04: BVerfGE 116, 243 —

[사건개요] ① 남성에서 여성으로 성전환한 태국(Thailand) 국적의 트랜스젠더는 1999년 성전환수술을 받았다. 이 사람은 2002년 4월부터 독일 남성과 동거해왔고, 결혼할 예정이다. 그동안 상대방과 동반자관계를 맺고 있지만 혼인관계를 인정받고자 한다. 이에 법원에 성별변경을 신청하였지만 2003년 1월 2일 성전환자법(TSG)에 규정된 신청권자가 아니라는 이유로 성별변경이 거부되었다. 성별변경을 신청하면서 성전환자법(TSG)에서 요구하는 다른 조건을 모두 충족시킨다는 증명서를 첨부하였다. 2003년 6월 5일에 지방법원도 자연인의 신분상 관계는 해당 국가의 법령에 의한다는 국제사법상의 지배적인 원칙을 들어 마찬가지로 항고를 기각하였다. 이에 고등법원에 다시 항고했고, 2003년 12월 8일 바이에른주 고등법원(das Bayerische Oberste Landesgericht)은 재판을 정지하고 위헌법률심판을 제청하였다. ② 여성으로 태어난 에티오피아(Ethiopia) 국적의 트랜스젠더는 어린 시절부터 성전환적 증세를 보여 왔고, 1996년 독일에 입국하여 위헌법률심판이 제청될 당시까지 독일에 거주하고 있었다. 성인이 된 후 성전환수술을 받았고, 법원(Amtgericht)에 이름 변경을 신청하여 2002년 3월 21일 허가결정을 받았다. 하지만 지방법원(Landgericht)은 2002년 10월 15일에 해당 트랜스젠더가 외국인 유민이나 그와 유사한 지위에 있지 않다는 이유로 하급법원의 결정을 파기하였다. 이에 다시 고등법원에 항고했고, 고등법원은 재판을 정지하고 연방헌법재판소에 위헌법률심판을 제청하였다.

[결정요지] ① 이름과 성별의 변경을 위한 신청권자를 독일국민으로 한정한 것은 정당한 이유가 없는 차별에 해당한다. 외국인 트랜스젠더에게 이름과 성별의 변경을 허용하지 않으면 해당 트랜스젠더는 본국의 법에 따라 이름과 성별을 변경할 수밖에 없게 된다. 따라서 본국에 돌아갈 때까지 이름과 성별의 변경을 연기할 수밖에 없고, 특히 문제가 되는 것은 본국의 법령이 이름과 성별의 변경에 관한 규정을 전혀 두고 있지 않은 경우다. ② 국적원칙(Staatsangehörigkeitsprinzip)에 따라 외국인에 대하여 이름과 성별의 변경을 허용하지 않는 것은 관련자가 속한 국가의 법질서를 존

중하고, 상이한 법적 규율을 통해 발생할 수 있는 법적 불안정성을 제거하려는 데 목적이 있다. 하지만 이러한 원칙을 예외 없이 적용하는 경우에 일시적이지 않고 합법적으로 독일에 체류하는 외국인 트랜스젠더의 본국에 해당 규정이 없다면 인격권을 심각하게 침해하게 된다. 왜냐하면 인격권은 자신의 정체성을 발견하고 고유한 정체성을 계발하기 위한 수단으로서, 그리고 경험되고 획득된 성정체성(geschlechtliche Identität)을 표현하는 수단으로서 이름을 보호하기 때문이다.

2. 영 국

영국사람들은 **출생 · 사망등록법**(the Births and Deaths Registration Act, 1953)[12]에 따라 아이가 태어나면 출생등록부(birth certificate)에 등록을 한다. 여기에는 아이의 성명, 성별, 출생일시, 출생장소 및 부모의 성명 등이 기재된다. 출생등록부의 원본을 복사한 서류는 출생증명서로 사용되기도 하고, 출생등록부의 일부를 요약한 출생증명서인 '약식 출생증명서(short certificate of birth)'가 사용되기도 한다.

부모는 출생등록부에 등록을 하면서 자녀에게 적당하다고 생각하는 이름과 성(surname)을 부여할 수 있다. 그리고 자녀는 아무런 제한 없이 언제든지 이름이나 성을 변경할 수 있다. 하지만 몇 가지 원칙이 있다. 우선 아이의 아버지와 어머니가 혼인한 상태에 있지 않은 경우에는 아버지의 이름이 아이의 출생등록부 아버지란(欄)에 자동으로 기재되지 않는다. 다만 아이의 아버지와 어머니가 공동으로(jointly) 아버지의 이름을 아이의 출생등록부 아버지란에 기재하기를 요구하면 그렇게 할 수 있다. 한편 **인간의 생식 · 발생에 관한 법률**(the Human Fertility and Embryology Act, 1990)에 따라 혼인한 상태에 있지 않은 여성이 그 파트너의 동의하에 타인의 정자를 기증받아 임신하고 자녀를 출산한 경우에 그 파트너는 법적으로 그 자녀

12) 영국의 출생 · 사망등록법은 영국법령정보 웹사이트(www.opsi.gov.uk) 참조.

의 아버지가 된다(동법 제28조 제3항). 이러한 두 가지 원칙에 따르면 한쪽이 트랜스젠더인 동성커플의 경우에 혼인하지 않더라도 두 사람이 공동으로 요구하면 아버지의 이름을 출생등록부에 기재할 수 있다. 또한 여성으로 구성된 동성커플의 경우에도 트랜스젠더의 상대방이 인공임신으로 출산하면 트랜스젠더인 아버지가 법적인 아버지가 되어 그 성을 부여할 수 있게 된다. 아무튼 자녀는 자신의 이름을 언제든지 원하는 대로 변경할 수 있으므로 영국에서 트랜스젠더가 이름을 변경하는 것은 비교적 쉽다고 볼 수 있다. 트랜스젠더라는 사실이 이름의 변경에 관한 법적 요건이 아니기 때문이다.

3. 미 국

미국의 경우에 이름의 변경을 위해서는 대부분의 주에서 '법원의 허가(order)'가 필요하다.[13] 그리고 성전환수술은 이름변경에 관한 법원허가를 얻는 중요한 요건 가운데 하나다. 하지만 법률의 명시적 규정을 통해 성전환수술에 의한 이름변경을 금지하는 주도 있다. 아무튼 미국의 각 주는 대체로 성전환수술을 요건으로 트랜스젠더가 이름을 변경하는 것을 허용하고 있다.[14] 따라서 트랜스젠더는 성전환수술을 받았다는 확인을 얻어 법원이나 출생등록을 담당하는 행정기관의 허가를 받으면 이름의 변경이 가능하다. 앞서 독일의 예에서 살펴본 것처럼 성전환수술 없이도 트랜스젠더의 이름변경은 허용될 수 있기 때문에 성전환수술을 트랜스젠더의 이름변경을 위한 요건으로 규정하고 있는 미국 각 주의 입법에 대해서는 요건이 다소 엄격하다는 비판을 가할 수 있다. 물론 성전환수술만큼 트랜스젠더로 인정하기 위한 명백한 증거는 없다는 점에서 미국의 입법태도

13) 미국에서의 이름 변경에 대해서는 이준일, "트랜스젠더의 헌법적 문제," <고려법학>(고려대학교 법학연구원), 제50호(2008), 57면 이하 참조.

14) 이름변경에 관한 미국 각 주의 입법태도에 대해서는 이 책 제2장 제3절 II. 7. 참조.

는 나름대로의 장점이 있다고 판단된다. 어쨌든 성전환수술을 받았다는 사실을 증명하기만 하면 법원의 허가가 아니라 행정기관의 허가로도 성별변경이 가능한 주가 있다는 점은 주목할 만하다.

III. 한국에서 트랜스젠더의 이름변경(改名)

1. 법 령

종래의 호적법이 폐지되고 이를 대체하기 위하여 제정된 **가족관계의 등록 등에 관한 법률**[15]에 따르면 출생 후 1개월 이내에 출생신고를 해야 한다(동법 제44조 제1항).[16] '출생신고서'에 기재되어야 하는 내용 가운데 성명이 포함되기 때문에(동조 제2항)[17] 통상적으로

15) 「가족관계의 등록 등에 관한 법률」은 2008년 1월 1일부터 시행되고 있다. 이 법률에 따라 개인별로 구분하여 '가족관계등록부'가 작성된다(동법 제9조 제1항). 이 가족관계등록부에는 ① 등록기준지, ② 성명·본·성별·출생연월일 및 주민등록번호, ③ 출생·혼인·사망 등 가족관계의 발생 및 변동에 관한 사항, ④ 그 밖에 가족관계에 관한 사항으로서 대법원규칙으로 정하는 사항이 기록된다(동조 제2항). 「가족관계의 등록 등에 관한 법률」에 대해서는 신영호, <가족관계등록법>(2009) 참조.

16) **출생신고를 해야 할 의무가 있는 자**는 혼인 중의 출생자인지 혼인 외의 출생자인지에 따라 구분된다. ① 혼인 중 출생자의 출생의 신고는 부 또는 모가, ② 혼인 외 출생자의 신고는 모가 해야 한다(가족관계의 등록 등에 관한 법률 제46조 제1항 및 제2항). 이러한 원칙에 따라 신고를 하여야 할 사람이 신고를 할 수 없는 경우에는 ① 동거하는 친족, ② 분만에 관여한 의사·조산사 또는 그 밖의 사람의 순위에 따라 신고를 해야 할 의무가 있다(동조 제3항). 출생신고의 의무가 있는 사람이 정당한 사유 없이 기간 내에 하여야 할 신고를 하지 아니한 때에는 5만원 이하의 과태료를 부과한다(동법 제122조).

17) **출생신고서**에는 ① 자녀의 성명·본·성별 및 등록기준지, ② 자녀의 혼인 중 또는 혼인 외의 출생자의 구별, ③ 출생의 연월일시 및 장소, ④ 부모의 성명·본·등록기준지 및 주민등록번호(부 또는 모가 외국인인 때에는 그 성명·출생연월일 및 국적), ⑤ 「민법」 제781조 제1항 단서에 따른 협의가 있는 경우

는 출생신고 이전에 아이의 이름이 결정되어야 한다. 한국에서도 일반적으로 부모는 자녀의 신체적 성별에 맞는 이름을 지어 출생신고서에 기재한다. 따라서 자녀가 자라면서 트랜스젠더로서 자신의 성정체성을 인식하게 되면 자신이 인식하는 정신적 성별, 즉 성정체성에 맞는 이름으로 개명해야 할 필요성을 느끼게 된다. 생물학적 남성으로 태어나 남성의 이름을 가진 사람이 자신을 여성으로 인식하는 경우(예: 연예인 '하리수'의 경우)에는 여성의 이름으로, 생물학적 여성으로 태어나 여성의 이름을 가진 사람이 자신을 남성으로 인식하는 경우에는 남성의 이름으로 개명함으로써 자신의 성정체성과 이름을 일치시키고자 희망하는 것은 당연한 일이다.

개명하고자 하는 사람은 원칙적으로 주소지를 관할하는 **가정법원의 허가**를 받아야 한다(동법 제99조 제1항).[18] 문제는 어떤 경우에 가정법원이 개명허가를 해줄 수 있는지에 관한 구체적 기준이다. 하지만 법률은 이러한 기준에 관하여 명시적인 규정을 두고 있지 않다. 이것은 법원 스스로 판례나 지침(예규)을 통해 일정한 기준을 만들어 개명을 허가해 줄 수 있음을 의미한다. 대법원[19]에 따르면

그 사실, ⑥ 자녀가 이중국적자인 경우 그 사실 및 취득한 외국 국적이 기재된다. 따라서 가족관계등록부에 기록되는 중요한 사항의 대부분은 출생신고서에 기재되는 내용에 따라 결정된다고 할 수 있다.

18) 법원의 개명허가를 받으면 **개명허가서**의 등본을 받은 날부터 1개월 이내에 신고해야 한다(가족관계의 등록 등에 관한 법률 제99조 제1항). **개명신고서**에는 ① 변경 전의 이름, ② 변경한 이름, ③ 허가연월일을 기재해야 하고, 법원의 개명허가서의 등본을 첨부해야 한다(동조 제2항 및 제3항).

19) 대법원 2005. 11. 16. 2005스26 결정 참조. 대법원은 이 사건에서 문제가 된 '분(汖)희'라는 이름에 대해서 "이름 중에 사용된 글자가 통상 사용되는 한자가 아니어서 잘못 읽히거나 컴퓨터 등을 이용한 문서작성에 있어 어려움이 있고 성별(性別)이 착각되는 경우가 적지 않는 등 일상생활에 있어 많은 불편이 있어 개명을 허가할 만한 상당한 이유가 있다고 보여지고, 개명 신청인이 신용불량자로 등록되어 있더라도 법령상의 제한을 회피하기 위한 목적에서 개명신청을 하였다거나 다른 불순한 의도나 목적이 개입되어 있는 등 개명신청권의 남

"개명을 허가할 만한 상당한 이유가 있다고 인정되고," "개명신청권의 남용으로 볼 수 있는 경우가 아니라면" 개명을 허가해야 한다고 한다(아래 [판례] 참조). 또한 이 판례를 그대로 수용하여 대법원예규로 만들어진 **개명허가신청사건 사무처리지침**(2007. 12. 10. 가족관계등록예규 제211호로 제정된 것－시행일: 2008년 1월 1일)도 개명허가기준에 대해서 "개명을 허가할 만한 상당한 이유가 인정되고, 범죄를 기도 또는 은폐하거나 법령에 따른 각종 제한을 회피하려는 불순한 의도나 목적이 개입되어 있는 등 **개명신청권의 남용**으로 볼 수 있는 경우가 아니라면, 원칙적으로 개명을 허가함이 상당하다"고 규정하고 있다(동 지침 제2조).

[판례] 개명허가의 기준
－ 대법원 2005. 11. 16. 2005스26 결정 －

이름은 통상 부모에 의해서 일방적으로 결정되어지고 그 과정에서 이름의 주체인 본인의 의사가 개입될 여지가 없어 본인이 그 이름에 대하여 불만을 가지거나 그 이름으로 인하여 심각한 고통을 받은 경우도 있을 수 있는데 그런 경우에도 평생 그 이름을 가지고 살아갈 것을 강요하는 것은 정당화될 수도 없고 합리적이지도 아니한 점, 이름이 바뀐다고 하더라도 주민등록번호는 변경되지 않고 종전 그대로 존속하게 되므로 개인에 대한 혼동으로 인하여 초래되는 법률관계의 불안정은 그리 크지 않으리라고 예상되는 점, 개인보다는 사회적·경제적 이해관계가 훨씬 더 크고 복잡하게 얽혀질 수 있는 법인, 그 중에서도 특히, 대규모 기업 등과 같은 상사법인에 있어서도 상호의 변경에 관하여는 관계 법령에서 특별한 제한을 두고 있지 아니할 뿐만 아니라, 실제로도 자유롭게 상호를 변경하는 경우가 적지 아니한 점, 개명으로 인하여 사회적 폐단이나 부작용이 발생할 수 있다는 점을 지나치게 강조하여 개명을 엄격하게 제한할 경우 헌법상의 개인의 인격권과 행복추구권을 침해하는 결과를 초래할 우려가 있는 점 등을 종합하여 보면, **개명을 허가할 만한 상당한 이유**

용에 해당한다고 볼 만한 사정도 찾아볼 수 없어" 개명을 허가하였다.

가 있다고 인정되고, 범죄를 기도 또는 은폐하거나 법령에 따른 각종 제한을 회피하려는 불순한 의도나 목적이 개입되어 있는 등 개명신청권의 남용으로 볼 수 있는 경우가 아니라면, 원칙적으로 개명을 허가함이 상당하다고 할 것이다.[20]

이러한 개명허가기준을 트랜스젠더에게 적용할 때 성정체성이나 성전환수술이 개명허가기준을 충족하는지가 문제될 수 있다. 2002년에 하급심 법원은 "성전환수술이 합리적인 기준에 따라 정당하게 시행된 경우에는" 성전환수술을 받은 자에게 개명을 허가해야 한다고 판시하였다.[21] 이후 2006년 대법원도 성전환수술을 받은 트랜스젠더에 대해서 "사회통념상 남성으로 평가될 수 있는 성전환자에 해당함이 명백"하다는 이유로 개명이 허가되어야 한다고 설시한 바 있다.[22] 이 대법원 판례에 따라 앞으로도 성전환수술을 받은 트랜스젠더의 경우에는 "개명을 허가할 만한 상당한 이유"가 있는 것으로 판단받을 개연성이 높아 보인다. 다만 "개명신청권의 남용으로 볼 수 있는 경우에 해당하지 않아야 한다"는 단서가 붙어 있기 때문에 특히 "각종 제한을 회피하려는 불순한 의도나 목적이 개입되어 있는" 대표적인 경우인 병역면제와 관련하여 이름변경의 요건으로 병역의무이행을 요구하게 되면 사실상 트랜스젠더가 이름을 변경할 수 있는 가능성이 완전히 봉쇄될 여지가 남아 있다.

2. 비판과 대안

(1) 성전환수술이 필수적 요건인지 여부

트랜스젠더의 개명을 허가한 하급심 법원과 대법원의 결정을 보면 성전환수술이 개명을 위한 필수적 요건인 것으로 판단된다.

---

20) 동일한 취지의 판례로 대법원 2006. 4. 7. 2005스87 결정도 참조.

21) 부산지방법원 가정지원 2002. 7. 3. 2001호파997, 998 결정 참조.

22) 대법원 2006. 6. 22. 2004스42 결정 참조.

물론 성전환수술이 성전환자임을 판단하는 결정적인 기준이 될 수 있다는 점은 분명하다. 바로 이러한 이유 때문에 미국의 각 주에서 트랜스젠더의 이름변경을 위한 요건으로 성전환수술을 요구하고 있는 것으로 보인다. 하지만 독일의 입법례에서 볼 수 있듯이 이름의 변경은 성별의 변경과 분리될 수 있고, 반드시 성전환수술을 전제할 필요도 없다. 성전환자임을 증명할 수 있는 다른 요건이 충족된 경우에는 성전환수술이 없이도 이름을 변경할 수 있도록 허가하는 것이 가능한 것이다. 성전환자임을 증명할 수 있는 다른 요건으로는 독일의 성전환자법(TSG)이 제시하는 것처럼 ① 반대의 성별에 대한 강한 귀속감으로, ② 일정 기간 이상을 그런 강박관념으로 살았고, ③ 다시는 본래의 성별로 돌아갈 가능성이 거의 없는 경우로 한정하면 될 것이다.[23] 다만 성전환수술을 받지 않은 성전환자가 MTF든 FTM이든 상관없이 생식능력을 계속해서 가지고 있으면서 혼인을 하거나 본래의 성별에 따르는 생식능력을 사용하여 아이를 출생시킨 경우에는[24] 본래의 성별로 다시 돌아갔다고 볼 수 있으므로 이러한 경우에는 개명허가를 무효로 할 필요가 있다.

(2) 이름변경을 위한 요건의 입법화

성전환수술을 포함하여 성전환자임을 증명할 수 있는 구체적 요건들은 법원의 판례나 지침으로 규정하기보다는 입법부가 '법률'의 형식으로 규정하는 것이 타당하다. 이름의 변경은 국민의 기본권과 밀접하게 관련된 사항으로 헌법의 일반원칙인 '법률유보원칙'

---

23) 개명허가에 관한 대법원의 사무처리지침이 이러한 요건을 요구하고 있는지 여부가 불명확하다는 지적에 대해서는 이준일, "트랜스젠더의 헌법적 문제," <고려법학>(고려대학교 법학연구원), 제50호(2008), 62면 참조.

24) 실제로 성전환수술을 받았지만 생식기능은 그대로 유지하고 있던 트랜스젠더(FTM)가 법적 성별을 변경하고 결혼까지 한 후에, 임신이 불가능한 자신의 아내를 위하여 정자를 기증받아 임신한 후 출산한 일이 최근에 보도된 바 있다. 자세한 내용은 로이터통신의 기사(www.reuters.com/article/scienceNews/idUSN032677474720080704) 참조.

에 따라 국민의 대표기관인 의회가 법률의 형식으로 규정하는 것이 헌법에 합치하기 때문이다.[25] 물론 트랜스젠더의 이름변경에 관한 법률이 구비될 때까지 트랜스젠더의 인격권을 고려하여 법원의 판례나 지침을 통해 잠정적으로나마 개명허가를 결정하는 것은 불가피하다. 더욱이 법원에 대해서도 헌법상 보장된 국민의 기본권을 존중해야 할 의무가 부여되어 있다는 측면에서[26] 법원의 개명허가는 법률적 근거가 없는 경우라도 의무로서의 성격마저 가진다. 하지만 트랜스젠더의 개명에 대해서 법률에 의해 규율되는 것이 바람직한 방향이라는 점은 여전히 분명하다.

(3) 이름변경과 성별변경의 분리

트랜스젠더의 이름변경과 관련하여 마지막으로 지적하고 싶은 것은 바로 이어서 다루게 될 성별의 변경과 여기서 문제가 되고 있는 이름의 변경은 분리될 수 있다는 점이다. 성별의 변경은 법적 효과의 측면에서 이름의 변경과 비교할 수 없을 만큼 강력한 사회적 영향력을 발생시킨다. 따라서 성별의 변경을 위한 요건은 이름의 변경을 위한 요건보다 훨씬 엄격할 수 있다. 특별히 이름의 변경과는 달리 성별의 변경을 위한 요건으로는 성전환수술이 요구될 수도 있다. 따라서 성별의 변경과 이름의 변경이 분리되지 않으면 성전환수술 없이도 허용될 수 있는 이름변경을 위한 요건으로 성전환수술이 요구될 가능성이 크다. 실제로 현재 우리 법원에서 제기된 트랜스젠더 관련 사건들을 보아도 트랜스젠더들은 이름의 변경과 성별의 변경을 동시에 요구하고 있다. 이에 따라 법원은 트랜스젠더의 이름변경과 성별변경을 동일한 요건에서 판단할 수밖에 없다. 그런데 나중에 살펴보는 바와 같이 성별변경을 위한 요건으

---

25) 법률유보의 원칙에 대해서는 이준일, <헌법학강의>, 제3판(2008), 164면 참조.

26) 헌법은 국가에 대해서 '기본권보장의무'를 부과하고 있는데(헌법 제10조 제2문) 이러한 의무는 '기본권구속의무' 또는 '기본권존중의무'를 내용으로 하는 것으로 사법부인 법원에도 적용된다.

로 대법원이 제시한 지침의 내용은 대단히 엄격하다. 이런 사정들을 종합적으로 판단했을 때 트랜스젠더의 이름변경과 성별변경은 독일의 입법례처럼 분리해서 다루는 것이 합리적이다. 또한 같은 맥락에서 트랜스젠더의 이름변경과 성별변경을 분리해서 규정하는 법률의 제정이 시급하게 필요하다고 보인다.

제3절

성별을 변경할 권리

I. 개 관

트랜스젠더에게 '자신의 성정체성에 맞는 이름을 사용할 수 있는 권리'를 인정하는 것은 단지 시작에 지나지 않는다. '자신의 성정체성에 맞는 성별을 법적인 성별로 사용할 수 있는 권리'가 인정되어야 비로소 트랜스젠더의 권리에 대한 완전한 보장이 가능해지기 때문이다. 문제는 이름의 변경과 성별의 변경은 법적 효과의 측면에서 비교할 수 없을 만큼 큰 차이가 있다는 점이다. 물론 이름은 사람의 정체성을 확인해주는 기준이라는 점에서 이름의 변경도 법적으로 대단히 중요하다. 하지만 성별의 경우에는 특정한 성별에 대해서만 인정되는 법적 효과가 존재하기 때문에 성별의 변경은 법적으로 금지되거나 무효인 행위를 법적으로 허용되거나 유효한 행위로 만든다는 점에서 법적으로 더욱 중요한 의미를 가진다. 따라서 성별의 변경을 위한 법적 요건은 이름의 변경을 위한 법적 요건보다 더 엄격할 수밖에 없다. 또한 법적으로 성별의 변경을 허용한다고 해도 변경된 성별에 대해서는 성별과 관련된 법적 효과를 제한할 수도 있다. 심지어 성별의 변경이 가지는 중요성을 고려하여 성별의 변경은 법적으로 허용되지 않을 수도 있다. 이 모든 것은 결국 각 국가의 전통과 문화, 그리고 성별의 변경에 관한 사회적 합의에 따라 결정된다.

II. 트랜스젠더의 성별변경에 관한 세계 각국의 입법례

트랜스젠더의 성별변경을 법적으로 허용하는 국가는 10여개인 것으로 조사되고 있다.[1] 이하에서는 1980년 법적 성별의 변경을 최초로 허용한 독일에서부터 시작하여 중요한 국가의 성별변경에 관한 입법례를 법률이 만들어진 순서대로 살펴보기로 한다.

1. 독　일

(1) 요　건

앞서 설명한 대로 독일은 1980년부터 성별을 판단하는 기준으로 성정체성을 포함시켜 트랜스젠더에게 이름과 성별을 변경할 수 있는 권리와 절차를 부여했다. 우선 엄격한 요건(① 반대의 성별에 대한 귀속감, ② 그런 귀속감에 일치하게 살아야 한다는 3년 이상의 강박관념, ③ 원래의 성별로 돌아갈 가능성의 부재)하에 트랜스젠더로 인정받으면 이름을 변경할 수 있다. 성별의 변경을 위해서는 이러한 요건에다 몇 가지 요건이 더 추가된다. ① 혼인을 하지 않은 상태이어야 하고, ② 생식능력이 완전히 제거되어야 하며, ③ 반드시 성전환수술을 해서 반대의 성별이 가지는 신체적 성징을 만들어야 한다. 만약 이름을 변경한 트랜스젠더가 법적으로 성별을 변경하지 않은 채 혼인을 하게 되면 본래의 이름으로 다시 돌아가게 된다. 따라서 트랜스젠더가 성정체성에 맞게 변경된 이름을 사용하면서 혼인을 하려면 생식능력을 제거할 뿐만 아니라 성전환수술을 받은 뒤 법적으로 성별을 변경해야 한다. 어쨌든 성전환수술을 받은 뒤 법적 성별을 변경한 트랜스젠더의 경우에 그 파트너는 생물학적으로는 동성

1) ILGA(International Lesbian and Gay Association), <LGBT world legal wrap up survey>, 2006, 7면 참조. 원문은 국제적 동성애자 인권단체인 ILGA의 웹사이트(www.ilga.org)에서 참조.

(same sex)일지라도 법적으로는 이성(opposite sex)이므로 혼인이 가능하다. 반면 법적으로 이성인 두 사람 간에만 혼인을 인정하는 독일에서 성전환수술을 받지 않고 법적 성별을 변경하지 않은 트랜스젠더는 법적 혼인이 불가능하기 때문에 생물학적으로 동성인 파트너와 결합하고 싶다면 동반자관계(Lebenspartnerschaft)제도[2]를 이용할 수 밖에 없다.

[참고] 독일 성전환자법(TSG, 1980)의 성별변경 요건

§8 성별변경의 요건

(1) 성전환적 증세로 인하여 출생기록부에 기재된 성별이 아니라 반대의 성별에 대한 귀속감을 느끼고, 3년 이상 자신의 생각에 따라 살아야 한다는 강박관념을 가지고 살아온 자는 다음과 같은 요건을 모두 충족한 경우에 법원에 신청하여 반대의 성별에 소속된 것으로 간주되어야 한다는 사실을 확인받을 수 있다.

1. 제1조 제1항의 제1호 내지 제3호를 모두 충족한 경우
2. 혼인한 상태가 아닌 경우
3. 계속적으로 생식능력이 없는 경우
4. 외부적 성징(Geschlechtsmerkmale)을 변경하는 수술을 받아 반대의 성별이 가지는 외관(Erscheinungsbild)에 명백하게 근접해 있는 경우

(2) 성별의 변경을 신청하는 때에는 앞으로 사용하고자 하는 이름을 제시해야 한다. 다만, 이름이 이미 제1조에 따라 변경된 경우에는 그러하지 아니한다.

(2) 연령제한의 문제

앞서 설명한 것처럼[3] 최초의 성전환자법(TSG)은 이름변경의 요건으로 '25세 이상의 연령제한'을 두었고, 이러한 제한을 성별변경에도 준용하여 이미 성전환수술을 받은 경우에도 성별변경을 위해

2) 독일의 동반자관계제도에 대해서는 아래 제3장 제2절 III. 8. 참조.

3) 이름변경에 관한 연령제한에 대해서는 위 제2장 제2절 II. 1. (3) 참조.

서는 25세 이상일 것을 요구하였다(TSG 제8조 제1항 제1호 및 제1조 제1항 제3호[4]). 이에 대해서는 **1982년에 독일 연방헌법재판소**가 위헌으로 판시한 바 있다(아래 [판례] 참조).[5] 성전환수술에 의한 성별변경에 연령제한을 부가하는 것 자체가 인격의 자유로운 발현권(독일 기본법 제2조 제1항)을 침해하지는 않지만 성전환수술을 위한 연령제한은 하지 않으면서도 25세 이상이 되어야 성별변경을 허용하는 것은 평등원칙에 위반되기 때문이라고 한다. 연방헌법재판소의 이 결정에 따라 현재 이 조항은 효력을 상실하였다.

[판례] 성전환수술을 받은 25세 미만의 트랜스젠더에 대한 성별변경 불인정
– 독일 연방헌법재판소 1982. 3. 16. 1BvR 938/81 –

[사건개요] 1960년 2월생인 X는 남자로 태어났지만 자신의 성별을 여성으로 느끼면서 살았고, 이로 인해 1977년부터 정신과 치료를 받았다. 그리고 마침내 1980년 11월과 1981년 6월 두 차례에 걸쳐 성전환수술을 받았고, 다시 남성으로 돌아갈 가능성도 없으며, 또한 더 이상 생식능력도 없는 상태에 있다. X는 성전환자법(TSG)에 따라 이름이나 성별의 변경을 신청하지는 않았다. 대신에 25세 미만의 트랜스젠더에게 이름과 성별의 변경을 허용하지 않는 성전환자법이 자신의 기본권을 침해한다면서 헌법소원을 청구하였다.

[결정요지] ① 입법자가 성별변경을 위한 요건으로 25세 이상의 연령제한을 규정한 목적은 너무 어린 나이에 성전환수술을 받아 다시 원래의 성별로 돌아가지 못하게 될 가능성을 방지하려는 데 있다. 물론 이

4) 최초의 성전환자법(TSG) 제1조 제1항은 이름변경을 위한 요건으로서 다른 성별에 대한 귀속감 및 그에 일치하게 살아야 한다는 3년 이상의 강박관념과 함께 ① 원칙적으로 독일국민일 것, ② 원래의 성별로 돌아갈 가능성이 거의 없을 것, 그리고 ③ 25세 이상일 것으로 요구하였다. 따라서 동법 제8조 제1항 제1호에 따라 이 요건들은 성별변경을 위한 요건이 되기도 하였다.

5) 독일 연방헌법재판소 1982. 3. 16. 1BvR 938/81: 이 판례는 NJW, 1982 Heft 37, 2061면 이하 참조.

것은 국민의 자유로운 인격발현권을 제약한다. 하지만 입법자에게는 국민이 자신에게 더 큰 해악을 끼치는 것을 막을 수 있는 권한이 부여되어 있다. 따라서 트랜스젠더가 다시 원래의 성별로 돌아갈 가능성이 거의 없는 25세의 연령으로 성별변경을 제한해도 인격의 자유로운 발현권을 침해하는 것은 아니다. 또한 성전환수술이 트랜스젠더에게 매우 효과적인 치료수단이라고 하더라도 입법자는 성전환수술을 위한 연령제한규정을 둘 수 있다. 25세가 되면 완전히 새로운 인생을 살 수 있다는 사실이 확실함에도 불구하고 그 이전에 자살을 기도할 사람은 없을 것이기 때문이다. ② 입법자는 성별변경에 대해서만 25세 이상으로 연령제한을 하고 있을 뿐이고, 성전환수술에 대해서는 25세 이상으로 연령제한을 하고 있지 않다. 따라서 성전환수술 여부와 시기에 대한 결정은 성전환수술을 시술하는 의사에게 완전히 맡겨져 있다. 따라서 25세 이전에 성전환수술을 받았을 뿐만 아니라 법률상의 다른 요건을 모두 충족했음에도 불구하고 법원의 성별변경 확인을 받기 위해서 25세 이상일 것을 요구함으로써 차별대우하는 것은 헌법상의 평등원칙에 반하여 위헌이다. 평등원칙과 관련되어 입법자에게 인정되는 형성의 자유는 인격의 자유로운 발현권에 따라 결정되는데 사적 영역(Privatsphäre)의 일부로서 성적 영역에 대한 제한은 헌법에 위반되므로 입법자에게 형성의 자유가 전혀 인정되지 않기 때문이다.

(3) 성적 지향에 대한 고려의 문제

독일의 성별변경제도에 대해서는 다음 장[6]에서 설명하게 될 성적 지향(sexual orientation)을 충분히 고려하지 않고 있다는 비판이 가해진다. 예를 들어 성전환수술을 받지 않은 채 이름만 변경한 트랜스젠더가 동성애자(homosexual)인 경우(예: 신체적으로 남성이지만 자신을 여성으로 인식하면서 신체적으로 여성인 상대방에게 성적 호감을 갖는 경우)에 그 상대방은 자신의 생물학적 성별과 반대되는 성별의 사람이 되기 때문에 혼인을 통해서만 커플의 형성이 가능하다. 하지만 앞서 설명

6) 섹슈얼리티에 관한 또 하나의 문제로서 성적 지향, 특히 동성애에 대해서는 이 책 제3장에서 다룬다.

한 것처럼[7] 이렇게 성전환수술을 받지 않은 트랜스젠더가 혼인을 하는 경우에는 본래의 이름으로 돌아가게 된다. 이성간의 혼인만이 허용되는 제도하에서 트랜스젠더의 혼인은 본래의 성별로 돌아가는 것을 의미하기 때문이다. 또한 성전환수술을 받지 않은 트랜스젠더에게 혼인만을 허용하는 것은 트랜스젠더로 남은 채 동성커플을 형성하려는 본인의 의사에 반하게 된다. 굳이 동성커플을 형성하려면 성별을 변경해야 하고, 성별을 변경하려면 성전환수술을 받아야 한다. 결국 성전환수술이 성별변경의 필수적 요건이라는 점에서 성전환수술을 원하지 않는 트랜스젠더는 동성애자인 경우에 자신이 원하는 변경된 이름을 포기하고 혼인을 하든지, 아니면 자신의 의사에 반해 성전환수술을 받아야 동반자관계를 형성할 수 있다. 이것은 성전환수술을 받지 않은 트랜스젠더에게 원하지 않는 이름을 강요할 뿐만 아니라 원하지 않는 혼인을 강제하는 것이다. 독일 연방헌법재판소[8]는 이 점을 인식하고 트랜스젠더가 성전환수술을 하지 않은 채 혼인을 하게 되면 본래의 이름으로 돌아가야 한다는 규정은 헌법에 위반된다고 판시하였다(아래 [판례] 참조). 이 결정에서 연방헌법재판소는 경과규정(Übergangsregelung)을 통해 이름을 변경한 트랜스젠더가 혼인한 경우에 본래의 성별로 돌아간다는 규정이 적용되지 않도록 함으로써 이름만 변경하고 성별은 변경하지 않은 트랜스젠더의 혼인이 가능해지는 길을 열어 놓았다.

[판례] 트랜스젠더 동성애자 결정

— 2005. 12. 6. **독일 연방헌법재판소 결정** 1BvL 3/03: BVerfGE 115, 1 —

[사건개요] '카이(Kai)'는 생물학적 남성으로 태어났다. 그러나 성전환자법(TSG)에 근거하여 1997년 7월 9일 함부르크 지방법원(Amts-

---

7) 이 책 제2장 제3절 II. 1. (1) 참조.

8) 독일 연방헌법재판소 2005. 12. 6. 1BvL 3/03 참조.

gericht Hamburg)으로부터 '카린 니콜(Karin Nicole)'이라는 여자이름으로 개명허가를 받은 트랜스젠더다. 하지만 그는 성전환수술을 해야만 가능한 성별변경을 신청하지는 않았다. 그 후 2002년 4월 5일 그는 한 여성과 결혼했고, 이 결혼은 동성애자인 자신의 관점에서 볼 때 동성관계라고 주장한다. 하지만 그가 결혼했다는 사실에 근거하여 2002년 9월 19일 호적공무원(Standesbeamte)은 혼인한 트랜스젠더의 이름은 다시 본래의 이름으로 돌아간다는 성전환자법(TSG)의 규정(제7조 제1항 제3호)에 따라 다시 '카이'라는 이름으로 되돌아갔다고 기재하였다. 이에 그는 변경된 이름으로 회복시켜줄 것과 호적공무원이 본래의 이름으로 다시 기재한 것은 무효라고 주장하면서 다른 법원(Amtsgericht Itzehoe)에 소송을 제기했다. 그러나 2002년 10월 28일 이 법원은 이를 기각하였다. 그는 성전환자법(TSG)에 근거하여 다시 이름변경의 허가를 다른 법원(Amtsgericht Oldenburg)에 신청했지만 2003년 2월 6일 이 법원도 개명허가신청을 기각하였다. 트랜스젠더가 혼인하면 본래의 이름으로 돌아간다는 법의 취지를 우회하여 위반하게 된다는 것이 그 이유였다. 그는 이름회복신청 등의 기각결정에 대해 상급법원(Landgericht Itzehoe)에 항소했고, 법원은 이 항소재판의 진행을 중단하고 이름을 변경한 트랜스젠더가 혼인하면 본래의 이름으로 돌아가도록 강제하는 것이 헌법에 위반되는지 여부를 청구하는 위헌법률심판을 연방헌법재판소에 청구했다.

[결정요지] 헌법상 보장된 인간의 존엄(제1조 제1항)과 인격권(제2조 제1항)으로부터 자신의 성정체성과 성적 지향을 인식하고 표현하는 권리가 도출된다. 따라서 자신이 인식한 성정체성을 잘 반영하는 이름을 선택할 수 있는 권리도 인간의 존엄과 인격권에 의해 정당화된다. 이로써 트랜스젠더가 혼인한 경우에 변경된 이름을 포기하고 본래의 이름으로 돌아가도록 강제하는 것은 인간의 존엄과 인격권을 제한하는 것이 된다. 이 사건에서 트랜스젠더로서 동성애적 성적 지향을 가진 청구인은 성전환수술이 요구되는 성별변경을 하지 않아 여전히 남성이기 때문에 여성과 결합하게 되면 동반자관계법(LPartG)에 의해 보호되는 동반자관계가 아니라 혼인관계가 된다. 따라서 청구인은 자신의 성정체성과 변경된 이름을 지키기 위해 여성과의 동반자관계를 포기하든지 또는 자신의 성정체성과 변경된 이름을 포기하고 여성과 혼인관계를 형성해야 한다. 하지만 청구인이 여성과 혼인관계를 형성한 경우에 이것을 가지고 다시 본래의 성별에 대한 귀속감을 가졌다고 볼 수는 없다. 오히려 이름을 변경

한 트랜스젠더가 혼인하면 본래의 이름으로 돌아가도록 강제하는 법률은 동성간의 혼인을 막기 위한 적합하고 필요한 수단이 된다. 그러나 이 법률은 성전환수술을 받지 않은 트랜스젠더가 다시 본래의 성별에 대한 귀속감을 가지고 혼인하게 된다는 가설에 기초하고 있고, 이러한 가설은 현재의 의학수준에 따르면 더 이상 견지될 수 없다. 또한 트랜스젠더 가운데도 동성애자가 있다는 가설은 이 법률이 제정될 당시에는 고려되지 못했다. 결국 이름을 변경한 트랜스젠더가 혼인하면 본래의 이름으로 되돌아가도록 강제하는 것은 현재는 유지될 수 없는 가설에 따른 것이다. 또한 헌법상 보장된 혼인제도와 법률에 의해 보장된 동반자관계제도는 당사자의 성별만을 고려하고 성적 지향은 고려하고 있지 않다. 물론 성별에 따라 남녀간의 결합으로서의 혼인과 동성간의 결합으로서의 동반자관계를 구분하는 것 자체가 헌법에 위반되지는 않는다. 하지만 법적으로 성별을 결정하면서 오로지 신체적 성징만을 고려하고 본인이 인식하는 정신적 성별을 고려하지 않음으로써 자신의 성정체성에 맞는 이름을 포기해야만 동반자관계를 형성할 수 있도록 하는 것은 헌법에 위반된다. 또한 신체적 성징만을 성별의 결정에서 고려하는 것은 동성애적 성적 지향을 가진 트랜스젠더가 성전환수술을 받지 않으면 혼인을 해야 하고 자신의 성적 지향을 표현하는 이름을 포기해야 한다는 점에서 트랜스젠더는 인간의 존엄과 인격권으로부터 나오는 '이름을 통해 표현된 자신의 성정체성을 유지할 권리(Recht auf Wahrung seiner eigenen, im Vornamen sich ausdrückenden Geschlechtsidentität)'를 침해당한다.

(4) 기혼자 제한의 문제

독일에서 성별변경은 기혼자, 즉 혼인한 상태에 있는 자에게는 인정되지 않는다. 혼인한 상태에 있는 트랜스젠더가 성별변경을 인정받게 되면 동성간의 혼인이 되기 때문에 원칙적으로 동성간의 혼인을 금지하고 있는 헌법상 혼인제도를 보호하려는 취지에서 혼인한 트랜스젠더의 성별변경을 인정하지 않는 것으로 이해된다. 하지만 혼인한 상태에 있지 않은 자에게만 성별변경을 인정하는 성전환자법(TSG)에 대해서 독일 연방헌법재판소[9]는 성전환수술을 받은 기혼자가 이혼한 경우에만 성별변경을 인정함으로써 혼인에 관한 자기결정권과 기존의 혼인관계에 대한 신뢰 및 성정체성을 인정받을 권리가 침해된다는 점에서 헌법에 위반된다(헌법불합치)고 판시하였다. 이에 따라 새로운 법률이 제정될 때까지 해당조항은 적용되지 않는다(아래 [판례] 참조).[10]

[판례] 혼인한 트랜스젠더에 대한 성별변경 제한
— 2008. 5. 27. 독일 연방헌법재판소 결정 1BvL 10/05 —

[사건개요] 1929년생인 A는 1952년 결혼하여 3명의 자녀를 갖고 있다. 오래 전부터 여성으로서의 소속감을 가지고 있던 A는 2001년 성전환자법(TSG)에 따라 법원의 허가를 받아 이름을 변경하였다. 그리고 2002년에는 성전환수술을 받고, 본인이 혼인한 상태에 있다는 이유로 성별변경허가신청이 기각될 수 있는지의 확인을 구하는 소를 제기하였다. 법원은 이러한 사실을 확인하였다. 하지만 그는 본인에게 이혼을 기대할 수 없다는 점을 들어 성별변경이 허가되어야 한다고 주장하였다. 왜냐하면 그의 부인이 분명하게 이혼을 거부하고 있기 때문이다. 그 또한 그녀가 없이는 인생을 살아갈 수 없다고 주장한다.

[결정요지] 헌법상 보장된 혼인의 내용은 지속적인 생활공동체에 관한 이성간의 합의이므로 혼인한 상태에 있는 트랜스젠더의 성별변경을 인정하지 않는 것은 동성간의 혼인을 예방한다는 점에서 정당하다. 한편 혼인한 트랜스젠더가 성별변경의 허가를 받은 경우에 혼인이 해소되는 것으로 보는 것도 어차피 혼인관계가 해소되어야 한다는 점에서 피해를 최소화하는 수단이 될 수 없다. 하지만 이혼해야만 성별변경을 허용하는 것은 법적으로 결합된 배우자와 계속해서 살기를 원하는 트랜스젠더에게 기대할 수 없는 것을 요구한다는 점에서 좁은 의미의 비례성원칙에 위반된다. 물론 혼인한 상태에 있는 트랜스젠더의 성별변경을 허용함으로써 동성간의 혼인이 되는 것은 사실이지만 이것만 가지고 입법자가 동성간

9) 독일 연방헌법재판소 2008. 5. 27. 1BvL 10/05 참조.

10) 독일 연방헌법재판소는 입법자에게 성전환자법(TSG)을 2009년 8월 1일까지 개정하도록 촉구하면서 혼인한 트랜스젠더가 받게 되는 침해의 중대성을 고려하여 신법으로 개정될 때까지 해당조항의 적용을 중지하는 명령을 선고하였다.

의 혼인을 인정하는 것은 아니다. 그에 비해 혼인한 트랜스젠더가 이혼해야만 성별변경을 허용하는 것은 결국 그의 인생에서 중요한 두 가지 가운데 반드시 한 가지를 포기하도록 만든다는 점에서 기대불가능한 것이다. 혼인한 트랜스젠더가 성별변경을 위해 이혼하도록 강제하는 것은 지속적으로 혼인관계에 의한 공동생활을 할 수 있는 결정의 자유 및 혼인의 존속보장에 대한 신뢰를 심각하게 침해하는 것이다. 혼인중에 트랜스젠더인 배우자가 성별변경을 했다고 하더라도 그 혼인은 합법적으로 성립된 혼인이고, 헌법이 보장하는 혼인에 속하며 혼인으로서 보장받는 것에 대한 포기를 의미하지도 않는다. 결국 혼인에 관한 기본권이 보호하는 이성간 혼인제도에 대한 보장과 혼인생활형성의 자유 및 혼인존속에 관한 이익을 서로 형량했을 때 양자가 모두 중대한 비중을 갖지만 혼인한 트랜스젠더의 성별변경이 혼인의 지속에 영향을 줄 수 있는 규정을 통해 구체적으로 체험된 변경불가능한 관계가 실존적으로 경험된 위기에 빠뜨린다는 점에서 후자의 비중이 더 크다고 볼 수 있다.

2. 오스트리아

오스트리아는 1983년부터 법률의 형식은 아니지만 행정입법(Erlass)의 형식으로 성별의 변경을 허용하고 있는데 독일의 규정과 대단히 유사하다. 성별의 변경을 위해서는 전문교육과 경험으로 성전환증에 대한 풍부한 지식을 가진 전문의사의 감정서가 필요하다. 이 감정서에는 다음과 같은 사실이 포함되어 있어야 한다: ① 오랫동안 반대의 성별에 대한 강한 귀속감을 가지고 살아왔고, 이에 따라 성전환수술(geschlechtskorrigierende Maßnahmen)을 받았을 것, ② 성전환수술은 반대의 성별이 가지는 외관에 명백하게 근접해 있을 것, ③ 반대의 성별에 대한 귀속감이 다시는 변경되지 않을 것이라는 고도의 개연성이 있을 것. 그리고 감정서의 일관된 판정을 위하여 '빈대학 법의학연구소(das Institut für Gerichtsmedizin der Universität Wien)'가 발급한 감정서만 인정된다는 점이 특이하다.

한편 1996년 트랜스젠더의 신분에 관한 행정입법(Personenstandsrechtliche Stellung Transsexueller; "Transsexuellen Erlass" Bundesministerium für Inners - Zahl: 36.250/66-IV/4/96 vom 27. 11. 1996)을 통해 혼인상태에 있지 않은 자에 대해서만 성별변경을 허용하고, 이름변경은 반드시 성별변경과 결부되도록 개정하였다.[11] 이와 관련하여 2006년 오스트리아 헌법재판소(Verfassungsgerichtshof)는 혼인상태에 있는 자에 대해서 성별변경을 허용하지 않는 것은 위법이라고 판시하였다.[12] 성별변경에 관한 법률규정은 전혀 없고, 단지 동성간 혼인을 금지하는 법률규정[13]만 있는 상태에서 혼인한 상태에 있는 자가 성별을 변경한 경우에는 성별기재의 정정이 허용되지 않는 이유가 명확하지 않기 때문이라고 한다. 따라서 혼인상태에 있다는 사실만으로 성별기재의 정정이 허용되지 않는 것은 아니라고 한다. 또한 성별기재의 정정으로 지금까지 혼인상태의 부부이었던 사람들이 동성간의 결합이 되었다고 하더라도 그것만으로 혼인의 지속에 영향을 주거나 혼인이 해소되어야 하는지에 대해서 행정관청은 물론 헌법재판소도 판단할 수 없다고 한다. 결국 행정부가 행정입법을 통해 혼인상태에 있는 자에 대해서 성별변경을 금지할 수 있는 법적 근거는 없다고 한다.

오스트리아 헌법재판소의 결정은 혼인상태에 있는 자의 성별변경가능성을 직접적으로 다루고 있지는 않다. 다만 성별변경에 관한 법률이 존재하지 않고, 따라서 혼인상태에 있는 자의 성별변경가능성에 대해서도 법률의 규정이 없기 때문에 혼인상태에 있는 자의 성별변경금지에 관한 행정입법이 위법이라고 확인했을 뿐이

---

11) 다만, 중성적인 이름으로 변경하는 경우에는 성전환수술 없이도 허용하는 예외를 두고 있다.

12) 오스트리아 헌법재판소(VfGH) 2005. 6. 8. B 947/05 참조.

13) 오스트리아 민법(Allgemeines Bürgerliches Gesetzbuch: ABGB) 제44조(혼인의 개념)에 따르면 혼인계약은 이성인 두 사람(zwei Personen vershiedenen Geschlechtes)이 체결할 수 있다.

다. 이 판례를 통해서 얻을 수 있는 교훈은 성별변경에 관한 법률이 반드시 필요하다는 점이다. 성별변경에 관한 법률이 없이는 행정기관이나 사법부(법원)가 성별변경에 관한 허가 여부를 결정할 수 있는 권한이 존재하지 않는다는 점을 확인해주었다는 점에서 한국에 아직 성별변경에 관한 법률이 존재하지 않는 상황을 고려할 때 시사하는 바가 많은 판례라고 할 수 있다.

3. 네덜란드

1985년 4월 **개정된** 민법[14]에 따라 네덜란드 국민은 법적 성별의 변경 및 출생등록부에 기재된 성별의 변경에 관한 허가를 법원에 신청할 수 있는 권리를 갖는다(동법 제1편 제29a조 제1항). 그 요건은 다음과 같다: ① 출생 당시의 성별과 반대의 성별에 대한 귀속감을 가지고 있을 것, ② 의학적·심리학적 관점에서 가능하고 정당한 정도로 반대의 성별이 가지는 신체에 접근해 있을 것, ③ 혼인상태에 있지 않을 것, ④ 생식능력이 없을 것. 이러한 요건을 충족하고 있을 때 법원은 성별의 변경을 허가하는 결정을 할 수 있고, 신청 당시에 이름의 변경에 대한 신청이 있으면 이름의 변경에 대한 허가결정도 함께 할 수 있다(동법 제29c조).

4. 뉴질랜드

뉴질랜드는 1995년 **출생·사망 및 혼인등록법**[Births, Deaths, and Marriages Registration Act 1995 No 16][15]을 개정하여 성별에 관해서는 "일반법(general law)"에 따라 결정되도록 규정하였다(동법 제33조). 이

14) 성별변경에 관한 네덜란드 민법에 대한 설명은 영국 트랜스젠더 인권단체인 'The Press for Change'의 웹사이트(www.pfc.org.uk) 참조.

15) 뉴질랜드의 법령은 뉴질랜드정부의 법령정보웹사이트(www.legislation.govt.nz) 참조.

러한 일반법에는 의회가 제정한 법률뿐만 아니라 행정입법(regulation)이나 법원의 판결(common law)도 포함된다.[16] 법률이나 행정입법에는 성별을 결정하는 기준에 관한 명시적 규정이 없고, 법원의 판례는 본인의 성정체성과 함께 이를 증명하는 객관적 증거로서 성전환수술 여부에 따라 성별을 결정하였다.[17] 따라서 '성전환수술을 받은(post-operative)' 트랜스젠더는 자신의 성정체성을 증명하기 수월하여 법원으로부터 성별변경을 허가받아 출생등록부의 성별을 수정할 수 있다. 하지만 '성전환수술을 받지 않은(pre-operative)' 트랜스젠더의 경우에는 자신의 성정체성을 증명하기가 수월하지 않아 성정체성을 인정받지 못하는 것을 성별(sex)이나 장애(disability)를 이유로 한 차별로 주장할 수밖에 없다. 이와 관련하여 뉴질랜드에서는 성전환수술이 트랜스젠더의 성별변경을 위한 필수적인 요건인지에 대해서 활발한 논의가 이루어지고 있다. 뉴질랜드 인권위원회(Human Rights Commission)는 성전환수술이 여전히 성정체성을 객관적으로 증명하는 매우 중요한 증거이기는 하지만 필수적인 증거는 아니라는 견해를 표명하였다.[18]

5. 핀 란 드

핀란드는 2003년 1월 1일부터 시행된 **성전환자의 성별확인에 관한 법률** [Laki transseksuaalin sukupuolen vahvistamisesta (563/2002) ; The Gender Confirmation of Transsexual Individuals Act][19]에 따라 트랜스젠더는 성별의

16) 뉴질랜드 인권위원회(Human Rights Commission), <Transgender Report 2007>, 88면 참조.

17) 뉴질랜드 인권위원회(Human Rights Commission), <Transgender Report 2007>, 89면 참조.

18) 뉴질랜드 인권위원회(Human Rights Commission), <Transgender Report 2007>, 90면 참조.

19) 핀란드의 법령은 핀란드 정부의 웹사이트(www.vn.fi)에 연결된 법령정보웹사이트(www.finlex.fi) 참조.

변경이 가능하다. 성별변경의 요건으로는 ① 반대의 성별에 대한 귀속감을 영원히 가지고, 그러한 성별로 살고 있으며, 불임수술을 하였거나 어떤 이유에서 불임이라는 사실에 대한 의학적 확인서를 제시할 것, ② 법적으로 성인일 것, ③ 혼인 또는 등록된 동반자관계에 있지 않을 것, ④ 핀란드국민이거나 영주권자일 것이 요구된다(동법 제1조). 혼인이나 동반자관계에 있는 경우에도 배우자 또는 상대방이 동의한 때에는 성별의 변경을 인정받을 수 있다는 점이 매우 눈에 띄는 부분이다. 이 경우에는 혼인관계가 동반자관계로, 동반자관계가 혼인관계로 변경된다(동법 제2조). 나중에 설명하는 것처럼 핀란드에서는 동성간의 결합이 동반자관계로서 법적 보호를 받기 때문이다.[20] 성별의 변경에 관한 권한은 신청자의 주소지 관할 지방자치단체장이 갖는다(동법 제3조). 성별의 변경을 인정받으면 다른 규정이 없는 한 변경된 성별을 기준으로 모든 법적 효력이 발생한다(동법 제5조).

6. 영　국

영국은 **2004년**이 되어서야 비로소 성정체성을 성별판단기준으로 인정하게 되었다. **성별인정법** [Gender Recognition Act 2004 (c. 7): 이하 'GRA'로 약칭][21]이 만들어져 트랜스젠더에게 성별의 변경을 허용한 것이다. 영국에서는 **코벳 대 코벳**(Corbett v. Corbett) **사건**에 관한 판결[22]이 내려진 1970년 이후 성별은 성염색체, 성선 및 생식기와 같은 생물학적 기준에 의해서만 결정된다는 확고한 원칙이 자리를 잡고 있었다. 그 후 2002년 유럽인권재판소(European Court of Human

---

20) 이 책 제3장 제2절 Ⅲ. 7. 참조.

21) 영국의 성별인정법(GRA)에 대해서는 이준일, "트랜스젠더의 헌법적 문제," <고려법학>(고려대학교 법학연구원), 제50호(2008), 54면 참조.

22) 1970년 2월 2일 옴로드(Ormrod) 판사가 선고한 사건으로 결정문 전문은 영국 트랜스젠더 인권단체인 'The Press for Change'의 웹사이트(www.pfc.org.uk) 참조.

Rights: ECHR)는 성전환수술을 받은 트랜스젠더가 영국정부를 상대로 제기한 소송에서 성별의 결정에서 성정체성이 고려되어야 한다는 결정[23]을 내렸다. 하지만 2003년 **벨링어 대 벨링어**(Bellinger v. Bellinger) **사건**에 관한 판결[24]에서도 여전히 성별은 생물학적 기준에 따라 결정된다는 원칙이 유지되었다. 다만 트랜스젠더가 겪고 있는 심각한 고통을 고려하여 의회가 법률을 제정할 것을 권고하였다. 법원은 법에 따라 유럽인권법과 합치하지 않는 법률에 대해서 개정을 권고(declaration of imcomparability)하는 권한을 가지고 있었기 때문이다. 이에 따라 의회는 2004년 성별인정법(GRA)을 제정하게 된다.

[판례] Corbett v. Corbett 사건(1970)

코벳(Arthur Corbett)과 애쉴리(April Ashley, 1935년생으로 출생 당시의 이름은 George Jamieson)는 1963년 9월 10일 결혼식을 올렸다. 결혼 당시 코벳은 애쉴리가 호적상 남성으로 기재되어 있지만 1960년 여성이 되기 위해 성전환수술을 받았다는 사실을 알고 있었다. 결혼하고 그들이 함께 산 것은 모두 합해야 2주도 되지 않았고, 결국 1963년 12월 코벳은 결혼 당시 애쉴리가 남성이었고, 혼인의 완성(consummation)에 필요한 성교행위(intercourse)를 할 능력이 없거나, 의도적으로 성교행위를 거부했기 때문에 그들의 결혼이 무효라는 확인을 구하는 소송을 법원에 제기했다. 하지만 애쉴리는 코벳과 몇 차례 성교행위를 했으나 코벳이 사정(ejaculation)을 하지 않았을 뿐이고, 만약 혼인이 완성되지 않았다면 그것은 코벳이 의도적으로 혼인의 완성을 거부했기 때문이라고 주장했다.

영국의 「혼인사유법(the Matrimonial Causes Act, 1973)」에 따르면 혼인은 남성과 여성의 결합을 의미하므로 남성과 여성의 결합이 아닌 혼인은 무효이고(동법 제11조 제(b)항), 혼인을 완성시키는 행위인 성교행위를 할 능

---

23) 유럽인권재판소 Goodwin v. The United Kingdom (28957/95), [2002] 35 EHRR 18(2002년 7월 11일) 참조

24) 영국 최고법원(House of Lords) Bellinger v. Bellinger [2003] UKHL 21 참조.

력이 없거나 의도적으로 거부한 경우에는 이 혼인은 취소할 수 있다[동법 제12조 제(a)항].

이 사건을 담당한 옴로드 판사는 다음과 같이 판시했다. 첫째, 혼인은 남성과 여성의 결합을 의미하고, 이 사건의 혼인이 유효한지 여부는 상대방이 여성인지 여부에 따라 결정되므로 상대방(애쉴리)이 태어나면서부터 생물학적 남성인 이 혼인은 무효다. 둘째, 인공적으로 완벽하게 만든 구멍(cavity)을 이용한 성교행위는 진정한 성교행위가 아니므로 상대방은 혼인의 완성에 필요한 성교행위를 할 수 있는 능력이 없다.

[판례] Goodwin v. The United Kingdom 사건(2002)
— 2002. 7. 11. 유럽인권재판소(ECHR) 결정 —

[사건개요] 1937년 남자로 출생한 영국인 굿윈(Christine Goodwin)은 성전환수술을 받고 신체적으로 여성이 되었다. 하지만 법적으로 여전히 남성인 그는 국민연금(national insurance) 납부금을 65세까지 납부해야만 했다. 만약 그가 법적으로 여성이 되면 60세까지만 납부하면 되므로 60세가 되었던 1997년에 납부의무가 종료된다. 성전환 사실을 사용자에게 알리고 싶지 않았던 그는 사용자가 납부하도록 되어 있는 납부금을 본인이 직접 납부할 수 있도록 특별한 조치를 취하였다. 그러면서 성전환수술을 받은 트랜스젠더가 성별변경을 허가받을 수 있는 법제도가 결여되어 있다는 이유로 유럽인권위원회에 제소하였고, 이 사건은 유럽인권재판소로 이송되어 심리되었다. 특히 고용, 사회보장, 연금 및 혼인과 관련하여 트랜스젠더를 고려하는 법제도의 결함이 문제되었다.

[결정요지] ① 성전환수술을 받은 자에게 성별변경을 인정하지 않게 되면 연금 등과 같이 성별이 법적으로 중요한 의미를 갖게 되는 생활영역에서 트랜스젠더의 삶에 영향을 미치게 된다. 사생활영역에서 받게 되는 가장 큰 방해는 현실과 법의 괴리로 인해 트랜스젠더에게 굴욕감이나 분노와 같은 감정을 느끼게 만드는 괴상한 지위에 놓는 것이다. 분명하고도 지속적인 세계적 추세는 성전환수술을 받은 트랜스젠더를 사회적으로 인정할 뿐만 아니라 법적으로도 인정하는 것이다. 성전환수술을 법적으로 인정한다고 해도 제3자가 입게 될 피해는 없다고 보인다. 유럽인권협약 제8조에 따라 자율성이 문제되는 경우에 개인으로서 자신의 정체

성에 관한 구체적 내용을 결정할 수 있는 권리를 포함하여 각 개인의 개인적 영역은 보호받아야 한다. 트랜스젠더가 개인의 발전과 신체적·도덕적 안전에 관한 권리를 다른 사람과 동일하게 향유할 수 있는 권리는 더 이상 논란의 여지가 없다. ② 유럽인권협약 제12조에서 보장한 혼인할 권리(right to marry)가 남성과 여성의 혼인을 언급하고 있지만 성별의 결정을 오로지 생물학적 기준에 따르도록 하는 것은 아니다. 의학과 과학의 발전으로 인해 성전환수술을 받은 트랜스젠더의 성별변경을 법적으로 인정함에 있어서 생물학적 요소는 더 이상 중요한 요소가 될 수 없기 때문에 성정체성의 혼란을 수용할 수 있는지, 트랜스젠더가 인식하는 성별에 맞는 수술을 받았는지, 변경된 성별에 따른 사회적 역할을 하고 있는지 등의 요소가 중요하게 되었다.

[판례] Bellinger v. Bellinger 사건(2003)
– 2003. 4. 30. 영국 최고법원(House of Lords) 판결 –

[사건개요] 1946년생인 벨링어(Mrs. Bellinger)는 남성으로 태어났으나 자신을 여성으로 느끼며 살아 왔다. 여성으로 살아야 한다는 강박관념이 점차 커졌지만 21세가 되던 1967년 한 여성과 결혼을 하게 된다. 결국 1971년 그는 부인과 별거를 하게 되고, 1975년 이혼에 이르게 된다. 이혼후 그는 여성의 의상을 입고 살았고, 마침내 1981년 성전환수술을 받게 된다. 그리고 같은 해 이런 사정을 잘 아는 한 남성(Mr. Bellinger)과 결혼하였고, 당시에 그는 혼인증명서에 미혼여성(spinster)으로 기재되어 있었다. 호적담당공무원은 그녀의 성별에 대해서 묻지 않았으며 그녀도 스스로 자신의 성별에 대해서 말하지도 않았다. 아무튼 두 사람은 남편과 아내로서 행복한 삶을 살고 있었지만 법률상 혼인한 부부로서 인정되는지 여부에 대한 확인을 받고 싶었다. 이에 자신들의 혼인이 법적으로 유효한 혼인임을 확인하는 결정을 구하는 소송을 제기하였다. 2000년 11월 지방법원 가정지원(High Court of Justice Family Division)은 이를 기각하였고, 항소한 고등법원(Court of Appeal)도 2001년 7월 기각하자 최고법원에 상고하였다.

[결정요지] 인도주의적 관점에서 벨링어씨가 처한 엄청난 고통을 이해하고, 성별전환을 인정하지 않는 것이 그와 같은 트랜스젠더에게 심

각한 고통이 되고 있다는 점을 이해한다. 하지만 성별전환을 인정하는 것은 성별의 개념에 새롭고(novel) 확대된(expended) 의미를 부여하는 일이다. 이것은 법률의 개정을 의미하고 광범한 공적 토론을 필요로 하므로 법원의 재판을 통해서는 이루어질 수 없고 의회가 해야 할 일에 속한다. 무엇보다도 다음과 같은 법적 쟁점을 제기하기 때문에 법원이 결정하기에는 적합하지 않다. 첫째, 성전환수술의 개념은 다양한 의미를 가지고 있고, 성전환수술은 트랜스젠더의 마음을 편안하게 해주는 수술이지 성별을 전환하는 수술이 아니다. 둘째, 성별전환을 인정하는 것은 혼인의 영역뿐만 아니라 성별의 구분을 전제로 하는 다른 많은 영역에 영향을 미칠 수 있다. 셋째, 전통적으로 생식(reproduction)이 우선적 목적이었던 혼인은 현대에 와서 그 목적이 변화되었지만 이로 인해 전통적인 혼인개념에 근본적인 변화가 있다고 볼 수는 없다. 결론적으로 벨링어 부부의 혼인은 유효하다고 볼 수 없다.

영국에서 출생등록부에 기재되는 성별은 관련 법률에 명확하게 규정되어 있지는 않지만 일반적으로 생물학적 성별에 따라 기재하였다. 앞서 언급한 Corbett v. Corbett 판례 이후 성별은 오로지 성염색체와 같은 생물학적 기준에 따라 결정되었기 때문이다. 한편 기재사항의 정정은 공무원의 '실수'나 사실에 대한 '착오'가 있는 경우에만 가능하다. 그리고 이러한 실수나 착오는 출생에 관한 사실을 기재할 당시에 발생해야만 한다. 따라서 출생 당시의 신체적 성별과 살아가면서 인식하게 된 정신적 성별이 불일치한다든지 성전환수술을 받았다는 사실은 그러한 실수나 착오에 해당하지 않게 된다. 따라서 트랜스젠더의 성별변경을 위해서는 성별인정법(GRA)과 같은 특별한 법률의 제정이 필요했던 것이다.

성별인정법(GRA)에 따라 트랜스젠더가 자신이 인식하는 성정체성과 일치하는 성별로 인정받기 위해서는 ① 18세 이상의 자로서, ② 출생 당시의 성별과 반대의 성별로 살고 있고, ③ 성별혼란증을 가지고 있으며, ④ 성별인정을 신청할 시점까지 2년 이상 계속해서 반대의 성별로 살아왔고, ⑤ 죽을 때까지 반대의 성별로 살겠다는 의사가 있어야 하며, ⑥ 성별혼란증을 전문으로 하는 의사 또는 심리학자의 감정서가 필요하다.[25] 미성년자의 성별변경은 허용되지 않지만 외국에서의 성별변경이 인정되고, 혼인한 자의 경우에도 성별변경이 허용된다는 점이 특징이다. 혼인한 자가 성별을 변경하는 경우에 임시성별인정서(interim gender recognition certificate)를 발급하고, 혼인이 해소되면 정식성별인정서(full gender recognition certificate)를 발급한다.

[참고] 영국 성별인정법(GRA, 2004)의 성별인정 요건

§1 성별인정서의 신청

(1) 18세 이상의 자는 다음의 요건 가운데 하나를 충족한 경우에 성별인정서를 신청할 수 있다.
 (a) 반대의 성별로 현재 살고 있는 경우
 (b) 영국 외의 국가의 법률에 따라 성별을 변경한 경우

(2) 이 법률에서 제1항의 신청을 한 자와 관련하여 "획득된 성별(the acquired gender)"은 다음을 의미한다.
 (a) 제1항 (a)호의 경우에는 현재 살고 있는 성별
 (b) 제1항 (b)호의 경우에는 해당 외국의 법률에 따라 변경된 성별

(3) 제1항의 신청에 대해서는 성별인정위원회(Gender Recognition Panel)가 결정한다.

(4) 부칙 제1편(Schedule 1)의 성별인정위원회는 효력을 가진다.

§2 성별인정서의 신청에 대한 결정

(1) 제1조 제1항 (a)호에 의한 신청의 경우에 성별인정위원회는 신청자가 다음과 같은 요건을 모두 충족한 때 성별인정서의 발급을 허가한다.
 (a) 성별혼란증(gender dysphoria)을 현재 가지고 있거나 과거에 가지고 있었던 경우
 (b) 신청서가 제출된 날 이전에 2년 동안 계속해서 획득된 성별로

---

25) 성별인정법(GRA)상의 성별변경요건에 대해서는 이준일, "트랜스젠더의 헌법적 문제," <고려법학>(고려대학교 법학연구원), 제50호(2008), 55면 이하도 참조.

살아온 경우

(c) 죽을 때까지 획득된 성별로 계속해서 살겠다는 의사가 있는 경우

(d) 제3조에 규정된 요건을 충족한 경우

(2) 제1조 제1항 (b)호에 의한 신청의 경우에 성별인정위원회는 다 음과 같은 요건을 모두 충족한 때 성별인정위원회는 성별인정서의 발급을 허가한다.

(a) 신청자의 성별변경의 근거가 된 법률을 제정한 해당국가가 영국의 법령에 따라 인정된 국가인 경우

(b) 신청자가 제3조에 규정된 요건을 충족한 경우

(3) 성별인정위원회는 제1항 또는 제2항의 요건을 충족하지 못한 경우에 성별인정서의 발급을 기각해야 한다.

(4) 이 법률에서 영국의 법령에 따라 인정된 국가(approved country or territory)는 장관(the Secretary of State)이 스코틀랜드의 장관들 및 북아일랜드의 재정·인사부와 협의하여 발한 명령(order)에 규정된 국가를 의미한다.

§3 증명서류

(1) 제1조 제1항 (a)의 신청서에는 다음의 서류 가운데 하나를 첨부 해야 한다.

(a) 성별혼란증 분야에서 활동하는 등록된 의사(registered medical practitioner) 1인의 감정서 및 다른 의사(반드시 성별혼란증 분야에서 활동할 필요는 없음) 1인의 감정서

(b) 성별혼란증 분야에서 활동하는 등록된 심리학자(chartered psychologist) 1인의 감정서 및 등록된 의사(반드시 성별혼란증 분야에서 활동할 필요는 없음) 1인의 감정서

(2) 제1항에서 요구되는 성별혼란증 분야에서 활동하는 (a) 등록된 의사 1인 또는 (b) 등록된 심리학자 1인의 감정서가 신청자의 성별혼란증세에 관한 세부사항을 포함하지 않는 경우에는 제1항의 요건을 충족하지 않는다.

(3) (a) 신청자가 성징을 변경할 목적으로 치료를 받았거나 받는 중에 있는 경우 또는 (b) 그러한 치료가 처방되었거나 계획된 경우에는 제1항에서 요구되는 감정서 가운데 적어도 하나에 그러한 사실

에 관한 세부사항이 포함되지 않은 때에는 제1항의 요건은 충족되지 않는다.

(4) 제1조 제1항 (a)의 신청서에는 신청자가 제2조 제1항 (b)와 (c)의 요건을 충족한다는 본인의 진술서(statutory declaration) 를 첨부해야 한다.

(5) 제1조 제1항 (b)의 신청서에는 신청자가 영국의 법령에 따라 인정된 국가의 법률에 근거하여 성별을 변경했다는 증명서가 첨부되어야 한다.

(6) 제1조 제1항의 모든 신청서에는 다음의 서류가 첨부되어야 하고, 그밖에 신청자가 첨부하고자 하는 정보자료와 증명서를 첨부할 수 있다.

(a) 혼인상태에 있는지 여부에 관한 진술서

(b) 수상이 발한 명령에서 요구되는 기타 정보자료 또는 증명서

(c) 성별인정의 허가여부를 결정해야 하는 성별인정위원회가 요구하는 정보자료 또는 증명서

(7) 수상은 스코틀랜드의 장관들과 북아일랜드의 재정인사부와 협의 없이는 제6항 (b)에 의한 명령을 발할 수 없다.

(8) 제6항 (c)에 따라 성별인정의 허가여부를 결정해야 하는 성별인정위원회가 정보자료 또는 증명서를 요구한 경우에는 요구하는 이유를 제시해야 한다.

§4 성별인정서발급의 허가

(1) 성별인정위원회가 제1조 제1항의 신청에 대하여 성별인정서의 발급을 허가하는 경우에 신청자에게 성별인정서(gender recognition certificate)를 발급해야 한다.

(2) 신청자가 혼인한 상태에 있지 않은 경우에는 정식(full) 성별인정서를 발급한다.

(3) 신청자가 혼인한 상태에 있는 경우에는 임시(interim) 성별인정서를 발급한다.

(4) 부칙 제2편(Schedule 2: 임시 성별인정서의 발급 이후 혼인의 무효 또는 해소)은 효력을 가진다.

(5) 수상은 스코틀랜드의 장관들 및 북아일랜드의 재정인사부와 협의하여 성별인정서의 내용과 양식을 구체적으로 정한다.

7. 미 국

미국 각 주의 행정관청은 개인의 출생·사망 및 혼인·이혼에 관한 기록(vital records)을 등록한다. 이러한 등록사항을 변경하는 경우에 법원의 허가가 필요한 경우(**사법부에 의한 변경**: judicial change)가 있고, 행정관청의 결정으로 변경하는 경우(**집행부에 의한 변경**: administrative change)도 있다.[26] 아무튼 미국에서 트랜스젠더가 법적 성별을 변경하기 위한 요건들은 각 주마다 차이가 있지만 대체로 성전환수술을 받은 사실과 이름이 변경된 사실을 확인하는 법원의 허가결정(court order)을 받아 법적 성별의 변경이 가능하다. 그리고 주에 따라서는 성전환수술에 관한 의사의 확인서를 기초로 개인기록담당공무원(Registrar)이 성별을 변경하는 경우도 있다. 결국 미국의 경우 성별의 변경에서 가장 중요한 요건은 성전환수술이라고 판단된다. 한편 테네시(Tennessee)주의 경우처럼 법률의 규정을 통해 명시적으로 성전환수술에 의한 성별변경을 금지하고 있는 주도 있다[Tennessee Code Title 68 Chapter 3 68-3-203 (d): 아래 입법례 참조]. 미국의 성별변경에 관한 자세한 내용은 아래의 입법례와 비교표를 참조하기 바란다.

---

26) 법원에 의한 변경(judicial change)과 행정관청에 의한 변경(administrative change)이라는 용어는 예를 들어 애리조나(Arizona)주 행정규칙에서 사용되고 있다. Arizona Administrative Code Title 9 Chapter 19 R9-19-115 참조.

[참고] 트랜스젠더의 이름과 성별의 변경에 관한 미국 각 주의 입법례

(영어 원문: 강조는 필자)

1. 앨라배마(Alabama)

⇨ Code of Alabama[27] Title 22 Chapter 9A

§22-9A-19 Amendment of vital records.

(a)~(b) 생략

(c)

(1)~(2) 생략

(3) Upon receipt of a certified copy of an **order from a court**(법원의 개명허가결정) with competent jurisdiction changing the name of a person born in this state, the State Registrar shall amend the certificate of birth to show the new name.

(d) Upon receipt of a certified copy of an **order of a court**(법원의 성별변경허가결정) of competent jurisdiction indicating that the sex of an individual born in this state has been changed by **surgical procedure**(성전환수술) and that the name of the individual has been changed, the certificate of birth of the individual shall be amended as prescribed by rules to reflect the changes.

(e)~(f) 생략

2. 알래스카(Alaska)

⇨ Alaska Statutes[28] Title 18 Chapter 50

§18.50.290. Corrections and Amendments.

(a)~(b) 생략

(c) Upon receipt of a certified copy of a **court order**(법원의 개명허가

---

27) 앨라배마주의 법령은 앨라배마주의회(Alabama Legislature)의 웹사이트(www.legislature.state.al.us) 참조.

28) 알래스카주의 법령은 알래스카주법령정보 웹사이트(www.touchngo.com) 참조.

결정) changing the name of a person born in the state or a person born outside the United States whose adoptive parents are residents of the state at the time of the adoption and upon request of the person or the person's parent, guardian, or legal representative, the state registrar shall amend the certificate of birth to reflect the new name.

(d) 생략

3. 애리조나(Arizona)

⇨ Arizona Revised Statutes[29] Title 36 Chapter 3 Article 3

§36-337 Amending birth certificates

A. The state registrar shall amend the birth certificate for a person born in this state when the state registrar receives any of the following:

1.~2. 생략

3. For a person who has undergone a **sex change operation**(성전환수술) or has a chromosomal count that establishes the sex of the person as different than in the registered birth certificate, both of the following:

(a) A written request for an amended birth certificate from the person or, if the person is a child, from the child's parent or legal guardian.

(b) A written statement by a physician that verifies the sex change operation or chromosomal count.

4. **A court order**(법원의 허가결정) ordering an amendment to a birth certificate.

B.~H. 생략

29) 애리조나주의 법령은 애리조나주의회(Arizona State Legislature)의 웹사이트(www.azleg.state.az.us) 참조.

⇨ Arizona Administrative Code[30] Title 9 Chapter 19 Article 1

R9-19-118. Changes on birth and fetal death certificates

A. Any changes of the following nature shall be judicial changes;

1. 생략
2. Amendment of a birth certificate to show a change of name of the registrant by **court order**(법원의 개명허가결정). All name changes after one year from the date of birth shall require a court order.

B. Any changes of the following items shall be major administrative changes:

1. Substantial alteration of the surname of the registrant not covered by judicial authorization;
2. Sex of the registrant due to **surgical alterations**(성전환수술) of chromosomal counts;
3. Name of the registrant within one year from the date of the birth;

4.~10. 생략

C. 생략

4. 아칸소(Arkansas)

⇨ Arkansas Code[31] Title 20 Subtitle 2 Chapter 18 Subchapter 3

§20-18-307. Amendment of vital records and reports.

(a)~(b) 생략

(c) Upon receipt of a certified copy of an **order of a court**(법원의 개명허가결정) of competent jurisdiction changing the name of a person born in this state and upon request of the person or his or her parents,

30) 애리조나주의 행정입법은 애리조나주정부(Arizona Secretary of State)의 웹사이트(www.azosos.gov) 참조

31) 아칸소주의 법령은 아칸소주의회(Arkansas General Assembly)의 웹사이트(www.arkleg.state.ar.us) 참조.

guardian or legal representative, the State Registrar of Vital Records shall amend the certificate of birth to show the new name.

(d) Upon receipt of a certified copy of an **order of a court**(법원의 성별변경허가결정) of competent jurisdiction indicating that the sex of an individual born in this state has been changed by **surgical procedure** (성전환수술) and that the individual's name has been changed, the certificate of birth of the individual shall be amended accordingly.

(e)~(g) 생략

5. 캘리포니아(California)

⇨ California Health and Safety Code[32] Division 102 Part 1 Chapter 11

Article 6. Amendment of Birth Record to Reflect Court Order Change of Name

§103400. Whenever a person born in this state has his or her name changed by order of a court of this state, another state, the District of Columbia, or any territory of the United States, an application including an affidavit of this fact may be filed with the office of the State Registrar upon a form provided for that purpose.

§103405. Upon receipt of the application, affidavit, certified copy of the **court order**(법원의 개명허가결정) and payment of the required fee, the State Registrar shall review the amendment for acceptance for filing, and if accepted, shall file the amendment and shall note the fact of the amendment on the otherwise unaltered original birth certificate. The amendment shall be filed with and become a part of the record to which it pertains, if the original record of birth is on file in the office of the State Registrar.

---

32) 캘리포니아주의 법령은 캘리포니아주의 공식법령정보(Official California Legislative Information) 웹사이트(www.leginfo.ca.gov) 참조.

Article 7. Revision of Birth Records to Reflect Change of Sex

§103425 Whenever a person born in this state has undergone **surgical treatment**(성전환수술) for the purpose of altering his or her sexual characteristics to those of the opposite sex, a new birth certificate may be prepared for the person reflecting the change of gender and any change of name accomplished by an **order of a court**(법원의 개명·성별 변경허가결정) of this state, another state, the District of Columbia, or any territory of the United States. A petition for the issuance of a new birth certificate in those cases shall be filed with the superior court of the county where the petitioner resides.

6. 콜로라도(Colorado)

⇨ Colorado Revised Statutes[33)] Title 25 Article 2

§25-2-115 Alteration of reports and certificates - amended reports and certificates.

(1) 생략

(2) Upon receipt of a certified copy of a **court order**(법원개명허가결정) changing the name of a person born in this state and upon request of such person, or upon the request of his parent, guardian, or legal representative if he is under a legal disability, the original certificate of birth shall be amended to reflect the new name thereon.

(3) 생략

(4) Upon receipt of a certified copy of an **order of a court**(법원의 성별변경허가결정) of competent jurisdiction indicating that the sex of an individual born in this state has been changed by **surgical procedure**(성전환수술)and that such individual's name has been changed, the certificate of birth of such individual shall be amended as prescribed by regulation.

33) 콜로라도주의 법령은 콜로라도주의회(Colorado General Assembly)의 웹사이트(www.leg.state.co.us) 참조.

(5) 생략

7. 코네티컷(Connecticut)

⇨ Connecticut General Statutes[34] Title 19a Chapter 368a

§19a-42 (Formerly Section 19-15a). Amendment of vital records.

(a)~(e) 생략

(f) Upon receipt of a certified copy of an **order of a court**(법원의 개명허가결정) of competent jurisdiction changing the name of a person born in this state and upon request of such person or such person's parents, guardian, or legal representative, the commissioner or the registrar of vital statistics of the town in which the vital event occurred shall amend the birth certificate to show the new name by a method prescribed by the department.

(g)~(h)생략

§19a-42b. Amendment of out-of-state or foreign birth certificate to reflect gender change. Probate court jurisdiction. Application process.

(a) In the case of a person who is a resident of this state and was born in another state or in a foreign jurisdiction, if such other state or foreign jurisdiction requires a **court decree**(법원의 성별변경허가결정) in order to amend a birth certificate to reflect a change in gender, the probate courts in this state shall have jurisdiction to issue such a **decree**(법원의 성별변경허가결정). When a person has completed treatment for the purpose of altering his or her sexual characteristics to those of the opposite sex, such person may apply to the probate court for the district in which such person resides for a decree that such person's birth certificate be amended to reflect the change in gender. The application to the probate court shall be accompanied by

---

34) 코네티컷주의 법령은 코네티컷주의회(Connecticut General Assembly)의 웹사이트(www.cga.ct.gov) 참조.

an **affidavit**(의사의 성전환수술확인서) from a physician attesting that the applicant has physically changed gender and an affidavit from a psychologist, psychiatrist or a licensed clinical social worker attesting that the applicant has socially and psychologically changed gender. Upon issuance, such probate court decree shall be transmitted to the registration authority of such person's place of birth.

(b) 생략

8. 델라웨어(Delaware)

⇨ Delaware Code[35] Title 16 Chapter 31 Subchapter II

§3131 Delayed or amended certificates; procedures; evidence.

(a) A person born in this State may file or amend a certificate of birth after the time prescribed by this chapter upon submitting such evidence relative to the circumstance by the State Registrar. In the case of a correction to the birth record of an American Indian, the substantiating documentary proof may include, but shall not be limited to, an affidavit satisfactory to the State Registrar or any local registrar and signed by the chief of the tribe that according to tribal records the person whose certificate is to be amended is a member of the tribe of the chief whose signature appears on the affidavit.

(b)~(f) 생략

⇨ Delaware's Administrative Code Title 16

4200 Health Promotion and Disease Prevention 4205 Vital Records 10.0 Amendment of Vital Records

10.9 Methods of Amending Certificates.

§10.9.4 Upon receipt of a certified copy of an **order of a court**(법원의 성별변경・개명허가결정) of competent jurisdiction indicating the sex of an individual born in Delaware has been changed by **surgical procedure**(성전환

---

35) 델라웨어주의 법령은 델라웨어주정부의 웹사이트(www.delaware.gov) 참조.

수술) and whether such individual's name has been changed, the certificate of birth of such individual shall be amended by preparing a new certificate. The item numbers of the entries that were amended shall not, however, be identified on the new certificate or on any certified copies that may be issued of that certificate.

9. 워싱턴 D.C.(District of Columbia)

⇨ District of Columbia Code[36] Title 7 Chapter 2

§7-217. Amendment.

(a) 생략

(c) Upon receipt of a certified copy of an **order of a court**(법원의 개명허가결정) of competent jurisdiction changing the name of a person born in the District and upon request of such person, his or her guardian or legal representative, or, in the case of a minor, his or her parents, the Registrar shall amend the certificate of birth to show the new name.

(d) Upon receipt of a certified copy of an **order of the Court**(법원의 성별변경・개명허가결정) indicating that the sex of an individual born in the District has changed by **surgical procedure**(성전환수술) and that such individual's name has been changed, the certificate of birth of such individual shall be amended as prescribed by regulation.

(e) 생략

10. 플로리다(Florida)

⇨ Florida Statutes[37] Title XXIX Chapter 382

§382.016. Amendment of records.

---

36) 워싱턴 D.C.의 법령은 D.C.위원회(Council of the District of Columbia)의 웹사이트(www.dccouncil.washington.dc.us) 참조.

37) 플로리다주의 법령은 플로리다주의회(Florida Legislature)의 웹사이트(www.leg.state.fl.us) 참조.

The department, upon receipt of the fee prescribed in s. 382.0255; documentary evidence, as specified by rule, of any misstatement, error, or omission occurring in any birth, death, or fetal death record; and an affidavit setting forth the changes to be made, shall amend or replace the original certificate as necessary.

(1)~(2) 생략

⇨ Florida Administrative Code[38] Department 64 Division 64V Chapter 64V-1

Rule: 64V-1.003 Birth Certificate Amendments; Documentary Evidence Requirements

(1) The following amendments do not require supporting documentary evidence:

(a)~(e) 생략

(f) Transposition of parent(s) given names;

(g)~(k) 생략

(2) Amendments to birth certificates as specified below shall be accompanied by original, certified, or notarized supporting **documentary evidence**(증명서류). Except for paragraph (2)(e) of Rule 64V-1.003, F.A.C., documents submitted for registrant 18 years or older must have been established prior to the 18th birthday and must be at least 5 years old; documents submitted for registrant under the age of 18 must have been established within 7 years of the date of the birth. To correct item in paragraph (2)(e) of Rule 64V-1.003, F.A.C., the documentation must have been established within the first 7 years of the date of birth:

(a)~(b)

(c) Sex of child if it does not meet criteria contained in subsection (1)(f) of Rule 64V-1.003, F.A.C.;

(d)~(k) 생략

---

38) 플로리다주의 행정입법은 플로리다주 주무부(Florida Department of State)의 법령정보웹사이트(www.flrules.org) 참조.

(3) The documents submitted must substantiate the following facts of birth:

(a) Name of child;

(b) 생략

(c) Sex of child;

(d)~(f) 생략

(4)~(5) 생략

11. 조지아(Georgia)

⇨ Georgia Code[39] Title 31 Chapter 10

§31-10-23 Amendment of certificates or reports

(a)~(c) 생략

(d) Upon receipt of a certified copy of an **order from a superior court**(법원의 개명허가결정), probate court, or other court of competent jurisdiction changing the name of a person born in this state and upon request of such person or such person's parents, guardian, temporary guardian, or legal representative, the state registrar shall amend the certificate of birth to show the new name. When the names of the parent or parents and the child are changed, the state registrar may register a new certificate if requested by the parents, guardian, temporary guardian, or legal representative. Such new certificate shall be marked "amended."

(e) Upon receipt of a certified copy of a **court order**(법원의 성별변경 허가결정) indicating the sex of an individual born in this state has been changed by **surgical procedure**(성전환수술) and that such individual's name has been changed, the certificate of birth of such individual shall be amended as prescribed by regulation.

(f)~(h) 생략

39) 조지아주의 법령은 조지아주의회(Georgia General Assembly)의 웹사이트(www.legis.state.ga.us) 참조.

12. 하와이(Hawaii)

⇨ Hawaii Revised Statutes[40] Chapter 338 Part I

§338-17.7 Establishment of new certificates of birth, when.

(a) The department of health shall establish, in the following circumstances, a new certificate of birth for a person born in this State who already has a birth certificate filed with the department and who is referred to below as the "birth registrant":

(1)~(3) 생략

(4) Upon receipt of an **affidavit of a physician**(의사의 성전환수술확인서) that the physician has examined the birth registrant and has determined the following:

(A) The birth registrant's sex designation was entered incorrectly on the birth registrant's birth certificate; or

(B) The birth registrant has had a **sex change operation**(성전환수술) and the sex designation on the birth registrant's birth certificate is no longer correct; provided that the director of health may further investigate and require additional information that the director deems necessary; or

(5) 생략

(b) 생략

13. 아이다호(Idaho)

⇨ Idaho Code[41] Title 39 Chapter 2

§39-250. Completion and Correction of Certificates — Procedure — Other Alterations Prohibited.

---

40) 하와이주의 법령은 하와이주의회(Hawaii State Legislature)의 웹사이트(www.capitol.hawaii.gov) 참조.

41) 아이다호주의 법령은 아이다호주의회(Idaho State Legislature)의 웹사이트(www.legislature.idaho.gov) 참조.

A certificate of any event shall be completed, corrected, amended or otherwise altered after being filed with the vital statistics unit only in accordance with this chapter and rules promulgated by the board.

(d) Upon receipt of a certified copy of an **order of a court**(법원의 개명허가결정) of competent jurisdiction changing the name of a person born in this state and upon request of such person or the parent(s), guardian, or legal representative, the state registrar shall amend the certificate of birth to show the new name.

⇨ Idaho Administrative Code

Rules 16.02.08 – Vital Statistics Rules

§16.02.08.201 Completion and Correction of Certificates.

01.~02. 생략

03. Amendment of Registrant's Given Name on Birth Certificate After the First Year.

a. After one (1) year from the date of birth, the provisions of Subsection 201.06 of these rules must be followed to amend the given name if the name was entered in error at the time of the preparation of the birth certificate.

b. In all other cases, a legal change of name **order from a court**(법원의 개명허가결정) of competent jurisdiction must be submitted to change a given name after one (1) year.

04.~06. 생략

14. 일리노이(Illinois)

⇨ Illinois Complied Statutes[42] Chapter 410

410 ILCS 535/ Vital Records Act.

(410 ILCS 535/17)

---

42) 일리노이주의 법령은 일리노이주의회(Illinois General Assembly)의 웹사이트(www.ilga.gov) 참조.

(1) For a person born in this State, the State Registrar of Vital Records shall establish a new certificate of birth when he receives any of the following:

(a)~(c) 생략

(d) An **affidavit by a physician**(의사의 확인서) that he has performed an **operation**(성전환수술) on a person, and that by reason of the operation the sex designation on such person's birth record should be changed. The State Registrar of Vital Records may make any investigation or require any further information he deems necessary.

(2)~(5) 생략

15. 인디애나(Indiana)

⇨ Indiana Code[43] Title 16 Article 37 Chapter 2

§16-37-2-10 "DNA test" defined; additions or corrections to birth certificate; evidence

(a) 생략

(b) The state department may make additions to or corrections in a certificate of birth on receipt of adequate **documentary evidence**(증명서류), including the results of a DNA test under subsection (c) or a paternity affidavit executed under section 2.1 of this chapter.

(c) 생략

16. 아이오와(Iowa)

⇨ Iowa Code[44] Title IV Subtitle 2 Chapter 144

43) 인디애나주의 법령은 인디애나주의회(Indiana General Assembly)의 웹사이트(www.in.gov/legislative) 참조.

44) 아이오와주의 법령은 아이오와주의회(Iowa General Assembly)의 웹사이트(www.legis.stat.ia.us) 참조.

§144.23 State registrar to issue new certificate.

The state registrar shall establish a new certificate of birth for a person born in this state, when the state registrar receives the following:

1.~2. 생략

3. A notarized **affidavit**(의사의 확인서) by a licensed physician and surgeon or osteopathic physician and surgeon stating that by reason of surgery or other treatment by the licensee, the sex designation of the person has been changed. The state registrar may make a further investigation or require further information necessary to determine whether a sex change has occurred.

17. 캔자스(Kansas)

⇨ Kansas Administrative Regulations[45)]

§28-17-20 Corrections to certificates and records.

Corrections to certificates or records may be made only as follows and only within the time limit indicated in each subsection.

(a) 생략

(b) Amendments after 90 days. After 90 days of receipt of the vital record in the office of vital statistics, amendments may be made only as follows:

(1) Certificates of birth.

(A) Birth certificate items may be amended upon the applicant's submission of at least two documents which consistently substantiate the item or items to be amended and that are executed and dated at least five years prior to the request for the amendment or prior to the tenth birthday anniversary of the registrant, except that items (i) through (viii) shall be corrected only as provided.

(i) The items recording the registrant's sex may be amended if the

45) 캔자스주의 법령은 캔자스주의회(Kansas Legislature)의 웹사이트(www.kslegislature.org) 참조.

amendment is substantiated with the **applicant's affidavit**(본인의 진술서) that the sex was incorrectly recorded or with a **medical certificate** (의학적 확인서) substantiating that a physiological or anatomical change occurred.

(ii)~(viii) 생략

(B)~(E) 생략

(2) 생략

(c) 생략

18. 켄터키(Kentucky)

⇨ Kentucky Revised Statutes[46] Title XVIII Chapter 213

§213.121 Amendment of certificate or report.

(1)~(3) 생략

(4) Upon receipt of a certified copy of an **order of a court**(법원의 개명허가결정) changing the name of a person born in the Commonwealth and upon request of the person or the person's parents, guardian, or legal representative, the state registrar shall amend the certificate of birth to show the new name.

(5) Upon receipt of a sworn **statement by a licensed physician**(의사의 확인서) indicating that the gender of an individual born in the Commonwealth has been changed by **surgical procedure** and a certified copy of an **order of a court**(법원의 개명허가결정) of competent jurisdiction changing that individual's name, the certificate of birth of the individual shall be amended as prescribed by regulation to reflect the change.

46) 켄터키주의 법령은 켄터키주의회(The Kentucky Legislature)의 웹사이트(www.lrc.ky.gov) 참조.

19. 루이지애나(Louisiana)

⇨ Louisiana Revised Statutes[47] Title 40 RS 40:62

§62 Issuance of new birth certificate after anatomical change of sex by surgery

A. Any person born in Louisiana who has sustained **sex reassignment**(성전환수술) or corrective surgery which has changed the anatomical structure of the sex of the individual to that of a sex other than that which appears on the original birth certificate of the individual, may petition a **court**(법원의 성별변경허가결정) of competent jurisdiction as provided in this Section to obtain a new certificate of birth.

B.~D. 생략

20. 메 인(Maine)

⇨ Maine Revised Statutes[48] Title 22 Subtitle 2 Part 6 Chapter 701

§2705. Amendment of vital statistics records

Except as provided by this Title, a certificate or record filed under chapters 701 to 707 may be altered or amended only in accordance with such regulations as the department may adopt to protect the integrity of vital statistics records.

1. Amended certificate. A certificate that has been altered or amended after its filing must be marked "amended," and the date on which the certificate or record was amended and a summary description of the **evidence**(증명서류) submitted in support of the correction must be endorsed on the record or permanently attached to it. Any certified copies of certificates or records amended under this section must be

47) 루이지애나(Louisiana)주의 법령은 루이지애나주의회(Louisiana State Legislature)의 웹사이트(www.legis.state.la.us) 참조.

48) 메인주의 법령은 메인주의회(Maine State Legislature)의 웹사이트(www.janus.state.me.us/legis) 참조.

marked "amended." Notwithstanding this subsection, administrative correction of clerical errors within one year after the date of filing does not cause the certificate or record to be considered altered or amended.

2.~6. 생략

21. 메릴랜드(Maryland)

⇨ Maryland Code[49] Health - General Title 4 Subtitle 2

§4-214. Amendments to vital records.

(a) 생략

(b) Certification to Secretary; records of amendments.

(1)~(4) 생략

(5) Upon receipt of a certified copy of an **order of a court**(법원의 성별 변경허가결정) of competent jurisdiction indicating the sex of an individual born in this State has been changed by **surgical procedure**(성전환수술) and whether such individual's name has been changed, the Secretary shall amend the certificate of birth of the individual as prescribed by regulation.

(6)~(7) 생략

(c) 생략

22. 매사추세츠(Massachusetts)

⇨ Massachusetts General Laws[50] Chapter 46

§13. Correction of records

(a)~(d) 생략

(e) If a person has completed **sex reassignment surgery**(성전환수술), so-called, and has had his name **legally changed by a court**(법원의 개

49) 메릴랜드주의 법령은 메릴랜드주의회(Maryland General Assembly)의 웹사이트(www.mlis.state.md.us) 참조.

50) 메사추세츠주의 법령은 메사추세츠주정부의 웹사이트(www.ma.gov/legis) 참조.

명허가결정) of competent jurisdiction, the birth record of said person shall be amended to reflect the newly acquired sex and name, provided that an affidavit is received by the town clerk, executed by the person to whom the record relates, and accompanied by a **physician's notarized statement**(의사의 성전환수술확인서) that the person named on the birth record has completed sex reassignment surgery, so-called, and is not of the sex recorded on said record. Said affidavit shall also be accompanied by a certified copy of the legal change of name aforementioned above.

(f)~(k) 생략

23. 미시간(Michigan)

⇨ Michigan Complied Laws[51] Chapter 333. Act 368 of 1978(Public Health Code). Article 2. Part 28.

§333.2831 New certificate of birth; establishment; requirements.

(a)~(b) 생략

(c) A request that a new certificate be established to show a sex designation other than that designated at birth. The request shall be accompanied by an **affidavit of a physician** (의사의 성전환수술확인서) certifying that **sex reassignment surgery**(성전환수술) has been performed.

24. 미네소타(Minnesota)

⇨ Minnesota Statutes[52] Chapter 144.

§144.218 Replacement Birth Records.

Subdivision. 1.~4. 생략

Subdivision. 5. Replacement of vital records.

---

51) 미시간주의 법령은 미시간주의회(Michigan Legislature)의 웹사이트(www.legislature.mi.gov) 참조.

52) 미네소타주의 법령은 미네소타주의회(Minnesota State Legislature)의 웹사이트(www.leg.state.mn.us) 참조.

Upon the **order of a court**(법원의 허가결정) of this state, upon the request of a court of another state, upon the filing of a declaration of parentage under section 257.34, or upon the filing of a recognition of parentage with a registrar, a replacement birth record must be registered consistent with the findings of the court, the declaration of parentage, or the recognition of parentage.

25. 미시시피(Mississippi)

⇨ Mississippi Code[53)] Title 41 Chapter 57

§41-57-21. Proceedings to correct incomplete birth certifi- cate or birth certificate having incorrect first name, middle name, place or sex.

Where there has been a bona fide effort to register a birth and the certificate thereof on file with the office of vital records does not divulge all of the information required by said certificate, or such certificate contains an incorrect first name, middle name, or sex, then the state registrar of vital records may, in his **discretion**(개인기록 담당공무원의 결정), correct such certificate upon **affidavit**(확인서) of at least two (2) reputable persons having personal knowledge of the facts in relation thereto. All other alterations shall be made as provided in Section 41-57-23. Anyone giving false information in such affidavit shall be subject to the penalties of perjury.

26. 미주리(Missouri)

⇨ Missouri Revised Statutes[54)] Title VII. Chapter 193.

§193.215 Amendment of certificates and reports - acknowledgment of

53) 미시시피주의 법령은 미시시피주 주무부(Mississippi Secretary of State) 의회 웹사이트(www.sos.state.ms.us) 참조.

54) 미주리주의 법령은 미주리주의회(Missouri General Assembly)의 웹사이트(www.moga.mo.gov) 참조.

paternity affidavit, notice to be given parents - rescission of acknowledgment, filing - paternity establishment services offered by department.

1~7. 생략

8. Upon receipt of a certified copy of an **order of a court**(법원의 개명허가결정) of competent jurisdiction changing the name of a person born in this state and upon request of such person or such person's parents, guardian or legal representative, the state registrar shall amend the certificate of birth to show the new name.
9. Upon receipt of a certified copy of an **order of a court**(법원의 성별변경허가결정) of competent jurisdiction indicating the sex of an individual born in this state has been changed by surgical procedure(성전환수술) and that such individual's name has been changed, the certificate of birth of such individual shall be amended.

27. 몬태나(Montana)

⇨ Montana Code Annotated(MCA)[55] Title 50. Chapter 15

§50-15-204 Delayed or amended birth certificate.

(1) 생략

(2) The department or its designee may amend a birth, death, or fetal death certificate upon submitting proof as required by the department.

(3) The department shall adopt **rules**(행정입법에 위임) establishing the circumstances under which vital records may be corrected or amended and the procedure to correct or amend those records.

(4)~(5) 생략

⇨ Administrative Rules of Montana(ARM)[56] Title 37.

55) 몬태나주의 법령은 몬태나주의회(Montana Legislature)의 웹사이트(www.leg.mt.gov) 참조.

56) 몬태나주의 행정입법은 몬태나주 주무부(Montana Secretary of State) 웹사이트(www.mt.gov) 참조.

Chapter 8

37.8.106 Amendment Of Vital Records

(1)~(5) 생략

(6) The sex of a registrant as cited on a certificate may be amended only if the department receives a certified copy of the **order of a court**(법원의 성별변경허가결정) of competent jurisdiction indicating that the sex of an individual born in Montana has been changed by **surgical procedure**(성전환수술). The order must contain sufficient information for the department to locate the record. If the registrant's name is also to be changed, the **court order**(법원의 개명허가결정) must indicate the full name of the registrant as it appears on the birth certificate and the full name to which it is to be altered. Any certified copy issued after the amendment must indicate it was altered.

(7)~(8) 생략

28. 네브래스카(Nebraska)

⇨ Nebraska Revised Statutes[57] Chapter 71

§71-604.01 Birth certificate; sex reassignment; new certificate; procedure.

Upon receipt of a notarized affidavit from the physician that performed **sex reassignment surgery**(성전환수술) on an individual born in this state and a certified copy of an **order of a court**(법원의 개명허가결정) of competent jurisdiction changing the name of such person, the department shall prepare a new certificate of birth in the new name and sex of such person in substantially the same form as that used for other live births. The evidence from which the new certificate is prepared and the original certificate of birth shall be available for inspection only upon

57) 네브래스카주의 법령은 네브래스카주의회(Nebraska Legislature)의 웹사이트(www.legislature.ne.gov) 참조.

the order of a court of competent jurisdiction.

29. 네바다(Nevada)

⇨ Nevada Revised Statutes[58] Title 440에 해당규정 없음

⇨ Nevada Administrative Code Chapter 440

§440.130 Preparation of new birth certificates for persons having undergone sexual transformation.

1. The State Registrar may prepare a new certificate of birth for a person having a **sexual transformation**(성전환수술) only upon **order of a court**(법원의 성별변경허가결정) of competent jurisdiction.
2. The court order must specify those facts to be changed on the new certificate. All other items must remain as on the original certificate.

30. 뉴햄프셔(New Hampshire)

⇨ New Hampshire Revised Statutes[59] Title I Chapter 5-C

5-C:87 Initiating Amendments and Corrections to Birth Records.

I.~III. 생략

IV. Upon receipt of a certified copy of a **court order**(법원의 개명허가결정) changing the name of a person born in the state of New Hampshire, the clerk of the town or city shall amend the birth record by replacing the original name with the new name, enter a marginal note stating "legal change of name per court order" with the date of the order, and "A.K.A." the original name, and shall

58) 네바다주의 법령은 네바다주의회(Nevada Legislature)의 웹사이트(www.leg.state.nv.us) 참조.

59) 뉴햄프셔주의 법령은 뉴햄프셔주정부의 웹사이트(www.nh.gov) 참조.

forward notice of the change to the state registrar.

V. Upon receipt of a certified copy of a **court order**(법원의 성별변경허가결정) advising that such individual born in the state of New Hampshire has had a sex change, a new birth record shall be prepared to reflect such change.

VI.~XI. 생략

31. 뉴저지(New Jersey)

⇨ New Jersey Statute Annotation[60] Title 26

§26:8-40.12. Sex reassignment surgery; amendment of birth certificate

The State registrar shall issue an amended certificate of birth to a person born in this State who undergoes **sex reassignment surgery**(성전환수술) and requests an amended certificate of birth which shows the sex and name of the person as it has been changed.

a. The State registrar shall issue the amended certificate of birth upon receipt of (1) a certified copy of an **order from a court**(법원의 개명허가결정) of competent jurisdiction which indicates the name of the person has been changed and (2) a medical certificate from the person's licensed physician which indicates the sex of the person has been changed by **surgical procedure**(성전환수술).

b.~e. 생략

32. 뉴멕시코(New Mexico)

⇨ New Mexico Statutes[61] Chapter 24 Article 14

§24-14-25. Correction and amendment of vital records.

A. 생략

---

60) 뉴저지주의 법령은 뉴저지주의회(New Jersey Legislature)의 웹사이트(www.njleg.state.nj.us)에서 참조.

61) 뉴멕시코주의 법령은 뉴멕시코주의회(New Mexico Legislature)의 웹사이트(www.legis.state.nm.us) 참조.

B. Upon receipt of a certified copy of a **court order**(법원의 개명허가결정) changing the name of a person born in this state and upon request of the person or his parent, guardian or legal representative, the state registrar shall amend the original certificate of birth to reflect the new name.

C. 생략

D. Upon receipt of a duly notarized statement from the person in charge of an institution or from the attending physician indicating that the sex of an individual born in this state has been changed by **surgical procedure**(성전환수술), together with a certified copy of an **order**(법원의 개명허가결정) changing the name of the person, the certificate of birth of the individual shall be amended as prescribed by regulation.

E.~F. 생략

33. 뉴욕(New York)

⇨ New York Codes, Rules & Regulations[62] Title 10 Chapter 2

§35.2. Birth records; confidential information.

(a) A certified copy or a certified transcript of a birth certificate shall be issued only:

(1) upon **order of a court**(법원의 허가결정) of competent jurisdiction;

(2) upon specific request by the person, if 18 years of age or more, or by a parent or other lawful representative of the person to whom the record of birth relates; or (3) upon specific request therefor to the Commissioner of Health of the State of New York by municipal, State or Federal agencies when needed for official purposes.

(b) A certification of birth shall be issued when required for a proper

62) 뉴욕주의 법령은 뉴욕주무부(New York Department of State)의 웹사이트(www.dos.state.ny.us) 참조.

purpose. A proper purpose shall not exist when the record is requested for commercial or profitmaking purposes or to satisfy idle curiosity.

(c) The confidential information for medical and health use only furnished with a certificate of live birth shall not be copied and shall be detached except as herein provided. Data thereon, as determined by the State Commissioner of Health, shall be recorded on appropriate storage media for scientific research only. Following such recording the portion containing such confidential information shall be detached from the original certificate by the State Commissioner of Health or other person authorized by him who shall then destroy such portion. No copy of a certificate issued pursuant to sections 4173 and 4174 of the Public Health Law shall contain such information.

(d) The request for a certified copy of a birth certificate, a certified transcript of a birth certificate or a certification of birth shall include such documentation required by the State Health Commissioner to establish the stated need.

34. 노스캐롤라이나(North Carolina)

⇨ North Carolina General Statutes[63] Chapter 130A. Article 4

§130A-118. Amendment of birth and death certificates.

(a) 생략

(b) A new certificate of birth shall be made by the State Registrar when:

(1)~(3) 생략

(4) A written request from an individual is received by the State

63) 노스캐롤라이나주의 법령은 노스캐롤라이나주의회(North Carolina General Assembly)의 웹사이트(www.ncleg.net) 참조.

Registrar to change the sex on that individual's birth record because of **sex reassignment surgery**(성전환수술), if the request is accompanied by a notarized statement from the physician who performed the sex reassignment surgery or from a physician licensed to practice medicine who has examined the individual and can certify that the person has undergone sex reassignment surgery.

(c)~(e) 생략

35. 노스다코타(North Dakota)

⇨ North Dakota Century Code[64] Title 23 Chapter 23-02.1

§23-02.1-25. Correction and amendment of vital records.

1.~2. 생략

3. Upon receipt of a certified copy of a **court order**(법원의 개명허가결정) changing the name of a person born in this state and upon request of such person or the person's parent, guardian, or legal representative, the state registrar shall amend the record to reflect the new name.

4. 생략

⇨ North Dakota Administrative Code Title 33 Article 33-04 Chapter 33-04-12

§33-04-12-02 Amendments as a result of gender identity change.

1. Evidence and documents required. The birth record of a person born in this state who has undergone a sex conversion operation(성전환수술) may be amended as follows:

a. Upon written request of the person who has undergone the operation;

b. An affidavit by a physician that the physician has performed an operation on the person, and that by reason of the operation, the

---

64) 노스다코타주의 법령은 노스다코타주의회(North Dakota Legislative Branch)의 웹사이트(www.legis.nd.gov) 참조.

sex designation of such person's birth record should be changed; and

c. An **order of a court**(법원의 개명허가결정) of competent jurisdiction decreeing a legal change in name.

36. 오하이오(Ohio)

⇨ Ohio Revised Code[65] Title 37 Chapter 3705

§3705.15 Registration of unrecorded birth - correction of birth record.

Whoever claims to have been born in this state, and whose registration of birth is not recorded, or has been lost or destroyed, or has not been properly and accurately recorded, may file an application for registration of birth or correction of the birth record in the **probate court**(법원의 허가결정) of the county of the person's birth or residence or the county in which the person's mother resided at the time of the person's birth. If the person is a minor the application shall be signed by either parent or the person's guardian.

(A)~(E) 생략

37. 오클라호마(Oklahoma)

⇨ Oklahoma Statutes[66] Title 63

§63-1-321. Amendment of certificate or record.

(a)~(b) 생략

(c) Upon receipt of a certified copy of a **court order changing the name**(법원의 개명허가결정) of a person born in this state and upon request of such person or his parent, guardian, or legal representative, the State Commissioner of Health shall amend the certificate of birth

65) 오하이오주의 법령은 오하이오주정부의 웹사이트(www.ohio.gov) 참조.

66) 오클라호마주의 법령은 오클라호마주의회(Oklahoma Legislature)의 웹사이트 (www.lsb.state.ok.us) 참조.

to reflect the new name.

(d)~(e) 생략

⇨ Oklahoma Administrative Code Title 310, Chapter 105

310:105-3-3 Additions and amendments to birth certificates and records

(a) No alterations on face of certificate - application to amend. After its acceptance for filing, no birth certificate or other record made in compliance with statutes or this Chapter shall be altered or changed in any respect on its face, except as provided in paragraph (b) of this Section.

(b) Name added to certificate if item blank. The addition of the registrant's name to a birth certificate within the first twelve (12) months after the date of birth may be made by writing the name in the space provided, upon receipt by the State Registrar of the required documents, if the name is blank on the certificate originally filed.

(c) Erroneous entries. When a name is erroneously entered by the attendant on a certificate of birth, the certificate may be amended to indicate the name the registrant has used since birth when sufficient documentation is presented to prove the same. Such documentation shall consist of a statement from the hospital where the birth occurred on a certificate from the attendant at birth that completed the certificate of birth, or if unable to obtain either of the above at least two records indicating the correct name will be required, one of which shall have been established at least ten (10) years prior to the date the amendment is requested.

(d) Refusal to amend. In the event the State Registrar finds reason to believe that an attempt is being made to circumvent the provisions of Oklahoma Statutes concerning legally changing a name, the State Registrar shall not amend the certificate based on documentary evidence but shall advise the registrant of the necessity of obtaining a legal change of name as provided for in

Oklahoma Statutes.

(e) Other Changes. Any applicant that desires to make a change, alteration or amendment not provided for in paragraphs (a) through (d) of this section may file a petition with the Administrative Hearing Clerk pursuant to OAC 310:2 and seek a **final decision by an Administrative Law Judge**(법원의 허가결정) granting the relief requested. The applicant shall bear the burden of proof, by clear and convincing evidence that the proposed change, alteration or amendment sought by the Applicant corrects an error or misstatement of fact as to any non medical information supplied to the State Registrar by the parent(s), facility or attendant.

38. 오리건(Oregon)

⇨ Oregon Revised Statutes[67] Chapter 432

§432.235 Amendment of vital record or vital report

(1)~(2) 생략

(3) Upon receipt of a certified copy of an order of a court(법원의 개명허가결정) changing the name of a person born in this state and upon request of such person or if the person is a minor or incompetent, the parents, guardian or legal representative of the person, the state registrar shall amend the certificate of birth to show the new name.

(4) Upon receipt of a certified copy of an **order of a court**(법원의 성별변경허가결정) of competent jurisdiction indicating that the sex of an individual born in this state has been changed by **surgical procedure**(성전환수술) and whether such individual's name has been changed, the certificate of birth of such individual shall be

67) 오리건주의 법령은 오리건주의회(Oregon State Legislature)의 웹사이트(www.leg.state.or.us) 참조.

amended as prescribed by rule of the state registrar.

(5)~(8) 생략

39. 펜실베이니아(Pennsylvania)

⇨ Pennsylvania Code[68] Title 28 Part I Chapter 1

§1.3. Amendments to birth certificates.

The following documentary proof shall be required of persons making application for an amendment of a birth certificate following a change in civil status:

(1)~(3) 생략

(4) When the name of a person is changed by order of a court(법원의 개명허가결정) of competent jurisdiction a certified copy of the court order shall be submitted.

40. 로드아일랜드(Rhode Island)

⇨ State of Rhode Island General Laws[69] Title 23. Chater 23-3

§23-3-21 Correction and amendment of vital records.

(a)~(b) 생략

(c) Upon receipt of a certified copy of a **court order changing the name**(법원의 개명허가결정) of a person born in this state and upon request of that person or his or her parent, guardian, or legal representative, the state registrar of vital records shall amend the certificate of birth to reflect the new name.

(d)~(e) 생략

---

68) 펜실베이니아주의 법령은 펜실베이니아주의회(Pennsylvania General Assembly)의 웹사이트(www.legis.state.pa.us) 참조.

69) 로드아일랜드주의 법령은 로드아일랜드주의회(State of Rhode Island General Assembly)의 웹사이트(www.rilin.state.ri.us) 참조.

41. 사우스캐롤라이나(South Carolina)

⇨ **South Carolina Code of Laws[70] Title 44 Chapter 63**

§44-63-150. Correction of mistakes in birth or death certificates.

Correction of mistakes in birth and death certificates may be made by the state registrar upon written application duly verified and sworn to by the appropriate person as required by regulation and upon receipt of **supporting evidence**(증명서류) when required by regulation. Certificates corrected more than one year after the event must be marked "amended". The state registrar shall certify the corrected certificate is the true certificate. Supporting affidavits of fact must be attached to the certificate corrected more than one year after the date of the event.

42. 사우스다코타(South Dakota)

⇨ **South Dakota Codified Laws[71] Titel 34. CHAPTER 34-25 Vital Records and Burial Permits에 해당규정 없음**

⇨ **South Dakota Administrative Rules Chapter 44:09:05**

§44:09:05:02. Requirements for amending vital records.

Unless otherwise provided in this chapter or in statute, the Department of Health shall make all amendments to vital records. The following information is required:

(1) An affidavit of correction setting forth the following:

(a) Information to identify the certificate;

(b) The incorrect data as it is listed on the certificate; and

(c) The correct data as it should appear; or

---

70) 사우스캐롤라이나주의 법령은 사우스캐롤라이나주의회(South Carolina Legislature)의 웹사이트(www.scstatehouse.net) 참조.

71) 사우스다코타주의 법령은 사우스다코타주의회(South Dakota Legislature)의 웹사이트(www.legis.state.sd.us) 참조.

(2) An **order from a court**(법원의 개명·성별변경허가결정) of competent jurisdiction which directs that the record be amended and provides the following information:
(a) Information to identify the certificate;
(b) The incorrect data as it is listed on the certificate; and
(c) The correct data as it should appear.

43. 테네시(Tennessee)

⇨ Tennessee Code[72] Title 68. Chapter 3

§68-3-203. Amendment of records.

(a)~(b) 생략

(c) Upon receipt of a certified copy of a **court order changing the name**(법원의 개명허가결정) of a person born in the state, and upon request of such person or such person's parents, guardian or legal representative, the state registrar shall amend the certificate of birth to show the new name.

(d) The **sex of an individual shall not be changed**(성별변경금지) on the original certificate of birth as a result of sex change surgery.

(e)~(h) 생략

44. 텍사스(Texas)

⇨ Texas Health & Safety Code[73] Title 3. Chapter 192

§192.010. Change of Name.

(a) Subject to board rules, an adult whose **name is changed by court order**(법원의 개명허가결정), or the legal representative of any person

72) 테네시주의 법령은 테네시주의회(Tennessee General Assembly)의 웹사이트 (www.tennessee.gov) 참조.

73) 텍사스주의 법령은 텍사스주의회(Taxas Legislature)의 웹사이트(www.legis.state.tx.us) 참조.

whose name is changed by court order, may request that the state registrar attach an amendment showing the change to the person's original birth record.

(b) The state registrar shall require proof of the change of name that the board by rule may prescribe.

(c) 삭제

§192.011. Amending Birth Certificate.

(a) This section applies to an amending birth certificate that is filed under Section 191.028 and that completes or corrects information relating to the person's sex, color, or race.

(b) On the request of the person or the person's legal representative, the state registrar, local registrar, or other person who issues birth certificates shall issue a birth certificate that incorporates the completed or corrected information instead of issuing a copy of the original or supplementary certificate with an amending certificate attached.

(c) The department shall prescribe the form for certificates issued under this section.

45. 유타(Utah)

⇨ Utah Code[74] Title 26. Chapter 2 Utah Vital Statistics Act

26-2-11. Name or sex change: Registration of court order and amendment of birth certificate.

(1) When a person born in this state has a **name change or sex change approved by an order of a Utah district court**(법원의 개명・성별변경허가결정) or a court of competent jurisdiction of another state or a province of Canada, a certified copy of the order may be

---

74) 유타주의 법령은 유타주의회(Utah State Legislature)의 웹사이트(www.le.state.ut.us) 참조.

filed with the state registrar with an application form provided by the registrar.

(2) 생략

46. 버몬트(Vermont)

⇨ Vermont Statues Annotated[75] Title 18. Chapter 103

§5075. Issuance of new or corrected birth certificate by probate court - Application.

(a) After six months from the date of birth, the birth certificate of a person born in this state may be amended only by the **decree of the probate court**(법원의 개명 · 성별변경허가결정) of the district in which such birth occurred. A petition for such amendment may be brought by the person, the person's parent or guardian, the hospital in which the birth occurred, or the certifying attendant, or custodian setting forth the reason for such petition and the correction or amendment desired. A person born in this state for whom no certificate of birth was filed during the first year following birth or his or her parent or guardian, may petition the probate court of the district in which such person was born to determine the facts with respect to this birth and to order the issuance of a delayed certificate of birth.

(b) 생략

47. 버지니아(Virginia)

⇨ Code of Virginia[76]

32.1-269. Amending vital records; change of name; acknowledgment of paternity; change of sex.

---

75) 버몬트주의 법령은 버몬트주의회(State of Vermont Legislature)의 웹사이트 (www.vermont.gov) 참조.

76) 버지니아주의 법령은 버지니아주정부의 웹사이트(www.state.va.us) 참조.

A.~B. 생략

C. Upon receipt of a certified copy of a **court order changing the name**(법원의 개명허가결정) of a person as listed in a vital record and upon request of such person or his parent, guardian, or legal representative or the registrant, the State Registrar shall amend such vital records to reflect the new name.

D. 생략

E. Upon receipt of a certified copy of an **order of a court**(법원의 성별변경허가결정) of competent jurisdiction indicating that the sex of an individual has been changed by **medical procedure**(성전환수술) and upon request of such person, the State Registrar shall amend such person's certificate of birth to show the change of sex and, if a certified copy of a court order changing the person's name is submitted, to show a new name.

F. 생략

⇨ Virginia Administrative Code

12VAC5-550-320. Change of sex.

Except as provided in subdivision 3 of 12VAC5-550-450, upon presentation of acceptable evidence (preoperative diagnosis, postoperative diagnosis and description of procedure) and a notarized affidavit from the physician performing the surgery, a new certificate of birth may be prepared by the State Registrar for a person born in this Commonwealth whose sex has been changed by **surgical gender reassignment procedure**(성전환수술). A certified copy of the **court order**(법원의 개명・성별변경허가결정) changing the name of the registrant as well as designating the sex of the registrant must be in the possession of the State Registrar together with a request that a new certificate be prepared.

48. 워싱턴(Washington)

⇨ Revised Code of Washington[77] Title 70. Chapter

70.58 Vital statics에 해당규정 없음

49. 웨스트버지니아(West Virginia)

⇨ **West Virginia Code[78] Chapter 16. Article 5.**

§16-5-25. Correction and amendment of vital records.

(a)~(c) 생략

(d) Upon receipt of a certified copy of a **court order**(법원의 개명허가결정) of a court of competent jurisdiction changing the name of a person born in this state, and upon request of the person whose name is to be changed or his or her parent, guardian or legal representative, the State Registrar shall amend the certificate of birth to reflect the new name.

(e)~(h) 생략

50. 위스콘신(Wisconsin)

⇨ **Wisconsin Statutes & Annotations[79]**

69.15 Changes of fact on birth certificates.

(1) Birth certificate information changes. The state registrar may change information on a birth certificate registered in this state which was correct at the time the birth certificate was filed under a **court or administrative order**(법원 또는 행정기관의 개명・성별변경허가결정) issued in this state, in another state or in Canada or under the valid order of a court of any federally recognized Indian tribe, band or nation if:

(a) The order provides for an adoption, name change or name

77) 워싱턴주의 법령은 워싱턴주의회(Washington State legislature)의 웹사이트(www.leg.wa.gov) 참조.

78) 웨스트버지니아주의 법령은 웨스트버지니아주의회(West Virginia Legislature)의 웹사이트(www.legis.state.wv.us) 참조.

79) 위스콘신주의 법령은 위스콘신주의회(Wisconsin State Legislature)의 웹사이트(www.legis.state.wi.us) 참조.

change with sex change or establishes paternity; and

(b) A clerk of court or, for a paternity action, a clerk of court or county child support agency under s. 59.53 (5), sends the state registrar a certified report of an order of a court in this state on a form supplied by the state registrar or, in the case of any other order, the state registrar receives a certified copy of the order and the proper fee under s. 69.22.

51. 와이오밍(Wyoming)

⇨ Wyoming Statutes Annotated[80) Title 35. Chapter 1. Article 4.

35-1-424. Correction and amendment of vital records

(a)~(b) 생략

(c) Upon receipt of a certified copy of a **court order changing the name**(법원의 개명허가결정) of a person born in this state and upon request of such person or his parent, guardian, or legal representative, the state registrar of vital records shall amend the certificate to reflect the new name, by attaching an abstract of the court order.

(d) 생략

⇨ Wyoming Rules and Regulation[81) Health. Vital Records. Chapter 10.

Section 4. Birth Certificate Correction.

(a)~(d) 생략

(e) Sex as stated on birth certificate.

(i)~(ii) 생략

(iii) When the sex of an individual has been changed, a **court**

80) 와이오밍주의 법령은 와이오밍주의회(Wyoming State Legislature)의 웹사이트(legisweb.state.wy.us) 참조.

81) 와이오밍주의 행정입법은 와이오밍주정부 주무국(Wyoming Secretary of State)의 웹사이트(soswy.state.wy.us) 참조.

order(법원의 성별변경허가결정) shall be required to amend the birth certificate.

[표] 이름 및 성별의 변경에 관한 미국 각 주의 입법태도

주	해당 법령	이름의 변경	성별의 변경
Alabama	Code of Alabama Title 22. Chap. 9A §22-9A-19(c)	법원의 허가	법원의 허가: 성전환수술 및 개명
Alaska	Alaska Statutes §18.50.290 (2007)	법원의 허가	법원의 허가
Arizona	Arizona Revised Statutes Title 36. §36-337 A.3.	법원의 허가	개인기록담당공무원의 결정: 성전환수술
Arkansas	Arkansas Code §20-18-307(d)		법원의 허가: 성전환수술 및 개명
California	Cal. Health & Safety Code §103425 (2006)	법원의 허가: 성전환수술	법원의 허가: 성전환수술
Colorado	Colorado Revised Statutes §25-2-115	법원의 허가	법원의 허가: 성전환수술 및 개명
Connecticut	Connecticut General Statutes §19a-42 (2009)	법원의 허가	법원의 허가: 성전환수술
Delaware	Delaware Admin. Code Title16 4205 §10. 9. 4	법원의 허가	법원의 허가: 성전환수술 및 개명
District of Columbia	D.C. Code §7-217 (c), (d)	법원의 허가	법원의 허가: 성전환수술 및 개명

Florida	Florida Statutes §382.016 (2008)	행정기관: 증명서류	행정기관: 증명서류
Georgia	Georgia. Code Ann. §31-10-23(e) (2009)	법원의 허가	법원의 허가: 성전환수술 및 개명
Hawaii	Hawaii Revised Statutes §338-17.7(a)(4)(B)		개인기록담당공무원의 결정: 의사의 성전환수술 확인서
Idaho	Idaho Code §39-250	법원의 허가	성별변경 불허
Illinois	410 Illinois Complied Statutes 535/17(1)(d)		개인기록담당공무원의 결정: 의사의 성전환수술 확인서
Indiana	Indiana Code Ann. §16-37-2-10(b) (2009)	행정기관: 증명서류	행정기관: 증명서류
Iowa	Iowa Code Ann. §144.23(3) (2009)		개인기록담당공무원의 결정: 의사의 성전환수술 확인서
Kansas	Kansas Statutes Annotated §28-17-20(b)(1)(A)(i) (2008)		의사의 확인서
Kentucky	Kentucky Revised States Title 18 Chapter 213 §213.121(5) (2009)	법원의 허가	의사의 성전환수술 확인서 및 법원의 개명허가
Louisiana	Louisiana Revised Statutes Title 40 §40:62 (2008)		법원의 허가: 성전환수술
Maine	Maine Revised States Title 22 §2705 (2005)	행정기관: 증명서류	행정기관: 증명서류

Maryland	Maryland Code [Health - General] §4-214(b)(5) (2006)	법원의 허가	법원의 허가: 성전환수술 및 개명
Massachu-setts	Mass. General Laws Chapter 46 §13(e) (2009)	법원의 허가: 성전환수술	법원의 허가: 성전환수술 및 법원의 개명허가
Michigan	Michigan Complied Laws §333.2831(c)		개인기록담당공무원의결정: 의사의 성전환수술 확인서
Minne-sota	Minnesota Statutes Chapter 144. §144.218 (2008)	법원의 허가	법원의 허가
Missi-ssippi	Mississippi Code §41-57-21 (2008)	개인기록담당 공무원의 결정: 전문가의 확인서	개인기록담당공무원의 결정: 전문가의 확인서
Missouri	Missouri Ann. Statutes §193.215(9) (2006)	법원의 허가	법원의 허가: 성전환수술 및 개명
Montana	Montana Code Annotated. §50-15-204 (2007)	법원의 허가	법원의 허가: 성전환수술
Nebraska	Nebraska Revised Statutes §71-604.01 (2007)	의사의 성전환수술 확인서 및 법원의 허가	의사의 성전환수술 확인서 및 법원의 개명허가
Nevada	Nevada Admin. Code Ch.440, §130 (2007)		법원의 허가: 성전환수술
New Hampshire	N.H. Revised Statutes 5-C:87 (2008)		법원의 허가: 성전환수술

New Jersey	N.J. Permanent Statutes §26:8-40.12 (2009)	의사의 성전환수술 확인서 및 법원의 허가	의사의 성전환수술 확인서 및 법원의 개명허가
New Mexico	N.M. Statutes §24-14-25 B. & D. (2008)	법원의 허가	의사의 성전환수술 확인서 및 법원의 개명허가
New York	N.Y. Comp. Codes R. & Regs. Tit 10, §35.2 (2009)	법원의 허가	법원의 허가
North Carolina	N.C. General Statutes §130A-118(b)(4) (2008)		의사의 성전환수술 확인서
North Dakota	N.D. Century Code §23-02.1-25 (2009) N.D. Administrative Code §33-04-12-02	법원의 허가	의사의 성전환수술 확인서 및 법원의 개명허가
Ohio	Ohio Revised Code §3705.15 (2009)	법원의 허가	**성전환수술에 의한 성별변경의 불허**
Oklahoma	Oklahama Statutes §63-1-321 (2008)	법원의 허가	법원의 허가
Oregon	Oregon Revised Statutes §432. 235 (2008)	법원의 허가	법원의 허가: 성전환수술 및 개명
Pennsyl-vania	Pennsylvania Code Title 28 Part Ⅰ. Chapter 1 §1.3. (2009)	법원의 허가	법원의 허가: 성전환수술 및 개명
Rhode Island	R.I. Gen. Laws §23-3-21 (2008) R.I. Code R. 14 170 001 §35-37	법원의 허가	

South Carolina	S.C. Code of Laws §44-63-150 (2008)	행정기관: 증명서류	행정기관: 증명서류
South Dakota	South Dakota Administrative Rules §44:09:05:02	법원의 허가	법원의 허가
Tennessee	Tennessee Code §68-3-203(d) (2008)	법원의 허가	**성전환수술에 의한 성별변경의 명시적 금지**
Texas	Texas Health & Safety Code §192.011	법원의 허가	
Utah	Utah Code §26-2-11	법원의 허가	법원의 허가
Vermont	Vermont Statutes Title 18 §5075 (2008)	법원의 허가	법원의 허가
Virginia	Code of Virginia §32.1-269(E) (2009)	법원의 허가	법원의 허가: 성전환수술
Washington	해당규정 없음		
West Virginia	West Virginia Code §16-5-24 (2008)	법원의 허가	
Wisconsin	Wisconsin Statutes & Annotation §69.15 (2009)	법원 또는 행정기관의 허가	법원 또는 행정기관의 허가
Wyoming	Wyoming Statutes §35-1-424 (c) (2009)	법원의 허가	법원의 허가

III. 한국의 경우

1. 판　　례

2006년 대법원[82]은 성전환수술을 받은 트랜스젠더의 성별변경을 허가하는 결정을 하였다(아래 [판례] 참조). 대법원에 따르면 "성전환자에 해당함이 명백한 사람에 대하여는 **호적정정**에 관한 호적법 제120조의 절차에 따라 호적의 성별란 기재의 성을 전환된 성에 부합하도록 수정할 수 있도록 허용함이 상당하다"(강조는 저자)고 한다. 왜냐하면 "구체적인 사안을 심리한 결과 성전환자에 해당함이 명백하다고 증명되는 경우에는 호적법 제120조의 절차에 따라 그 전환된 성과 호적의 성별란(性別欄) 기재를 일치시킴으로써 호적기재가 진정한 신분관계를 반영할 수 있도록 하는 것이 호적법 제120조의 **입법 취지에 합치되는 합리적인 해석**"(강조는 저자)이기 때문이라고 한다. 하지만 "호적정정 허가는 성전환에 따라 법률적으로 새로이 평가받게 된 현재의 진정한 성별을 확인하는 취지의 결정이므로 호적정정허가 결정이나 이에 기초한 호적상 성별란 정정의 효과는 기존의 신분관계 및 권리의무에 영향을 미치지 않는다"고 하여 성별정정에 대한 소급효를 인정하지는 않았다.

[참조] 호적법* 제120조 (위법된 호적기재의 정정)

호적의 기재가 법률상 허용될 수 없는 것 또는 그 기재에 착오나 유루가 있다고 인정한 때에는 이해관계인은 그 호적이 있는 지(地)를 관할하는 가정법원의 허가를 얻어 호적의 정정을 신청할 수 있다.

* 호적법은 2007. 5. 17. 『가족관계의 등록 등에 관한 법률』(법률 제8435호)의 제정으로 동법 부칙 제2조에 의해 폐지되었다. 2008년 1월

82) 대법원 2006. 6. 22. 2004스42 결정.

1일부터 이 법률을 대체하는 '가족관계의 등록 등에 관한 법률'이 시행되어 같은 법 제104조에 동일한 내용이 규정되어 있다.

대법원의 이 결정은 그동안 성전환수술을 받은 트랜스젠더의 성별변경과 관련하여 서로 충돌되었던 하급심 판례들을 정리한다는 의미를 갖는다.[83] 다만 현행법상의 호적정정에 관한 규정에 근거해서 성전환수술을 이유로 하는 성별변경이 허용될 수 없다는 소수견해가 있었다는 점에 주목할 필요가 있다. 호적의 '정정'은 최초로 기재할 당시에 착오나 오류가 있었던 경우로 한정되고, 트랜스젠더의 성별변경은 이러한 정정의 요건에 해당하지 않기 때문이다.[84] 같은 맥락에서 성별의 변경을 성별의 '정정'으로 이해하면서 소급효를 인정하지 않은 부분도 논리적으로 문제가 있다고 보인다. 성별의 변경이 착오나 오류로 잘못 기재된 성별을 정정하는 의미라면 당연히 최초로 성별이 기재되는 시점으로 소급적 효력을 인정하는 것이 타당하기 때문이다.

그렇지만 "입법 공백에 따른 위헌적인 상황이 계속되는 것보다는 법원이 구체적·개별적 사안의 심리를 거쳐 성전환자로 확인된 사람에 대해서는 호적법상 정정의 의미에 대한 헌법 합치적 법률해석을 통하여 성별 정정을 허용하는 사법적 구제수단의 길을 터놓는 것이 미흡하나마 성전환자의 고통을 덜어 줄 수 있는 최선의 선택"이라는 보충의견은 대법원의 불가피한 선택을 잘 대변해준다. 앞서 살펴본 독일의 판례에서도[85] 연방헌법재판소는 트랜스젠

83) 트랜스젠더의 성별변경에 관한 하급심 판례에 대해서는 이준일, "트랜스젠더의 헌법적 문제," <고려법학>(고려대학교 법학연구원), 제50호(2008), 63면 각주 44) 참조.

84) 반면에 성별정정을 위한 착오는 출생당시의 "원시적 착오"뿐만 아니라 성별정정시의 "후발적 착오"도 포함되어야 한다는 견해도 있다. 이로문, "성전환과 성전환자의 민법적 고찰," <법학논총>(한양대학교 법학연구소), 제24집 제4호(2007), 279면 이하 참조.

더의 성별변경에 관한 법률의 규정이 없는 경우에도 트랜스젠더의 인격권을 고려하여 성별변경에 관한 결정을 해야 할 '법관의 의무'가 있음을 확인했다는 사실에 주목할 필요가 있다. 성전환자법(TSG)이 제정되기 전의 독일과 마찬가지로 호적정정 이외에 성별변경에 관한 법률규정이 없는 한국에서도 성별변경에 관한 트랜스젠더의 기본권을 존중해야 할 법관의 의무가 있음은 분명하다. 따라서 호적정정에 관한 규정을 인용하여 성별변경을 허가하면서 소급효를 인정하지 않은 법원의 선택이 트랜스젠더의 기본권을 존중하기 위하여 어쩔 수 없는 대안이었다는 점은 분명하다.

[판례] 트랜스젠더의 성별허가결정
— 대법원 2006. 6. 22. 2004스42 결정 —

[1] 종래에는 사람의 성을 성염색체와 이에 따른 생식기·성기 등 생물학적인 요소에 따라 결정하여 왔으나 근래에 와서는 생물학적인 요소뿐 아니라 개인이 스스로 인식하는 남성 또는 여성으로의 귀속감 및 개인이 남성 또는 여성으로서 적합하다고 사회적으로 승인된 행동·태도·성격적 특징 등의 성 역할을 수행하는 측면, 즉 정신적·사회적 요소들 역시 사람의 성을 결정하는 요소 중의 하나로 인정받게 되었으므로, **성의 결정에 있어 생물학적 요소와 정신적·사회적 요소를 종합적으로 고려**하여야 한다.

[2] 성전환증을 가진 사람의 경우에도, 남성 또는 여성 중 어느 한쪽의 성염색체를 보유하고 있고 그 염색체와 일치하는 생식기와 성기가 형성·발달되어 출생하지만 출생 당시에는 아직 그 사람의 정신적·사회적인 의미에서의 성을 인지할 수 없으므로, 사회통념상 그 출생 당시에는 생물학적인 신체적 성징에 따라 법률적인 성이 평가될 것이다. 그러나 출생 후의 성장에 따라 일관되게 출생 당시의 생물학적인 성에 대한 불일치감 및 위화감·혐오감을 갖고 반대의 성에 귀속감을 느끼면서 반대의 성으로서의 역할을 수행하며 성기를 포함한 신체 외관 역시 반대의

85) 이 책 제2장 제2절 II. 1. (1) 참조.

성으로서 형성하기를 강력히 원하여, 정신과적으로 성전환증의 진단을 받고 상당기간 정신과적 치료나 호르몬 치료 등을 실시하여도 여전히 위 증세가 치유되지 않고 반대의 성에 대한 정신적·사회적 적응이 이루어짐에 따라 일반적인 의학적 기준에 의하여 성전환수술을 받고 반대 성으로서의 외부 성기를 비롯한 신체를 갖추고, 나아가 전환된 신체에 따른 성을 가진 사람으로서 만족감을 느끼고 공고한 성정체성의 인식 아래 그 성에 맞춘 의복, 두발 등의 외관을 하고 성관계 등 개인적인 영역 및 직업 등 사회적인 영역에서 모두 전환된 성으로서의 역할을 수행함으로써 주위 사람들로부터도 그 성으로서 인식되고 있으며, 전환된 성을 그 사람의 성이라고 보더라도 다른 사람들과의 신분관계에 중대한 변동을 초래하거나 사회에 부정적인 영향을 주지 아니하여 사회적으로 허용된다고 볼 수 있다면, 이러한 **여러 사정을 종합적으로 고려**하여 사람의 성에 대한 평가 기준에 비추어 사회통념상 신체적으로 전환된 성을 갖추고 있다고 인정될 수 있는 경우가 있다 할 것이며, 이와 같은 성전환자는 출생시와는 달리 전환된 성이 법률적으로도 그 성전환자의 성이라고 평가받을 수 있을 것이다.

[3] [다수의견] 성전환자의 경우에는 출생시의 성과 현재 법률적으로 평가되는 성이 달라, 성에 관한 호적의 기재가 현재의 진정한 신분관계를 공시하지 못하게 되므로, 현재 법률적으로 평가되는 성이 호적에 반영되어야 한다. 현행 호적법에는 출생시 호적에 기재된 성별란의 기재를 위와 같이 전환된 성에 따라 수정하기 위한 절차 규정이 따로 마련되어 있지 않다. 그러나 진정한 신분관계가 호적에 기재되어야 한다는 호적의 기본원칙과 아울러, 첫째 성전환자도 인간으로서의 존엄과 가치를 향유하며 행복을 추구할 권리와 인간다운 생활을 할 권리가 있고 이러한 권리들은 질서유지나 공공복리에 반하지 아니하는 한 마땅히 보호받아야 한다는 점, 둘째 호적법이 성전환자의 호적상 성별란 기재를 수정하는 절차규정을 두지 않은 이유는 입법자가 이를 허용하지 않기 때문이 아니라 입법 당시에는 미처 그 가능성과 필요성을 상정하지 못하였기 때문이라는 점, 셋째 호적법 제120조에 의한 호적정정사유 중 호적의 기재가 법률상 허용될 수 없는 경우를 해석함에 있어서 호적 기재 후의 법령의 변경 등 사정의 변경에 의하여 법률상 허용될 수 없음이 명백하게 된 경우를 반드시 배제하여야 할 필요가 있다고 보기 어려울 뿐 아니라, 호적법

제120조에 의한 호적정정 절차를 둔 근본적인 취지가 호적의 기재가 부적법하거나 진실에 반하는 것이 명백한 경우에 그 기재 내용을 판결에 의하지 아니하고 간이한 절차에 의하여 사실에 부합하도록 수정할 수 있도록 함에 있다는 점을 함께 참작하여 볼 때, 구체적인 사안을 심리한 결과 **성전환자에 해당함이 명백하다고 증명되는 경우**에는 호적법 제120조의 절차에 따라 그 전환된 성과 호적의 성별란 기재를 일치시킴으로써 호적기재가 진정한 신분관계를 반영할 수 있도록 하는 것이 호적법 제120조의 입법 취지에 합치되는 합리적인 해석이라는 점을 종합하여 보면, 성전환자에 해당함이 명백한 사람에 대하여는 호적정정에 관한 호적법 제120조의 절차에 따라 호적의 성별란 기재의 성을 전환된 성에 부합하도록 수정할 수 있도록 허용함이 상당하다. 성전환자에 해당함이 명백한 사람에 대하여 호적법 제120조에서 정한 절차에 따라 성별을 정정하는 호적정정이 허가되고 그에 따라 전환된 성이 호적에 기재되는 경우에, 위 호적정정 허가는 성전환에 따라 법률적으로 새로이 평가받게 된 현재의 진정한 성별을 확인하는 취지의 결정이므로 호적정정허가 결정이나 이에 기초한 호적상 성별란 정정의 효과는 기존의 신분관계 및 권리의무에 영향을 미치지 않는다고 해석함이 상당하다.

[대법관 손지열, 박재윤의 반대의견] 성전환자의 경우는 선천적으로 불완전한 성적 특징을 가진 자에 대하여 착오나 출생신고 당시 오인으로 인하여 호적에 잘못된 성별로 기재한 경우와 달리, 처음부터 잘못 기재된 호적을 출생시에 소급하여 정정하기 위한 호적법 제120조가 그대로 적용될 수 없는 사안이다. 호적법 제120조에 규정된 '착오', '호적의 정정'이라는 문구 등은 그 객관적 의미와 내용이 명확하여 해석상 의문의 여지가 없고, 호적법을 제정할 당시의 입법 취지도 그 내용이 처음 호적에 기재된 시점부터 존재하는 착오나 유루를 정정하고자 하는 것으로서 만일 호적기재가 기재 당시의 진정한 신분관계에 부합되게 적법하게 이루어졌다면 정정의 대상이 될 수 없는 것이었음이 명백하므로, 다수의견의 견해는 호적법 제120조에 대한 문리해석이나 입법 취지 등과는 관계없이, 객관적으로 명백한 호적법 제120조의 규정내용에 일부 내용을 추가·제거 또는 변경하는 것과 동일한 효과를 가져 오는 것으로서 **정당한 유추해석의 한계**를 벗어나는 것이다. 사람이 출생 신고 당시에 어떠한 성을 가지고 있었는지 여부를 확인하는 호적정정과는 달리, 출생 신고 이

후의 사정변경을 이유로 하여 다른 성으로의 실질적 변경을 허용하는 문제는 새로운 신분관계의 창설 내지 변경과 이에 따른 법률관계의 변동을 수반하므로 성의 변경이 허용되는지 여부 및 그 요건과 절차는 호적법이 아닌 다른 법률에서 합목적적인 고려에 따라 상세하게 정하여야 하고, 그 요건과 절차 등에 따라 성 변경의 효력이 발생된 경우에 비로소 이를 대외적으로 확인하고 공시하는 취지에서 신고절차를 거쳐 호적에 기재되어야 한다. 이와 달리, 성의 변경의 요건이나 절차 등에 관한 근거 법률이 전혀 없는 상태에서 단순히 호적정정절차를 통하여 성의 변경을 허용한다는 것은 신분관계를 공시하는 기능만이 부여된 호적제도 본래의 목적과 기능을 크게 벗어나는 것이다. 한편, 다수의견과 같이 해석을 하는 것이 과연 새로운 사회현상으로 대두된 성전환증에 관한 문제의 해결이나 그와 같은 문제로 고통받는 당사자들의 구제를 위하여 적절하고, 효과적인 것이라고 볼 수도 없다. 현 단계에서 법원으로서는 이 사건과 같은 사안에서 당사자의 성을 적절한 기준에 따라서 변경할 수 있는 법적·제도적인 보완이 절실하다는 점을 충분히 지적하면서, 현행 호적법 제120조의 호적정정의 방법으로는 이 문제를 해결할 수 없다는 점을 선언하고, 국민의 대의기관인 국회가 사회적 여론을 수렴하여 구체적인 요건과 절차, 효과 등을 담은 입법조치를 하기를 강력히 촉구함으로써 당사자들에게 근본적이고 효과적인 구제가 가능한 여건을 조성하는 데에 일조하는 것이 더욱 중요하다. 결론적으로 성전환자에 대하여 호적법 제120조의 호적정정절차에 따라 호적상 성별란을 정정하는 것은 허용될 수 없다.

[다수의견에 대한 대법관 김지형의 보충의견] 합헌적 법률해석이라는 법리에 비추어 볼 때 성전환자에게 출생 당시 확인되어 신고된 성이 출생 후 그 개인의 성적 귀속감의 발현에 따른 일련의 과정을 거쳐 최종적으로 사회통념상 확인된 성과 부합하지 않는다고 인정할 수 있다면 그와 같이 확인된 성에 맞추어 성별을 바꾸는 것은 호적법 제120조가 말하는 '정정'의 개념에 포함된다고 풀이하는 것이 옳다고 본다. 성전환자에 대하여 출생 당시에는 달리 정신적·사회적 성 결정 요소를 확인할 수 없어 생물학적 요소만에 의하여 출생시 신고된 성이 그의 성인 것으로 알고 있었으나, 성장한 후 일정 시점에서 사회통념상 인정되는 성은 출생시 신고된 성과 반대의 성인 것으로 사후에 비로소 확인될 수밖에 없다는 점에 성전환자에게 특유한 문제가 존재하고 이를 해결하기 위하여 호

적정정의 필요성이 제기되는 것이다. 성전환자의 성별 정정에 관한 절차적 규정을 입법적으로 신설하는 것이 이상적이지만, 아직까지 어떠한 형태로든 그에 관한 가시적인 입법조치를 예상하기 힘든 현재의 시점에서는 입법 공백에 따른 위헌적인 상황이 계속되는 것보다는 법원이 구체적·개별적 사안의 심리를 거쳐 성전환자로 확인된 사람에 대해서는 호적법상 정정의 의미에 대한 헌법합치적 법률해석을 통하여 성별 정정을 허용하는 사법적 구제수단의 길을 터놓는 것이 미흡하나마 성전환자의 고통을 덜어 줄 수 있는 최선의 선택이다.

2. 법　령

성전환자의 성별변경을 허용하는 결정을 한 후에 대법원은 **성전환자의 성별정정허가신청사건 등 사무처리지침**[86]을 만들었다. 이 지침에 따르면 성별정정을 허가받기 위해서는 ① 성인이며 미혼인 대한민국 국민, ② 성전환증환자, ③ 성전환수술, ④ 생식능력상실 및 성재전환가능성의 부존재, ⑤ 병역의무이행, ⑥ 불법목적의 부존재, ⑦ 사회적 허용이라는 7가지 요건이 충족되어야 한다(동 지침 제6조). 이러한 사실에 대한 증명서류로서 성전환증 환자라는 전문의사의 진단서, 성전환시술 의사의 소견서, 생식능력상실에 관한 의사의 진단서 등이 제출되어야 한다(동 지침 제3조).

전체적으로 보면 대단히 엄격한 요건이라고 평가할 수 있다. 앞서 살펴본[87] 독일의 예에서 '25세 이상'의 연령제한이나 '독일국민'으로 제한하는 것, 그리고 성별변경을 위하여 반드시 성전환수술을 요구하거나 혼인상태에 있지 않을 것을 요구하는 것이 헌법에 위반된다는 연방헌법재판소의 결정을 기억할 필요가 있다. 또한 남성에서 여성으로의 성별변경을 위한 요건으로 병역의무이행을 요구하

86) 2006년 9월 6일 대법원 호적예규 제716호로 제정된 것을 말한다.

87) 이 책 제2장 제2절 Ⅱ. 1. (3), (4) 및 제3절 Ⅱ. 1. (2), (3), (4) 참조.

는 것은 이미 여성으로서의 삶을 살고자 결정한 트랜스젠더에게 남성이 될 것을 강요한다는 점에서 대단히 가혹한 규정이라는 점이 지적되어야 한다. 대법원도 이러한 문제점을 인식하고 2009년 1월 20일 이 지침을 개정하였다. 이에 따라 남성에서 여성으로 성전환한 자의 경우에 요구되었던 병역의무이행조항을 삭제하였다. 또한 부모가 없는 자의 경우에 요구되던 최근친의 동의서도 삭제하였다.

[참고] 성전환자의 성별정정허가신청사건 등 사무처리지침

— 제정: 2006. 9. 6. 대법원 호적예규 제716호 —

제3조 (첨부서류)

① 신청인은 비송사건절차법 제9조 제1항의 신청서에 다음 각 호의 서면을 첨부하여야 한다.

1. 호적등(초)본 [다만, 신청인이 분가나 일가창립 등의 사유로 새로운 가의 호주나 가족이 된 경우에는 제적등(초)본을 포함한다] 및 주민등록표등(초)본
2. 신청인이 성전환증 환자임을 진단한 2인 이상의 정신과 전문의사의 진단서나 감정서
3. 신청인이 성전환수술을 받아 현재 생물학적인 성과 반대되는 성에 관한 신체의 성기와 흡사한 외관을 구비하고 있음을 확인하는 성전환시술 의사의 소견서 [성전환시술 의사 명의의 소견서를 첨부할 수 없는 경우에는 그 소견서를 첨부할 수 없는 이유를 소명하고 다른 전문의사 명의의 신체감정서를 제출할 수 있고, 신청인이 외국에서 성전환수술을 받은 경우에는 그 수술결과 신청인이 생물학적인 성과 반대의 성으로 외부성기 등을 갖추게 되었음을 확인한 국내의 성형외과 또는 산부인과 전문의의 진단서(신체감정서, 소견서)를 제출하여야 함]
4. 신청인에게 현재 생식능력이 없고, 향후에도 생식능력이 발생하거나 회복될 가능성이 없음을 확인하는 전문의사 명의의 진단서나 감정서
5. 신청인의 성장환경진술서 및 2인 이상 인우인의 보증서 [성장환경진술서 및 인우보증서에는 (ⅰ) 신청인의 유아기・소년기・청년기・성

년기 등 각 시기별로 이성관계를 포함한 대인관계와 사회생활에 대한 구체적인 진술과 (ii) 신청인이 성전환수술을 받기 전부터 일정기간 이상 지속적으로 생물학적인 성과는 반대되는 성적 주체성과 자아를 가지고 생활하였으며, 그러한 성적 주체성 내지는 자아의 발로로 성전환수술을 받았고, 신청인이 성전환수술을 받은 이후부터 현재까지 확립된 성적 주체성과 자아에 지극히 만족하면서 사회생활을 하고 있다는 취지의 진술이 기재되어야 함]

6. 부모의 동의서(다만, 부모가 없는 경우에는 생계를 같이 하는 직계존속 중 최근친의 동의서를 제출하되, 생계를 같이 하는 직계존속이 없는 경우에는 동의서를 제출할 필요가 없음)

② 생략

제6조 (성별정정의 허가기준)

법원은 심리결과 신청인에게 다음 각 호의 사유가 있음을 인정한 경우에는 성별정정을 허가할 수 있다.

1. 신청인이 대한민국 국적자로서 만 20세 이상의 행위능력자이고 혼인한 사실이 없으며, 신청인에게 자녀가 없음이 인정될 것
2. 신청인이 성전환증으로 인하여 성장기부터 지속적으로 선천적인 생물학적 성과 자기의식의 불일치로 인하여 고통을 받고 오히려 반대의 성에 대하여 귀속감을 느껴온 사정이 인정될 것
3. 신청인에게 상당기간 정신과적 치료나 호르몬요법에 의한 치료 등을 실시하였으나 신청인이 여전히 수술적 처치를 희망하여, 자격있는 의사의 판단과 책임 아래 성전환수술을 받아 외부성기를 포함한 신체외관이 반대의 성으로 바뀌었음이 인정될 것
4. 성전환수술의 결과 신청인이 현재 반대의 성으로서의 삶을 성공적으로 영위하고 있으며, 생식능력을 상실하였고, 향후 종전의 성으로 재전환할 개연성이 없거나 극히 희박하다고 인정될 것
5. 남자에서 여자로의 성전환(MTF)인 경우에는 신청인이 병역법 제3조에 의한 병역의무를 이행하였거나 면제받았을 것
6. 신청인에게 범죄 또는 탈법행위에 이용할 의도나 목적으로 성별정정허가신청을 하였다는 등의 특별한 사정이 없다고 인정될 것
7. 기타, 신청인의 성별정정이 신청인의 신분관계에 중대한 영향을 미치거나 사회에 부정적인 영향을 주지 아니하여 사회적으로 허용된다고 인정될 것

[참고] 성전환자의 성별정정허가신청사건 등 사무처리지침
— 개정: 2009. 1. 20. 가족관계등록예규 제293호 —

제3조 (첨부서류)

① 신청인은 「비송사건절차법」 제9조 제1항의 신청서에 다음 각 호의 서면을 첨부하여야 한다.

1. 가족관계등록부의 기본증명서, 가족관계증명서 및 주민등록표등(초)본
2. 신청인이 성전환증 환자임을 진단한 2명 이상의 정신과 전문의사의 진단서나 감정서
3. 신청인이 성전환수술을 받아 현재 생물학적인 성과 반대되는 성에 관한 신체의 성기와 흡사한 외관을 구비하고 있음을 확인하는 성전환시술 의사의 소견서 [성전환시술 의사 명의의 소견서를 첨부할 수 없는 경우에는 그 소견서를 첨부할 수 없는 이유를 소명하고 다른 전문의사 명의의 신체감정서를 제출할 수 있고, 신청인이 외국에서 성전환수술을 받은 경우에는 그 수술결과 신청인이 생물학적인 성과 반대의 성으로 외부성기 등을 갖추게 되었음을 확인한 국내의 성형외과 또는 산부인과 전문의의 진단서(신체감정서, 소견서)를 제출하여야 한다]
4. 신청인에게 현재 생식능력이 없고, 향후에도 생식능력이 발생하거나 회복될 가능성이 없음을 확인하는 전문의사 명의의 진단서나 감정서
5. 신청인의 성장환경진술서 및 2명 이상 인우인의 보증서(성장환경진술서 및 인우보증서에는 (ⅰ) 신청인의 유아기, 소년기, 청년기, 성년기 등 각 시기별로 이성관계를 포함한 대인관계와 사회생활에 대한 구체적인 진술과 (ⅱ) 신청인이 성전환수술을 받기 전부터 일정기간 이상 지속적으로 생물학적인 성과는 반대되는 성적 주체성과 자아를 가지고 생활하였으며, 그러한 성적 주체성 내지는 자아의 발로로 성전환수술을 받았고, 신청인이 성전환수술을 받은 이후부터 현재까지 확립된 성적 주체성과 자아에 지극히 만족하면서 사회생활을 하고 있다는 취지의 진술이 기재되어야 한다)
6. 부모의 동의서

제6조 (성별정정의 허가기준)

법원은 심리결과 신청인에게 다음 각 호의 사유가 있음을 인정한 경우에는 성별정정을 허가할 수 있다.

1. 신청인이 대한민국 국적자로서 만 20세 이상의 행위능력자이고 혼인한 사실이 없으며, 신청인에게 자녀가 없음이 인정되어야 한다.
2. 신청인이 성전환증으로 인하여 성장기부터 지속적으로 선천적인 생물학적 성과 자기의식의 불일치로 인하여 고통을 받고 오히려 반대의 성에 대하여 귀속감을 느껴온 사정이 인정되어야 한다.
3. 신청인에게 상당기간 정신과적 치료나 호르몬요법에 의한 치료 등을 실시하였으나 신청인이 여전히 수술적 처치를 희망하여, 자격있는 의사의 판단과 책임 아래 성전환수술을 받아 외부성기를 포함한 신체외관이 반대의 성으로 바뀌었음이 인정되어야 한다.
4. 성전환수술의 결과 신청인이 생식능력을 상실하였고, 향후 종전의 성으로 재 전환할 개연성이 없거나 극히 희박하다고 인정되어야 한다.
5. 신청인에게 범죄 또는 탈법행위에 이용할 의도나 목적으로 성별정정허가신청을 하였다는 등의 특별한 사정이 없다고 인정되어야 한다.

이러한 엄격한 요건은 이전에 하급심 판례[88](아래 [판례] 참조)가 성별정정을 허가하면서 제시했던 요건과 매우 유사하다. 그리고 앞서 살펴본 독일의 성전환자법(TSG)에 규정된 요건을 많이 참조했다는 사실도 확인할 수 있다.

[판례] 트랜스젠더의 성별변경허가결정
– 부산지방법원 가정지원 2002. 7. 3. 2001호파997, 998 결정 –

법률상 성별정정을 위하여는 호적법의 개정이나 위와 같은 특별법의 제정이 이상적이나 현행법령의 헌법합치적 해석과 수술의 정당성 여부를 검증할 합리적 기준이 마련된다면, 별도의 입법조치가 없어도 성별정정의 허가는 가능하다. 법률상 성별정정의 합리적 기준에 해당하는 요건으로 들 수 있는 것은 의학상 요건과 법률상 지위에 관한 요건이 있다. 전자의 것으로는 ① 2인 이상의 정신과 의사가 인정하는 진성의 성전환증 환자이어야 하고, ② 2년 이상 심각한 성정체성 장애의 증세를 보이는 상

88) 부산지방법원 가정지원 2002. 7. 3. 2001호파997, 998 결정.

태에서, 6개월 이상 적어도 1인의 정신과의사가 환자의 상태를 지속적으로 관찰하면서 정신요법, 호르몬요법을 실시하였으나 고통이 경감되지 아니하였어야 하며, ③ 공인된 병원에서 시술한 외과적 수술을 통하여 성적 외관이 반대의 성으로 변경되었어야 하며, ④ 상당한 기간 동안, 반대의 성에 상응하는 사회적 역할 또는 행동이 있어야 하고, ⑤ 생식능력을 상실하였어야 하며, ⑥ 장래 성인식의 재전환 가능성이 현저하게 낮아야 한다는 것 등을 들 수 있다. 후자의 것으로는 ① 원칙적으로 내국인이어야 하고, ② 만 23세에 이르러야 하며, ③ 의사능력 및 행위능력이 있어야 하고, ④ 미혼이거나 현재 혼인관계에 있지 않아야 한다는 것 등이다.

3. 비판과 대안

(1) 법률적 근거의 필요성

성별의 변경은 국민의 기본권과 관련된 중대한 사안에 해당한다. 성별의 구분이 존재하는 한 어떠한 성별로 살아갈 것인지의 선택은 헌법상 보장된 인간의 존엄성과 밀접한 관련이 있기 때문이다. 따라서 국민의 기본권과 관련된 중대한 사안에 대해서는 법률로써 규율하도록 요구하는 헌법상의 **법률유보원칙**에 따라 성별의 변경과 관련해서 반드시 법률적 근거가 필요하다. 물론 성별의 변경과 관련하여 종래의 호적법을 대체하여 2008년 1월 1일부터 시행된 **가족관계의 등록 등에 관한 법률**(2007. 7. 23. 법률 제8541호로 개정된 것)에 법적 근거가 마련되어 있는 것처럼 보인다. 하지만 이것은 호적의 '정정'에 관한 규정으로 트랜스젠더의 성별변경을 위한 법적 근거가 되는지에 대해서는 의문이 있다. 비록 대법원의 다수의견이 이 규정을 트랜스젠더의 성별변경을 위한 근거로 삼고는 있지만 이에 반대하는 소수의견도 있었다. 앞서 인용한 것처럼 "성전환자의 고통을 덜어 줄 수 있는 최선의 선택"이었다는 보충의견의 지적도 일리는 있지만 국민의 기본권과 관련된 중대한 사안은 입법자가 법률의 형식으로 결정하는 것이 헌법의 정신에 합치한다.[89)]

이러한 헌법정신을 고려하여 입법부에서도 트랜스젠더의 **성별변경을 위한 특별법안**이 2002년(김홍신 의원안)과 2006년(노회찬 의원안) 두 차례에 걸쳐 제안된 적이 있다(아래 [법안] 참조). 두 법안은 성별변경의 요건으로 성전환자이면서 혼인관계에 있지 않을 것을 요구하고, 법원이 성별변경의 허가를 결정하도록 한다는 점에서 유사하다. 하지만 2002년 법안은 2년 이상 성전환자로서 생활하는 등 성전환증으로 인한 강한 심리적 상태와 성전환수술 및 본래의 성별로 재전환가능성의 부존재를 요구하고 있다는 점에서 성별변경의 요건이 엄격한 독일의 성전환자법(TSG)을 많이 참조한 것으로 보인다. 아무튼 이 법안들은 모두 국회의원의 임기만료로 폐기되었지만 성별변경을 위한 법률을 제정할 경우에 참조할 만한 것으로 평가할 수 있다.

(2) 성전환수술이 필수적 요건인지 여부

대법원의 지침을 살펴보면서 지적한 것처럼 성별변경을 위한 요건으로서 성전환수술을 반드시 포함시켜야 하는지에 대해서는 의문이 든다. 반대의 성별에 대한 강한 귀속감 때문에 일정 기간 동안 반대의 성별로 살아 왔다는 사실이 있고, 다시는 본래의 성별로 돌아갈 가능성이 거의 없으며, 생식능력이 제거되었다는 사실을 전문의사에 의해서 증명할 수 있는 경우에는 성전환수술 없이도 성별변경을 허용해도 무방하다고 생각된다.[90] 뉴질랜드 인권위원회가 지적한 것처럼 트랜스젠더에게 본인의 성정체성을 증명하는 객관적 증거로서 성전환수술을 요구하는 것은 성별의 결정에서 트랜스젠더를 차별하는 행위가 될 수도 있다는 점을 기억할 필요가 있다. 어

89) 같은 견해로 김중권, <법률신문>, 2006년 9월 25일자(제3493호)면 참조. 이 논문은 <법률신문>의 웹사이트(www.lawtimes.co.kr)에서 참조.

90) 같은 맥락에서 성별변경에 관한 두 개의 특별법안 가운데 김홍신 의원안은 성전환수술을 필수적 요건으로 요청하고 있는 반면에 노회찬 의원안에서는 생식능력의 부존재만을 요건으로 하고 있다는 점에 주목할 필요가 있다.

쨌든 트랜스젠더로서 인정받을 수 있는지에 대한 판단이 객관적 사실의 존재 여부에 관한 의학적 문제라면 성전환수술의 필요성에 관한 문제도 의학적 관점에서 해결되는 것이 당연하다. 따라서 트랜스젠더의 인정에 성전환수술이 필요한지 여부에 대한 국제적 수준의 의학적 합의뿐만 아니라 국내적 수준의 의학적 합의가 신속하게 요청된다.

(3) 혼인한 자에 대한 제한의 문제

더욱이 혼인한 상태에 있는 자의 성별변경을 허용하지 않는 것도 재고해보아야 한다. 혼인한 상태에 있는 자의 경우에도 성별변경을 위한 실질적 요건을 충족했다면 반대의 성별로 살아가도록 허용하는 것이 인간의 존엄과 인격권을 보장한 헌법의 정신에 합치하기 때문이다. 다만, 혼인한 상태에 있는 자가 성별을 변경하는 경우에는 기존의 혼인이 동성간(same-sex)의 혼인이 되므로 혼인한 상태에 있는 자에 대한 성별변경을 허용하기 위해서는 동성간 혼인이나 동반자관계(partnership)를 허용하는 문제가 먼저 해결되어야 한다. 또한 동성간 혼인이나 동반자관계를 허용하는 경우에 동성의 파트너와 혼인이나 동반자관계의 상태에 있는 자가 성별을 변경했을 때는 동반자관계나 혼인의 상태로 변경될 수 있도록 하는 제도의 도입도 필요하다.

물론 독일 연방헌법재판소가 판시한 것처럼[91] 혼인상태에 있는 트랜스젠더의 성별변경을 인정하여 동성간의 혼인이 된다고 해도 이로써 동성간 혼인이 일반적으로 인정되는 것은 아니다. 따라서 혼인상태에 있는 트랜스젠더에게 성별변경을 인정한다고 해도 반드시 동성간 혼인이나 동반자관계를 인정해야 하는 것은 아니지

91) BVerfGE, 1 BvL 10/05 vom 27. 5. 2008, 단락번호(Absatz-Nr.) 51, http// www.bverfg.de/entscheidungen/ls20080527_1bvl001005.html 참조.

만 트랜스젠더가 혼인한 상태에서 성별을 변경하면 동성혼 또는 동반자관계를 인정하는 듯한 외관을 주는 것은 사실이기 때문에 동성간 혼인이나 동반자관계를 인정하는 것이 근본적인 문제해결의 방법이 될 수 있다.

한편 혼인상태에 있는 트랜스젠더가 성별을 변경한 경우에 동성간 혼인이나 동반자관계로 인정하거나 또는 상호전환이 가능하게 되는 것은 배우자 또는 파트너가 상대방의 성전환에 동의한 경우에만 인정될 수 있다. 따라서 배우자 또는 파트너가 상대방의 성전환에 동의하지 않은 경우에는 이것을 혼인관계나 동반자관계를 해소할 수 있는 사유로 인정해야 한다. 이러한 해결방식은 혼인한 자의 성별변경에 관한 기본권을 보장하면서도 그 배우자 또는 파트너의 성적 자기결정권을 동시에 보장하는 대안으로 제시될 수 있다.

(4) 미성년자에 대한 제한(연령제한)의 문제

대부분의 트랜스젠더의 성전환증은 이미 아동기에 나타나기 시작한다. 정확히 말하자면 성전환증은 후천적으로 학습되는 것이 아니라 선천적으로 타고난 것일 수도 있다. 다시 말해 개인의 희망이나 의지에 따라, 또는 개인이 처해 있는 가정이나 사회의 환경에 따라 성정체성이 변화될 수 있는 것이 아니다. 따라서 미성년자의 경우에도 트랜스젠더로서의 객관적 요건을 충족했다면 전문의사의 확인에 따라 성별변경을 인정할 필요가 있는지가 문제될 수 있다.

트랜스젠더의 성정체성이 태어날 때부터 부여받은 선천적인 것이어서 주관적 희망이나 의지로 결정되는 것이 아니라면, 따라서 트랜스젠더인지 여부에 관한 확인이 트랜스젠더로서의 객관적 요건을 충족했는지 여부에 따라 결정된다면 그러한 객관적 요건 이외에 '연령'이라는 요건을 부가하는 것은 타당하지 못하다. 일반적으로 법적 효과에서 연령을 고려하는 것은 정신적 미성숙으로 인한 판단의 오류를 예방하기 위한 것이다. 하지만 트랜스젠더로서의 확인은 의학적 요건을 정해놓고, 전문가인 의사가 객관적으로 판단하는 과정이지 트랜스젠더 본인이 자신이 트랜스젠더인지 여부를 주관적으로 선택하는 과정이 아니다. 물론 의사의 오진가능성이 존재하므로 미성년자를 트랜스젠더로 인정하는 경우에는 신중을 기해야 하겠지만 이러한 오진가능성만을 가지고 미성년자인 트랜스젠더의 성별변경을 부인하기는 어렵다. 이러한 맥락에서 성별변경에 관한 노회찬의원의 특별법안이 미성년자의 경우에 비록 법정대리인의 동의를 조건으로 하고 있지만 미성년자의 성별변경을 허용하고 있다는 점에 주목할 필요가 있다.

물론 미성년자의 성별변경을 허용하는 경우에 너무 어린 나이에 성별을 변경함으로써 회복할 수 없는 결과에 이를 위험성이 있다. 특히 미성년자가 성전환수술까지 마친 경우에는 돌이킬 수 없는 결과에 이를 수도 있다. 여기서 미성년자의 성별변경을 위하여 부모 또는 그밖의 법정대리인의 동의를 추가적으로 요구할 수 있는지 여부가 문제될 수 있다. 자녀의 인생에 대하여 공동책임을 져야 하는 부모나 그밖의 법정대리인의 입장에서 트랜스젠더라는 소수자로서의 삶을 살아야 하는 자녀의 처지를 고려할 때 자녀의 성별변경에 반대할 수도 있다. 그런데 경제적으로 독립할 수 없는 미성년자인 자녀의 입장에서 자신의 성별변경에 반대하는 부모나 그밖의 법정대리인의 의사에 반대하기란 쉽지 않을 것이다. 따라서 미성년자인 트랜스젠더는 성인이 될 때까지 신체적 성별과 정신적 성별이 일치하지 않는 상황에서 고통스러운 삶을 감내해야 한다. 특히 성년이 될 때까지 신체적 성별에 따라 살아온 자신의 삶의 궤적이 그대로 기록되어야 한다.[92] 이로 인해 성별을 변경한 후에도 변경 전의 성별에 대한 기록이 누설되는 경우에 트랜스젠더라는 자신의 정체성이 원치 않게 공개될 수도 있다. 이러한 맥락에서 미성년자인 트랜스젠더에게도 전문의사의 진단에 따라 부모나 그밖의 법정대리인의 동의 없이도 성별변경을 인정할 필요가 있다. 사실 미성년자인 트랜스젠더의 성별변경을 위하여 부모나 법정대리인의 동의를 필요로 하는지에 대한 명시적인 규정이 없는 경우에도 민법상 부모나 그밖의 법정대리인은 친권이나 후견권에 근거하여 자녀나 피후견인의 성별변경에 반대할 수 있다. 하지만 전문의사의 확인이 있음에도 불구하고 자녀나 피후견인의 성별변경을 반대하는 것은 생명을 다투는 질병에 걸린 자녀나 피후견인의 치료나 수술을 거부하는 경우와 마찬가지로 친권의 남용 또는 후견인의 변경사유가 있는 경우로 보아 부모나 법정대리인의 친권을 상실[93]시키거나 후견인을 변경[94]시킬 필요가 있다.

(5) 외국인에 대한 제한(국적제한)의 문제

성별변경이 허용되는 경우에도 성별변경은 **원칙적으로 대한민국 국민에 한정**된다. 외국인의 경우에는 독일 연방헌법재판소가 지적하듯이[95] 해당 국가의 법질서를 존중하는 '국적원칙'에 근거하여 성별변경 여부가 해당 외국인이 속한 국가의 법률에 따라 결정되는

92) 예를 들어 성별의 구분에 따라 교육기관을 별도로 설치하고 있는 한국의 경우에 성년이 된 후에야 성별변경을 허용하게 되면 중·고등학교를 남학교 또는 여학교를 다닌 트랜스젠더는 자신의 학창시절 기록을 통해 본인이 트랜스젠더라는 사실을 공개할 수밖에 없는 상황에 처하게 될 것이다.

93) 부 또는 모가 친권을 남용하거나 현저한 비행 기타 친권을 행사할 수 없는 중대한 사유가 있는 때에는 법원은 친족 또는 검사의 청구에 의하여 그 친권의 상실을 선고할 수 있다(민법 제924조).

94) 가정법원은 피후견인의 복리를 위하여 후견인을 변경할 필요가 있다고 인정되는 경우에는 피후견인의 친족이나 검사의 청구 또는 직권에 의하여 후견인을 변경할 수 있다(민법 제940조 제1항).

95) BVerfG, 1 BvL 1/04 vom 18. 7. 2006, 단락번호(Absatz-Nr.) 61, http://www.bverfg.de/entscheidungen/ls20060718_1bvl000104.html 참조.

것이 타당하기 때문이다. 다만 문제는 외국인으로서 대한민국의 영주권을 가지고 있거나 대한민국에 영주할 의사를 가지고 계속적으로 거주하면서 해당 외국인이 속한 국가에 성별변경에 관한 법률이 존재하지 않는 경우에 발생한다. 만약 이러한 경우에도 외국인에게 성별변경을 허용하지 않으면 합리적인 이유 없이 외국인을 차별하는 것이고, 동시에 해당 외국인의 인격권을 심각하게 침해하는 것이 된다. 따라서 성별변경에 관한 법률을 제정하는 경우에 원칙적으로 성별변경을 대한민국 국민에게 한정해야 하지만 영주권이 있거나 영주의 의사를 가지고 합법적으로 국내에 체류하는 **외국인에게는 예외적으로 성별변경을 인정**하는 단서조항을 추가해야 한다.

(6) 성별변경 허가기관의 문제

성별변경을 허가할 수 있는 권한은 법원이나 행정기관에 부여될 수 있다. 법원에 의한 성별변경은 재판절차가 준용된다는 측면에서 시간과 비용이 많이 들 수 있다. 따라서 시간이나 비용이 상대적으로 적게 들도록 행정기관에 성별변경의 권한을 부여하는 제도가 선호될 수 있다. 하지만 성별변경의 재판절차를 비송사건절차에 따르게 하여 절차를 간소화함으로써 시간과 비용을 절약하게 된다면 법원이 성별변경허가의 권한을 가진다고 해도 크게 문제될 것은 없다. 그리고 법원이든 행정기관이든 성별변경을 위하여 전문의사의 확인을 필수적 요건으로 하여 이에 사실상 구속되게 한다면 법원에 의한 허가의 경우와 행정기관에 의한 허가의 경우 모두 실질적으로는 전문의사의 의학적 판단이 결정적인 요소가 된다.

(7) 성별변경의 법적 효과의 문제

국가기관의 공식적인 성별변경허가로 인해 변경된 성별로 인정되는 법적 효과가 모든 영역에서 발생하는 것은 아니다. 성별변경허가로 어떠한 법적 효과가 발생하는지에 대해서는 법률의 규정이 필요하다. 이러한 맥락에서도 성별변경과 관련된 법률의 제정이 반드시 요구된다. 이러한 법률은 우선 성별변경의 법적 효과를 일반적으로 인정하면서 예외적으로 변경된 성별의 법적 효과가 인정되지 않는 영역을 열거하는 식으로 제정될 수 있다(**일반적 효과의 규정방식**). 예를 들어 성별변경의 일반적 효과에 관한 규정을 두면서 스포츠경기 등에 변경된 성별의 효과를 인정하지 않는 예외를 규정하는 방식이 된다. 앞서 언급한 국내의 특별법안들도 이러한 방식을 채택하고 있다(아래 [법안] 참조). 이러한 방식은 법률에 명시적으로 예외로서 규정되지 않은 모든 영역에 대해서 성별변경의 법적 효과가 인정되는 장점이 있다. 한편 성별변경의 법적 효과가 인정되는 구체적인 영역을 개별적으로 열거하는 식으로 제정될 수도 있다(**개별적 효과의 규정방식**). 예를 들어 성별변경의 법적 효과가 직접적으로 영향을 주는 혼인, 상속, 강간죄, 교육기관 등의 구체적인 영역에 성별변경의 법적 효과를 인정할 것인지에 관한 개별적인 규정을 두는 방식이다. 이러한 방식은 법률에서 명시적으로 법적 효과를 인정하지 않는 한 법적 보호가 이루어지지 않는다는 점에서 트랜스젠더의 보호에 소홀할 수 있다는 단점이 있다.

[법안 1] 성전환자의 성별변경에 관한 특례법안

(김홍신 의원 대표발의: 2002. 11. 4.)[96]

제2조 (정의) 이 법에서 사용하는 용어의 정의는 다음과 같다.

① "성전환자"라 함은 출생시 확인된 신체의 성이 자신의 진정한 성이 아니라고 확신하면서, 적어도 2년 이상 다른 성의 역할을 수행함과 아울러 외부성기로 표현된 신체의 성을 혐오하여 이를 제거하거나 변형하는 등의 방법으로 상대 성징을 얻으려는 강한 심리적 상태에 놓여 있는 자를 말한다.

---

96) 이 법안은 김홍신 의원의 웹사이트(www.hongshin.net) 또는 국회의 웹사이트(www.assembly.go.kr) 참조.

② "성전환수술"이라 함은 성전환자가 지닌 전항과 같은 고통의 경감을 위하여 의료법 제2조에 정한 의사가 성전환자의 외부 성기 등을 제거·변형하여 반대되는 성으로 전환할 의도로 외과적 침습을 가하는 의학상의 조치를 말한다.

제3조 (성별의 변경) ① 다음 각 호의 요건을 갖춘 내국인은 본적지를 관할하는 가정법원에 성별변경의 확인을 신청할 수 있다.

1. 성전환자일 것
2. 성전환수술을 통하여 성적 외관이 반대의 성으로 명백히 변경되었을 것
3. 장래성 인식의 재전환 가능성이 없을 것이라는 점에 대한 상당한 정도의 개연성이 있을 것
4. 성년자로서 한정치산자나 금치산자가 아닐 것
5. 혼인관계에 있지 아니할 것

② 제1항의 신청을 받은 가정법원은 필요한 경우 성전환 현상을 이해하는 전문 의료인에게 신청인에 대한 신체감정을 명하거나 수술을 한 의사 등에게 사실조사와 관련자료의 송부를 촉탁할 수 있다.

③ 성별변경을 확인하는 재판이 있었을 때에는 재판의 등본을 받은 날부터 1월 이내에 그 등본을 첨부하여 본적지에서 호적상 성별의 변경을 신청하여야 한다.

제4조 (개명) ① 제3조 제1항의 신청을 하는 자는 이와 함께 개명허가의 신청을 할 수 있다.

② 개명을 허가하는 재판이 있었을 때에는 재판의 등본을 받은 날부터 1월 이내에 그 등본을 첨부하여 본적지 또는 주소지나 현재지에서 개명의 신고를 하여야 한다.

제6조 (성별변경의 효력) 이 법에 의하여 성별변경의 확인 결정을 받은 자는 다른 법률에 특별한 규정이 있는 경우를 제외하고는 제3조 제3항의 규정에 의한 신청으로 호적에 그 내용이 기재된 날부터 변경된 성별이 지니는 권리와 의무를 보유한다.

[법안 2] 성전환자의 성별변경 등에 관한 특별법안

(노회찬 의원 대표발의: 2006. 10. 12.)[97]

제2조 (정의) 이 법에서 “성전환자”라 함은 호적상 기재된 성별이 자신의 진정한 성별이 아니라는 확신하에, 상대 성징을 얻기 위하여 필요한 호르몬 투여 등의 의료조치를 받고 있거나 받은 사람을 말한다.

제3조 (성별의 변경) ① 다음 각 호의 요건을 갖춘 성전환자는 주소지 또는 본적지를 관할하는 가정법원에 성별변경의 확인을 신청할 수 있다.

1. 「의료법」 제2조에 정한 의사 2인 이상(정신과의사 1인을 포함)의 소견서
2. 생식능력이 없을 것
3. 혼인관계에 있지 않을 것
4. 미성년자의 경우에 법정대리인의 서면에 의한 동의가 있을 것

② 제1항의 신청을 받은 가정법원은 필요한 경우 성전환 현상을 이해하는 전문의료인에게 신청인에 대한 신체감정을 명하거나 사실조사와 관련자료의 송부를 촉탁할 수 있다.

③ 성별변경을 확인하는 재판이 있었을 때에는 재판의 등본을 받은 날로부터 30일 이내에 그 등본을 첨부하여 주소지 또는 본적지에서 호적상 성별의 변경을 신청하여야 한다.

제4조 (개명) ① 제3조 제1항의 신청을 하는 성전환자는 개명허가의 신청을 할 수 있다.

② 개명을 허가하는 재판이 있을 때에는 재판의 등본을 받은 날로부터 30일 이내에 그 등본을 첨부하여 주소지 또는 본적지에서 개명의 신고를 하여야 한다.

제5조 (성별변경의 효력) 이 법에 의하여 성별변경의 확인 결정을 받은 성전환자는 다른 법률에 특별한 규정이 있는 경우를 제외하고는 제3조 제3항의 규정에 따른 신청으로 호적에 그 내용이 기재된 때부터 변경된 성별이 지니는 권리와 의무를 보유한다.

---

97) 이 법안은 노회찬 의원의 웹사이트(www.nanjoong.net) 또는 국회의 웹사이트(www.assembly.go.kr)

제4절

혼인할 권리

I. 개 관

트랜스젠더의 경우에 법적 성별의 변경을 인정하고, 변경된 성별에 따라 모든 법적 효력을 부여하면 아무런 문제없이 혼인(결혼)할 수 있다. 다시 말해 트랜스젠더의 혼인과 관련된 법적 문제의 핵심에는 성별변경이 선결되어야 할 문제로서 놓여 있다. 결국 트랜스젠더의 혼인이 문제되는 것은 법적 성별의 변경이 인정되지 않는 경우다. 이 경우에는 트랜스젠더가 이성애적(heterosexual) 성적 지향을 가지고 있는지, 아니면 동성애적(homosexual) 성적 지향을 가지고 있는지에 따라 논의의 대상이 달라질 수 있다.

우선 트랜스젠더가 자신이 인식하는 성별과 반대되는 성별의 사람에게 성적 호감이나 매력을 느끼는 이성애적(heterosexual) 성적 지향을 가지고 있다면(MTF의 경우 생물학적 남성에게, FTM의 경우 생물학적 여성에게 성적 호감이나 매력을 느낀다면) 상대방의 성별은 생물학적 기준에 의할 때 본인과 동성이 된다.[1)] 따라서 동성간의 혼인이 인정될 수 있는지, 인정되지 않는다면 동성간의 결합에 대해서 혼인대체제도가 인정될 수 있는지가 논의의 대상이 될 수

---

1) 물론 이성애자인 트랜스젠더의 상대방도 트랜스젠더인 경우(MTF가 FTM에게, FTM이 MTF에게 성적 호감을 느끼는 경우)도 가능하고, 이 경우에 트랜스젠더와 그 상대방은 생물학적 기준으로 볼 때 이성간이 되기 때문에 혼인하는데 전혀 문제가 없다.

있다. 이에 대해서는 나중에 성적 지향을 설명하면서 다시 자세하게 논의하기로 한다.[2] 어쨌든 성정체성의 문제와 성적 지향의 문제는 다른 차원이기 때문에 트랜스젠더의 혼인과 관련해서는 생물학적 기준 이외에 성정체성이나 그에 따라 변경된 성기 또는 생식기관이 성별판단의 기준이 될 수 있는지가 논의의 핵심이 될 수박에 없다.

한편 트랜스젠더가 자신이 인식하는 성별과 동일한 성별의 사람에게 성적 호감이나 매력을 느끼는 동성애적(homosexual) 성적 지향을 가진 경우에(MTF의 트랜스젠더가 생물학적 여성에게, FTM의 트랜스젠더가 생물학적 남성에게 성적 호감이나 매력을 느끼는 경우에) 생물학적 기준만 가지고 본다면 두 사람은 이성간이기 때문에 혼인이 가능하다.[3] 이것은 당사자의 입장에서 결과적으로 유리하다고 볼 수도 있다. 하지만 당사자들이 동성커플이기를 주장하는 경우에는 동성커플에 대한 혼인제도나 혼인대체제도의 인정 여부가 마찬가지로 논란이 될 수 있다.

결론적으로 성정체성의 문제와 성적 지향의 문제는 논의의 본질이 다르지만 중첩된 논의영역이 있기 때문에 밀접하게 연관되어 있으나 여전히 독립적인 주제로 다루어야 할 필요성이 있다는 점을 확인하게 된다.

---

2) 이 책 제3장 제2절 참조.

3) 동성애자인 트랜스젠더의 상대방도 트랜스젠더인 경우(MTF가 MTF에게, FTM이 FTM에게 성적 호감을 느끼는 경우)도 가능한데 이 경우에 두 사람은 동성간이므로 혼인이 불가능하게 된다.

II. 트랜스젠더의 혼인에 관한 세계 각국의 입법례

1. 네덜란드

네덜란드는 이성간의 결합인지 또는 동성간의 결합인지에 상관없이 모든 커플에게 혼인, 동반자관계, 동거계약관계 가운데 하나를 선택할 수 있도록 하고 있다.[4] 따라서 커플의 구성원 가운데 트랜스젠더가 포함되어 있는지는 전혀 중요하지 않다. 트랜스젠더는 성별을 변경했든 안했든, 그리고 자신이 원하는 상대방이 이성이든 동성이든 관계없이 혼인이나 동반자관계 또는 동거계약관계 가운데 하나를 선택하여 커플관계를 형성할 수 있다.

이성간의 결합에 대해서만 혼인을 인정하고 동성간의 결합에 대해서는 혼인과 구별되는 대체제도(alternative institution)를 인정하거나 전혀 법적 보호를 인정하지 않아야 트랜스젠더의 혼인에 관한 문제가 쟁점이 될 수 있다. 따라서 네덜란드의 경우에는 트랜스젠더의 혼인에 관한 문제가 특별한 논란거리가 되지 못한다. 그러나 네덜란드의 입법방식은 트랜스젠더의 문제에 관한 매우 단순하고 명쾌한 제도적 해결방식으로 보이지만 이러한 제도를 두고 있는 국가는 네덜란드 하나에 불과하다는 점에서 이 제도가 다른 국가에도 적용될 수 있는지에 대해서는 여전히 논란의 여지가 있다.

2. 독　일

독일에서는 엄격한 요건을 정해 트랜스젠더로 인정받으면 이

4) 네덜란드의 혼인제도에 대해서는 이준일, "헌법상 혼인의 개념 - 동성간 혼인의 헌법적 허용가능성," <공법연구>(한국공법학회), 제27집 제3호(2009), 167면 이하 참조.

름과 성별을 변경할 수 있다. 이름만 변경한 트랜스젠더는 혼인할 수 없고, 성별까지 변경해야만 혼인할 수 있다. 독일의 경우에 혼인은 '남성과 여성의 결합'을 의미하기 때문이다. 다만 나중에 설명하는 것처럼 독일은 동성간의 결합을 '동반자관계(Lebenspartnerschaft)'에 의하여 법적으로 보호한다. 따라서 트랜스젠더가 성별을 변경하지 않은 채 동성인 파트너와 커플을 형성하려면 동반자관계를 이용하면 된다. 물론 앞서 설명한 것처럼[5] 이러한 제도하에서 성전환수술을 원하지 않는 트랜스젠더가 동성애자인 경우에는 변경된 이름을 포기한 채로 혼인을 하거나 성전환수술을 받아야만 한다는 점, 연방헌법재판소의 판례로 혼인한 상태에 있는 자도 성별변경이 가능해졌기 때문에 이 경우에는 트랜스젠더의 성별과 그 상대방의 성별이 동일하게 됨으로써 동성간 혼인의 외관을 보이게 된다는 점이 문제로 남는다. 이러한 문제를 근본적으로 해결하기 위해서는 트랜스젠더의 인정요건으로서 성전환수술을 제외시키거나 동성간의 혼인을 전면적으로 인정하는 방법이 논의될 수 있다.

3. 영 국

영국에서 혼인의 효력과 관련하여 1971년 7월 31일을 기준으로 그 이전의 혼인은 1949년에 제정된 **혼인법** [Marriages Acts 1949 (c. 76)]이 적용되고, 그 다음 날부터는 **혼인관련사유법** [Matrimonial Causes Act 1973 (c. 18): 이하 'MCA'로 약칭]이 적용된다.

혼인관련사유법에 따라 혼인의 효력상실(nullity)과 관련하여 혼인무효(void)사유와 혼인취소(voidable)사유가 구분된다. 우선 **혼인이 무효가 되는 사유**로는 ① 혼인법에 따라 성립된 혼인으로서 당사자가 혼인이 금지된 친족관계에 있거나 당사자 일방이 16세 미만이거나

5) 이 책 제2장 제3절 II. 1. (3) 및 (4) 참조.

혼인성립요건에 반하는 근친혼인 경우, ② 혼인의 시점에 당사자 일방이 이미 법적으로 혼인상태에 있는 경우, ③ 당사자가 각각 남성과 여성이 아닌 경우, ④ 영국 바깥에서 성립된 중혼(polygamous marriage)으로서 혼인의 시점에 당사자 일방이 영국에 주소지를 가지고 있는 경우가 있다(MCA 제11조).

다음으로 **혼인을 취소할 수 사유**로는 ① 당사자 일방이 성교관계를 통해 혼인을 완성할 능력이 없어 혼인이 완성되지 않은 경우, ② 상대방이 성교관계를 통한 혼인의 완성을 의도적으로 거부(wilful refusal)한 경우, ③ 강요, 착오, 정신박약 등으로 당사자 일방이 유효한 합의를 하지 않은 경우, ④ 혼인의 시점에 상대방이 유효한 합의를 할 수 있음에도 불구하고 혼인에 부적합한 종류 또는 그러한 정도의 정신질환(mental disorder)을 앓고 있는 경우, ⑤ 혼인의 시점에 상대방이 전염성이 있는 성병(venereal disease)을 앓고 있는 경우, ⑥ 혼인의 시점에 상대방이 배우자가 아닌 자의 아이를 임신한 경우가 있다(MCA 제12조).

이 가운데 트랜스젠더의 혼인에서 문제가 될 수 있는 사유로는 무효사유의 경우에는 세 번째 사유고, 취소사유의 경우에는 첫 번째와 두 번째 사유다. 트랜스젠더가 비록 성전환수술을 했다고 하더라도 여전히 출생 당시의 성별이 법적 성별로 인정되는 경우에 본인과 동일한 성별의 사람과 행한 혼인은 무효가 되고, 성전환수술을 통해 인공적으로 만든 남성의 성기 또는 여성의 성기를 이용하여 행한 성교행위가 진정한 성교행위로 인정되지 않아 혼인의 완성이 없는 혼인으로 취소할 수 있기 때문이다. 실제로 Corbett v. Corbett 사건에서 법원은 이 두 가지 근거를 가지고 문제가 된 혼인의 효력을 인정하지 않았다.

하지만 2004년 성별인정법(GRA)의 제정으로 트랜스젠더의 성별변경이 인정되어 변경된 성별에 따라 이성간이면 혼인이 가능하게 되었다. 오히려 혼인의 시점에 상대방이 성별인정법(GRA)에 따라 성별이 변경된 사람이라는 사실을 알지 못한 경우에는 혼인을 취소할 수 있게 되었다(GRA Schedule 4 Part 1 제5조).

III. 한국에서 트랜스젠더의 혼인

민법에 따르면 18세 이상인 당사자간에 혼인의 합의가 있고 신고함으로써 혼인이 성립한다(동법 제807조, 제812조, 제815조). 다만 근친혼과 중혼은 금지된다(동법 제809조, 제810조). 여기서 혼인은 이성간의 결합을 의미하기 때문에 동성간의 혼인은 금지된다는 것이 가족법학자들의 일반적인 해석이다.[6)]

따라서 트랜스젠더의 성별변경이 법원의 허가를 받은 경우에는 트랜스젠더가 변경된 성별에 기초하여 반대의 성별인 상대방과 혼인하는 것은 법적으로 허용된다. 반면에 트랜스젠더의 성별변경이 법원으로부터 허가를 받지 못한 경우에는 트랜스젠더가 이성애자라면 트랜스젠더와 그 상대방의 혼인은 생물학적 성별에 의할 때 동성간의 혼인이 되기 때문에 현행 법률상은 트랜스젠더의 혼인은 금지된다. 물론 트랜스젠더가 동성애자인 경우에 트랜스젠더와 그 상대방은 생물학적 성별로만 보면 이성간이기 때문에 혼인할 수 있는 가능성이 있다. 다만 트랜스젠더가 원하는 동성간의 결합으로 법적인 인정을 받지 못한다는 문제는 남는다. 여기서 트랜스젠더를 포함하여 성적 지향을 존중한다는 관점에서 동성간의 결합을 법적으로 보호해야 할 필요성이 생긴다.

---

6) 김용한, <친족상속법>(2004), 107면; 김주수/김상용, <친족 · 상속법 – 가족법>(2007), 94면 참조.

더 큰 문제는 성별변경을 위한 요건이 엄격하기 때문에 성전환수술을 받지 않은 트랜스젠더, 특히 성전환수술을 받고도 법원으로부터 성별변경을 허가받지 못한 트랜스젠더의 경우에는 혼인이 불가능하다는 점이다. 또한 동성간에는 혼인은 물론 혼인을 대체하는 제도조차 보장되지 않기 때문에 트랜스젠더가 혼인이 아닌 결합을 형성할 수 있는 가능성마저 완전히 배제된다는 점도 문제점으로 제기된다. 이러한 문제점들은 성별변경을 완화한다든지 동성간의 혼인이나 혼인대체제도를 인정함으로써 해결될 수 있을 것이다.[7] 아무튼 성별변경이든 혼인이나 혼인대체제도의 인정이든 트랜스젠더의 혼인을 보호하기 위해서는 법률의 제정이 시급함을 확인할 수 있다.

[참고] 혼인관련 민법규정

제807조 (혼인적령) 만 18세가 된 사람은 혼인할 수 있다.

제808조 (동의를 요하는 혼인) ① 미성년자가 혼인을 할 때에는 부모의 동의를 얻어야 하며, 부모 중 일방이 동의권을 행사할 수 없는 때에는 다른 일방의 동의를 얻어야 하고, 부모가 모두 동의권을 행사할 수 없는 때에는 후견인의 동의를 얻어야 한다.

② 금치산자는 부모 또는 후견인의 동의를 얻어 혼인할 수 있다.

③ 제1항 및 제2항의 경우에 부모 또는 후견인이 없거나 또는 동의할 수 없는 때에는 친족회의 동의를 얻어 혼인할 수 있다.

제809조 (근친혼 등의 금지) ① 8촌 이내의 혈족(친양자의 입양 전의 혈족을 포함한다) 사이에서는 혼인하지 못한다.

② 6촌 이내의 혈족의 배우자, 배우자의 6촌 이내의 혈족, 배우자의 4촌 이내의 혈족의 배우자인 인척이거나 이러한 인척이었던 자 사이에서는 혼인하지 못한다.

③ 6촌 이내의 양부모계의 혈족이었던 자와 4촌 이내의 양부모계의 인척이었던 자 사이에서는 혼인하지 못한다.

---

7) 동성간의 혼인 및 혼인대체제도에 대해서는 이 책 제3장 제2절 참조.

제810조 (중혼의 금지) 배우자있는 자는 다시 혼인하지 못한다.

제812조 (혼인의 성립) ① 혼인은 「가족관계의 등록 등에 관한 법률」에 정한 바에 의하여 신고함으로써 그 효력이 생긴다.

② 전항의 신고는 당사자 쌍방과 성년자인 증인 2인의 연서한 서면으로 하여야 한다.

제815조 (혼인의 무효) 혼인은 다음 각 호의 어느 하나의 경우에는 무효로 한다.

1. 당사자간에 혼인의 합의가 없는 때
2. 혼인이 제809조 제1항의 규정을 위반한 때
3. 당사자간에 직계인척관계가 있거나 있었던 때
4. 당사자간에 양부모계의 직계혈족관계가 있었던 때

제816조 (혼인취소의 사유) 혼인은 다음 각 호의 어느 하나의 경우에는 법원에 그 취소를 청구할 수 있다.

1. 혼인이 제807조 내지 제809조(제815조의 규정에 의하여 혼인의 무효사유에 해당하는 경우를 제외한다. 이하 제817조 및 제820조에서 같다) 또는 제810조의 규정에 위반한 때
2. 혼인당시 당사자일방에 부부생활을 계속할 수 없는 악질 기타 중대한 사유있음을 알지 못한 때
3. 사기 또는 강박으로 인하여 혼인의 의사표시를 한 때

제5절

차별받지 않을 권리

I. 문제제기

트랜스젠더가 이름과 성별을 바꾸고, 결혼을 해서 산다고 해도 트랜스젠더에 대한 사회의 부정적 인식은 계속될 수 있다. 물론 트랜스젠더에게 이름과 성별을 변경할 수 있는 권리를 보장하지 않는 것, 그리고 그에 따라 혼인할 수 있는 권리를 인정하지 않는 것도 차별일 수 있다. 평등은 같은 것을 평등하게 대우하고, 다른 것을 불평등하게 대우하도록 요청한다.[1] 따라서 신체적 성별과 정신적 성별이 일치하는 일반인과 신체적 성별과 정신적 성별이 불일치하는 트랜스젠더는 서로 다른 그룹에 속하므로 달리(불평등하게) 대우해야 평등한 것이다. 같은 맥락에서 신체적 성별만을 성별판단기준으로 인정하여 트랜스젠더에게 이름과 성별을 변경할 수 없도록 함으로써 혼인할 수 없게 만든다면 그것은 달리 대우받아야 할 트랜스젠더를 동일하게 대우함으로써 차별하는 것이다. 아무튼 이러한 차별을 제거하기 위하여 트랜스젠더에게 이름과 성별의 변경 및 혼인에 관한 권리가 보장되는 경우에도 트랜스젠더에 대한 차별은 여전히 남아 있을 수 있다.

남자이면서 여자인, 또는 여자이면서 남자인 '제3의 성별'에

---

1) 평등의 개념과 내용에 대해서는 이준일, <헌법학강의>, 제3판(2008), 494면 이하; 같은 이, <차별금지법>(2007), 30면 이하 참조.

속하는 소수의 사람들에 대해서 남자이거나 여자인 다수의 사람들은 호기심을 넘어서 잘못된 편견(prejudice)과 고정관념(stereotype)을 지속시킬 수 있다. 모든 차별의 문제가 그렇듯이 차별의 배후에는 잘못된 편견과 고정관념이 존재한다. 따라서 트랜스젠더는 다수를 차지하는 남성과 여성으로부터 차별을 감수할 수밖에 없다. 여기서 트랜스젠더에게 트랜스젠더라는 이유로 '차별대우를 받지 않을 권리'가 보장되어 있다는 사실을 확인할 필요가 있다. 대부분의 국가의 헌법은 '평등권'을 보장하고 있고,[2] 이것은 원칙적으로 어떠한 사유(예: 인종, 성별, 종교, 장애, 출신국가 등)에 의해서도 차별받지 않을 권리를 포함하는 것으로 해석될 수 있으므로 트랜스젠더는 트랜스젠더라는 사유로 차별받지 않을 권리를 갖는다. 물론 합리적인 근거가 있는 경우에는 차별대우를 할 수 있으므로 이러한 차별대우는 평등권을 침해하는 차별이 아니다. 앞서 설명한 것처럼 신체적 성별과 정신적 성별이 불일치하는 트랜스젠더에게 이름과 성별의 변경에 관한 권리 및 변경된 성별에 따라 반대의 성별과 혼인할 수 있는 권리를 보장하는 것은 합리적인 근거가 있는 차별대우이므로 평등권을 침해하는 차별에 해당하지 않는다. 하지만 그밖의 합리적 근거 없이 트랜스젠더를 차별대우하는 것은 평등권을 침해하는 차별에 해당하게 된다. 중요한 것은 평등권을 침해하는 차별에 대해서 구체화하는 법제도가 구비되어야 한다는 점이다.

트랜스젠더와 관련된 차별의 문제는 본질적으로 트랜스젠더와 트랜스젠더가 아닌 일반인 사이의 차별이다. 하지만 앞서 살펴본 것처럼[3] 트랜스젠더의 경우에 ① 성전환수술 여부나 ② 혼인 여부

2) 예를 들어 우리 헌법 제11조는 "모든 국민은 법 앞에 평등하다"고 하여 평등권을 규정하면서 "누구든지 성별, 종교, 사회적 신분에 의하여 정치적・경제적・사회적・문화적 생활의 모든 영역에서 차별받지 않는다"고 차별금지원칙을 규정하고 있다.

3) 이 책 제2장 제2절 Ⅲ. 2., 제3절 Ⅲ. 3. 및 4절 Ⅲ. 참조.

또는 ③ 연령이나 ④ 국적을 이유로 트랜스젠더 그룹 안에서 차별하는 문제도 중요하다. 트랜스젠더 그룹 내부에서 발생하는 이러한 차별은 앞서 충분히 논의했기 때문에 이하에서 논의하는 차별은 트랜스젠더와 트랜스젠더가 아닌 일반인 사이에서 발생할 수 있는 차별에 국한된다.

II. 트랜스젠더에 대한 차별의 해소를 위한 세계 각국의 입법례

세계 각국은 트랜스젠더에 대한 차별을 해소하기 위하여 다양한 형태로 법률을 제정하고 있다. 모든 차별금지사유를 대상으로 하는 일반적(general) 차별금지법의 형태로, 또는 특정한 차별금지사유를 대상으로 하는 개별적(special) 차별금지법의 형태로 트랜스젠더에 대한 차별을 금지하는 법률은 존재한다. 이하에서는 트랜스젠더와 관련된 세계 각국의 대표적인 차별금지법들을 살펴보기로 한다.

1. 스 웨 덴

스웨덴의 경우 2008년까지 트랜스젠더에 대한 차별은 성평등(gender equality)의 관점에서 '성별'을 이유로 한 차별로 다루어졌다. 우선 '고용영역'에서 성별을 이유로 한 차별을 금지하는 법률로 **기회평등법** [Jämställdhetslagen (1991:433); Equal Opportunities Act (1991: 433)]이 제정되어 있었다. 또한 '교육영역'에서 발생할 수 있는 성차별을 금지하는 법률로는 **대학생평등대우법** [Lag (2001:1286) om likabehandling av studenter i högskolan; Equal Treatment of Students at Universities Act (2001: 1286)]과 **아동·학생에 대한 차별 및 굴욕적 대우의 금지에 관한 법률** [Lag (2006:67) om förbud mot diskriminering och annan kränkande behandling av barn och elever; Act Prohibiting Discrimination and Other Degrading

Treatment of Children and School Students (2006:67)]이 마련되어 있었다. 그밖에 '재화 및 용역의 제공'과 관련된 영역에서 발생할 수 있는 성차별에 대해서는 **차별금지법** [Prohibition of Discrimination Act (2003:307)]이 규율하고 있었다. 하지만 2009년 1월 1일부터 시행된 **차별금지법** [Discrimination Act (2008:567)]에 따라 차별금지사유로서 성정체성(transgender identity or expression)이 추가되면서 성정체성은 독자적인 차별금지사유가 되었다. 스웨덴의 차별금지법에 대해서는 나중에 성적 지향을 이유로 한 차별을 논의하면서(제3장 제3절 II. 2.) 다시 자세하게 설명하기로 한다.

2. 영　국

영국 또한 트랜스젠더에 대한 차별을 성차별의 관점에서 접근하여 종래의 **성차별금지법** [Sex Discrimination Act 1975 (c. 65): 이하 'SDA'로 약칭][4]을 트랜스젠더에게 확대적용하는 **성차별금지(성전환) 규칙** [Sex Discrimination (Gender Reassignment) Regulations 1999 No. 1102: 이하 'SDR'로 약칭][5]에 따라 성전환(gender - reassignment)을 이유로 한 차별을 금지하고 있다. 여기서 성전환이란 "심리적 또는 그밖의 특징을 변경함으로써 개인의 성별을 전환하기 위한 목적으로 의료적 처치에 따라 행해지는 과정(a process which is undertaken under medical supervision for the purpose of reassigning a person's sex by changing physiological or other characteristics of sex) 및 그 과정의 일부를 의미한다(SDR 제2조 제3항). 이 규칙에 의하면 성전환수술을 받을 의향이 있거나 성전환수술을 받고

---

4) 영국은 차별사유별로 차별금지법을 마련하고 있는 대표적인 국가에 해당한다. 이에 따라서 성차별은 성차별금지법(SDA)으로, 인종차별은 인종차별금지법(Race Relations Act 1976)으로, 장애차별은 장애차별금지법(Disability Discrimination Act 1995)으로 규율한다.

5) 영국의 성차별금지규칙(SDR)은 영국정부의 법률정보 웹사이트(www.opsi.gov.uk) 참조.

있거나 이미 성전환수술을 받았다는 이유로 고용과 직업교육에서 불리하게 대우하는 차별행위는 불법행위가 된다(SDR 제2조 제1항; SDA 제2A조 제1항). 따라서 성전환수술로 인한 휴가를 다른 질병으로 인한 휴가보다 불리하게 대우하는 것은 불법이다. 성차별금지규칙은 성차별금지법상의 진정직업자격(genuine occupational qualification)에 관한 규정을 성전환을 이유로 한 차별에도 그대로 적용하기 때문에 성별(남성 또는 여성)이 진정직업자격에 해당하는 경우에는 성전환을 이유로 차별하는 행위는 불법이 아니다(SDA 제7A조). 또한 종교적 교리의 관점에서 이 종교를 믿는 상당수의 사람에게 종교적 감수성에 대한 해악을 끼치는 경우에는 성전환을 이유로 차별하는 행위가 허용된다.

3. 독 일

독일은 평등대우에 관한 EU지침을 국내법으로 변형하기 위하여 제정한 법률(Gesetz zur Umsetzung europäischer Richtlinien zur Verwirklichung des Grundsatzes der Gleichbehandlung)에서 성정체성을 이유로 한 차별대우를 금지하였다. 독일의 **평등대우기본법**(Allgemeines Gleichbehandlungsgesetz, 2006: 이하 'AGG'로 약칭)[6]에 따르면 ① 성정체성은 ② 인종, ③ 출신민족, ④ 성별, ⑤ 종교 또는 세계관, ⑥ 장애, ⑦ 연령(나이)과 함께 열거된 차별금지사유에 포함된다(AGG 제1조). 따라서 성정체성을 이유로 비교할 수 있는 상황에서 다른 사람보다 불리한 대우(eine weniger günstige Behandlung)를 하는 직접차별(unmittelbare Benachteiligung) 및 외관상 중립적이지만 특별히 일정한 사람들에게 불리한 규정이나 기준 또는 절차로서 합법적 목적에 의해 실질적으로(sachlich) 정당화되지 않거나 그 수단이 목적을 실현하는 데 적합(angemessen)하고 필요(erforderlich)하지 않은 간접차별(mittelbare Benachteiligung)은 금지된다(AGG 제3조 제1

6) 독일의 평등대우기본법(AGG)은 독일 법무부(Budesministerium der Justiz)의 법령정보 웹사이트(www.gesetze-internet.de)에서 참조.

항 및 제2항). 그밖에도 성정체성을 이유로 한 괴롭힘(Belästigung)과 차별의 지시(Anweisung zur Benachteiligung)도 차별행위로서 금지된다(동조 제3항 및 제5항).

4. 미 국

미국에서 트랜스젠더의 성정체성을 명시적인 차별금지사유로 열거하고 있는 주는 많지 않다. 예를 들어 ① 캘리포니아,[7] ② 워싱턴 D.C.,[8] ③ 뉴저지,[9] ④ 뉴멕시코,[10] ⑤ 로드아일랜드[11] 등의 주는 차별금지사유로 성정체성을 열거하고 있다. 한편 ① 콜로라도, ② 일리노이, ③ 메인, ④ 미네소타, ⑤ 워싱턴과 같은 주는 '성적 지향(sexual orientation)'을 이유로 한 차별[12]의 개념에 성정체성을 이유로 한 차별을 포함시켜 규정하기도 한다.[13] 그리고 하와이 같은 주는 '성별(sex)'의 개념에 성정체성을 포함시켜 규정하기도 한다.[14] 또한 차별금지사유로 성별이나 장애의 개념 안에 성정체성을

7) California Government Code §12926 및 §12949 참조.

8) D.C. CODE §§2-1401.01, 02, §§ 2-1402.11, 21, 31, 41, 71, 73 참조.

9) New Jersey Statutes §10:2-1; §10:5-12 참조.

10) New Mexico Statutes Annotated §28-1-7 참조.

11) State of Rhode Island General Laws Title 28, Chapter 28-5(Fair Employment Practices), § 28-5-3, §28-5-7; Title 11, Chapter 11-24(Hotels And Public Places), §11-24-2; Title 34, Chapter 34-37(Fair Housing Practices Act), §34-37-4, §34-37-4.3 참조.

12) 성적 지향을 이유로 한 차별의 금지에 관한 입법에 대해서는 이 책 제3장 제3절 참조.

13) Colorado Revised Code Title 24, Article 34, § 24-34-401 (7.5); Illinois Complied Statutes Chapter 775, 5/(Illinois Human Rights Act) Article 1, §775 ILCS 5/1 103 (O-1); Maine Revised Statutes Title 5, Chapter 337(Human Rights Act §4553 9-C; Minnesota Statutes Chapter 363A(Human Rights Act) §363A.03 Subd. 47; Revised Code of Washington Title 49, Chapter 49.60, §49.60.040 (15) 참조.

14) Hawaii Revised Statutes §489-2 (public accommodation); §515-3 (real

포함시켜 해석하는 경우도 있다.[15)]

하와이주와 로드아일랜드주의 법령에 따르면 성정체성은 "개인의 실제적 또는 인식된 성별 및 성정체성이나 성별에 관한 자기이미지 또는 성별과 관련된 외모나 표현(a person's actual or perceived gender, as well as a person's gender identity, gender-related self image, gender-related appearance, or gender-related expression)"을 포함하고, 이러한 "성정체성 또는 성별에 관한 자기이미지, 성별과 관련된 외모나 표현이 출생 당시의 성별에 전통적으로 부여된 것과 다른 것인지 여부는 중요하지 않다"고 규정한다.[16)] 한편 뉴멕시코주는 성체정성을 "출생 당시의 개인의 해부학적 신체구조나 성염색체 또는 성별과 일치하거나 반대되는 외모나 행동 또는 신체적 특징에 따라 남성 또는 여성으로 개인의 정체성을 확인하는 자기인식 또는 타인에 의한 인식(a person's self-perception, or perception of that person by another, of the person's identity as a male or female based upon the person's appearance, behavior or physical characteristics that are in accord with or opposed to the person's physical anatomy, chromosomal sex or sex at birth)"으로 정의한다.[17)]

---

property transactions) 참조.

15) 예를 들어 코네티컷주 인권·기회위원회(Connecticut Commission on Human Rights and Opportunities)는 트랜스젠더는 자신의 성정체성을 이유로 한 차별에 대해서 성차별의 범주에 포함시켜 진정을 제기할 수 있다고 결정한 바 있다. 또한 플로리다주의 지방법원도 성별불안증(gender dysphoria)을 가진 트랜스젠더는 플로리다주 인권법(Florida Human Rights Act)에 열거된 장애를 이유로 한 차별 및 장애를 가졌을 것이라는 추정에 근거한 차별에 포함될 수 있다고 판시한 바 있다. Smith v. City of Jacksonville Corr. Inst., 1991 Fla. Div. Adm., Hear. LEXIS 5990 Fla. Div. Admin. Hrgs. 1991 참조.

16) Hawaii Revised Statutes §515-2; State of Rhode Island General Laws §28-5-6 (10); §34-37-3 (17) 참조.

17) New Mexico Statutes Annotated Chapter 28, Article 1(Human Rights Act), §28-1-2 Q 참조.

III. 한국에서 트랜스젠더에 대한 차별의 시정

1. 법 령

현행 **국가인권위원회법**(2007. 5. 17. 법률 제8435호로 개정된 것)은 19가지의 차별금지사유를 열거하고 있다(동법 제2조 제4호). ① 성별, ② 종교, ③ 장애, ④ 나이, ⑤ 사회적 신분, ⑥ 출신지역(출생지, 등록기준지, 성년이 되기 전의 주된 거주지역 등을 말한다), ⑦ 출신국가, ⑧ 출신민족, ⑨ 용모 등 신체조건, ⑩ 기혼·미혼·별거·이혼·사별·재혼·사실혼 등 혼인 여부, ⑪ 임신 또는 출산, ⑫ 가족형태 또는 가족상황, ⑬ 인종, ⑭ 피부색, ⑮ 사상 또는 정치적 의견, ⑯ 형의 효력이 실효된 전과, ⑰ 성적(性的) 지향, ⑱ 학력, ⑲ 병력(病歷)이 그것이다.[18] 이 가운데 트랜스젠더에 대한 차별을 시정할 수 있는 차별금지사유로 '성정체성'은 포함되어 있지 않다. 따라서 성정체성을 이유로 한 차별을 스웨덴이나 영국의 입법례에서 볼 수 있듯이 성차별이나 성적 지향을 이유로 한 차별로 볼 수 있는지가 문제될 수 있다. 또한 성정체성을 일종의 정신질환으로 보는 경우에 병력(病歷)을 이유로 한 차별에 포함시킬 수 있는지에 관한 문제제기도 가능하다. 그리고 트랜스젠더는 심각한 성정체성의 혼란 또는 장애를 겪는 사람이기 때문에 일종의 장애로 포함시킬 가능성도 존재한다.

---

18) 국가인권위원회가 2006년 7월 24일 결정으로 권고한 차별금지법안은 20가지의 차별금지사유, 즉 "① 성별, ② 장애, ③ 병력, ④ 나이, ⑤ 출신국가, ⑥ 출신민족, ⑦ 인종, ⑧ 피부색, ⑨ 출신지역, ⑩ 용모 등 신체조건, ⑪ 혼인여부, ⑫ 임신 또는 출산, ⑬ 가족형태 및 가족상황, ⑭ 종교, ⑮ 사상 또는 정치적 의견, ⑯ 전과, ⑰ 성적 지향, ⑱ 학력(學歷), ⑲ 고용형태, ⑳ 사회적 신분"이 열거되어 고용형태가 추가되었지만 여전히 성정체성에 관한 언급은 빠져 있다. 국가인권위원회의 차별금지법안에 대한 검토로는 이준일, "차별금지법(안)에 대한 비교와 검토 및 대안의 제시," <안암법학>(안암법학회), 제25호(2007), 157면 이하 참조.

2. 비판과 대안

트랜스젠더에 대한 차별을 시정하기 위한 가장 확실한 방법은 성정체성을 차별금지사유로 명시하는 것이고, "등"으로 표현된 기타사유의 하나로 해석상 포함되는 것으로 이해하는 것도 차선의 방법이 될 수는 있다. 그밖에도 트랜스젠더의 성정체성을 이유로 한 차별은 성차별이나 장애차별 또는 성적 지향에 따른 차별에 포함시켜 이해하는 것도 가능하다. 다만 성정체성도 남성과 여성의 구분을 전제한다는 점에서 성차별로 해석하는 것은 비교적 용이한 반면에, 성정체성은 신체적 또는 정신적 기능의 결함이나 손상으로 인한 것이 아니라는 점에서 장애차별로 보기에는 어려움이 있고,[19] 자신의 성별에 대한 인식을 의미하는 성정체성과 자신과 반대의 또는 동일한 성별에 대한 성적 호감을 의미하는 성적 지향은 구분된다는 점에서 성적 지향에 따른 차별로 보는 것도 타당하지 않다. 한편 과거의 질병을 의미하는 병력은 트랜스젠더의 성정체성이 다시는 변경될 수 없다는 점에서 성정체성은 현재의 상태이지 과거의 상태가 될 수 없으므로 병력차별로 보기에도 무리가 따른다.

트랜스젠더는 이름과 성별의 변경 및 혼인에 관한 권리의 보장으로 이미 충분한 법적 보호를 받았다고 볼 수 없다. 트랜스젠더에 대한 편견과 고정관념이 존재하는 한 트랜스젠더는 여전히 차별의 대상이 되기 때문이다. 보편적인 사실이 되어버린, 남성과 여성이라는 성별의 이분법은 트랜스젠더의 소속을 불분명하게 만들 것이 분명하다. 심지어 성전환수술을 받은 트랜스젠더조차 생물학적 성별과 정신적 성별이 일치하는 남성과 여성에게는 자신과 동일한 남성이나 여성도, 그렇다고 자신과 반대되는 여성이나 남성도

19) 미국장애인법(ADA)은 명시적으로 성정체성이 장애의 개념에 포함되지 않는다는 규정을 두고 있다. ADA §511(U.S.C. §12211) 참조.

아니다. 이러한 특별한 존재는 일반적인 사람들의 편견을 불러일으키기 쉽고, 기껏해야 호기심의 대상이 될 가능성이 크다. 호기심이 자신과 다름(차이)[20]에 대한, 또는 자신이 가진 것을 갖고 있지 않은(결핍)[21] 대상에 대한 특별한 관심이라면, 그러한 관심이 끝나는 자리에는 그러한 차이에 대한 불편함이나 그러한 결핍에 대한 경멸이 찾아올 수 있다. 따라서 트랜스젠더와 일반인의 차이에서 연유하는 불편함이나 경멸이 차별로 이어지지 않도록 트랜스젠더에 대한 차별의 금지를 명시해야 할 시급한 필요성이 요구된다. 특히 엄격한 의미에서 성정체성은 성별이나 장애 또는 성적 지향과 구분되는 개념이므로 '성정체성'이라는 명시적인 차별금지사유를 규정하는 것이 트랜스젠더에 대한 차별을 금지할 수 있는 가장 효과적인 방법이 된다.

20) 신체적 성별과 정신적 성별이 일치하는 일반적인 현상과 비교할 때 신체적 성별과 정신적 성별이 불일치하는 특별한 현상에 대해서 인식할 수 있는 차이를 의미한다.

21) 생물학적 성별이 남성이면서 남성의 성기를 갖지 않거나 여성이라는 생물학적 성별에 속하면서 가슴을 절제한 사람에 대해서 가질 수 있는 인식을 의미한다.

제6절 트랜스젠더의 남은 권리들

I. 트랜스젠더에 대한 성폭력의 문제

1. 문제제기

트랜스젠더가 법적으로 성별변경을 허가받아 '변경된 성별'[1]에 관한 법적 효력이 적용되면 남성에서 여성으로 성별을 변경한 트랜스젠더에 대한 강간은 일반적 강간죄와 동일한 법리에 따라 해결될 수 있다. 하지만 앞서 살펴본 것처럼 엄격한 성별변경의 요건 때문에 성전환수술을 받았음에도 불구하고 법적으로 성별변경을 허가받지 못한 트랜스젠더가 존재할 수 있다. 또한 트랜스젠더가 법적 성별의 변경을 허가받았지만 모든 법적 영역에서 변경된 성별로 인정된다는 명시적인 법률규정이 없는 경우도 존재할 수 있다. 이 경우에 이들에 대한 강간사건이 발생했을 때 과연 이러한 트랜스젠더에 대해서도 동일한 법리를 적용할 수 있는가? 간단히 말해서 성별변경을 법적으로 인정받지 못했지만 이미 성전환수술을 완료한 경우, 또는 성별변경을 법적으로 인정받았지만 그 법적 효과의 범위에 대한 명시적인 법률규정이 없는 경우에도 트랜스젠더는 강간죄의 대상(객체)이 될 수 있는가?

---

1) 남성에서 여성으로 성전환을 한 사람(MTF)의 경우에는 여성으로서의 법적 성별, 여성에서 남성으로 성전환을 한 사람(FTM)의 경우에는 남성으로서의 법적 성별을 의미한다.

2. 판　례

대법원은 성별변경을 공식적으로 인정하기 이전인 1996년의 판례에서 성전환수술을 받은 트랜스젠더에 대한 강간죄의 성립을 인정하지 않았다(대법원 1996. 6. 11. 96도791 판결: 아래 [판례] 참조). 성전환수술을 받아 여성의 성기와 체형 및 성격을 가지고 여성으로 생활하고 있더라도 사회통념상 여성으로 볼 수 없기 때문이라고 한다. 앞서 살펴본 대로 2006년에 이르러서야 비로소 대법원은 트랜스젠더의 성별변경을 공식적으로 인정했고, 성별변경을 위한 지침도 마련했다. 따라서 앞으로 트랜스젠더에 대한 강간죄의 성립을 인정할 수 있는 근거는 충분하다고 판단된다.[2] 하지만 성별변경을 허가받기 위한 요건이 대단히 엄격하다는 점에서 성전환수술은 받았지만 성별변경을 허가받지 못한 트랜스젠더에 대한 강간죄의 성립을 인정할 것인지는 아직 예측하기 어렵다.

[판례] 트랜스젠더에 대한 강간
— 대법원 1996. 6. 11. 96도791 판결 —

[1] 형법 제297조는 '폭행 또는 협박으로 부녀를 강간한 자'라고 하여 강간죄의 객체를 부녀에 한정하고 있고 위 규정에서 부녀라 함은 성년이든 미성년이든, 기혼이든 미혼이든 불문하며 곧 여자를 가리키는 것이다. 무릇 사람에 있어서 남자, 여자라는 성(性)의 분화는 정자와 난자가 수정된 후 태아의 형성 초기에 성염색체의 구성(정상적인 경우 남성은 xy, 여성은 xx)에 의하여 이루어지고, 발생과정이 진행됨에 따라 각 성염색체의 구성에 맞추어 내부생식기인 고환 또는 난소 등의 해당 성선(性腺)이 형성되고, 이어서 호르몬의 분비와 함께 음경 또는 질, 음순 등의 외부성기가 발달하며, 출생 후에는 타고난 성선과 외부성기 및 교육 등에 의하여 심리적, 정신적인 성이 형성되는 것이다. 그러므로 형법 제297조에서 말하는 부녀,

---

2) 실제로 최근에 하급심법원에서 트랜스젠더를 강간죄의 객체(부녀)로 인정한 판례가 나온 점은 주목할 만하다. 부산지방법원 2009. 2. 18. 2008고합669 판결 참조.

즉 여자에 해당하는지 여부도 위 발생학적인 성인 **성염색체의 구성을 기본적인 요소**로 하여 성선, 외부성기를 비롯한 신체의 외관은 물론이고 심리적, 정신적인 성, 그리고 사회생활에서 수행하는 주관적, 개인적인 성역할(성전환의 경우에는 그 전후를 포함하여) 및 이에 대한 일반인의 평가나 태도 등 **모든 요소를 종합적으로 고려하여 사회통념에 따라 결정**하여야 한다.

[2] 피해자가 비록 어릴 때부터 정신적으로 여성에의 성귀속감을 느껴왔고 위의 성전환 수술로 인하여 남성으로서의 내·외부성기의 특징을 더 이상 보이지 않게 되었으며 남성으로서의 성격도 대부분 상실하여 외견상 여성으로서의 체형을 갖추고 성격도 여성화되어 개인적으로 여성으로서의 생활을 영위해 가고 있다 할지라도, 기본적인 요소인 성염색체의 구성이나 본래의 내·외부성기의 구조, 정상적인 남자로서 생활한 기간, 성전환 수술을 한 경위, 시기 및 수술 후에도 여성으로서의 생식능력은 없는 점, 그리고 이에 대한 사회 일반인의 평가와 태도 등 여러 요소를 종합적으로 고려하여 보면 위 피해자를 사회통념상 여자로 볼 수는 없다 할 것이다.

3. 비판과 대안

강간죄의 보호법익이 '성적 자기결정권'이라는 점에서 강간죄의 대상을 여성으로 한정할 필요는 없다. 따라서 영국의 입법례에서 볼 수 있는 것처럼[3] 강간대상의 성기를 중심으로 하는 강간죄 이해에서 벗어나 질 이외에 항문에 대한 성기삽입도 강간죄의 구성요건에 포함시켜야 한다. 그렇게 된다면 강간대상은 여성뿐만 아니라 남성도 포함되고, 성전환수술을 받은 트랜스젠더의 인공질이 '진정한 의미의 질'인지에 대한 불필요한 논쟁을 벗어나 트랜스젠더에 대한 강간죄의 성립을 충분히 정당화할 수 있다고 보인다. 질이든 항문이든, 또는 생물학적 여성의 질이든 트랜스젠더 여성의

---

3) 영국의 성범죄처벌법 [Sexual Offences Act 1956 (c. 69)]은 1994년 11월 3일 형법 [Criminal Justice and Public Order Act (c. 33)]에 의해 개정되면서 강간죄(rape)의 객체를 여성뿐만 아니라 남성으로 확대시키고(동법 제1조 제1항), 강간행위에 질성교(vaginal intercourse)와 함께 항문성교(anal intercourse)도 포함시켰다(동조 제2항).

인공질이든 본인의 의사에 반하여 강제로 타인의 몸속으로 성기를 삽입하는 것은 강간죄가 된다고 보아야 한다.

II. 성전환치료에 대한 국가부담의 문제

1. 문제제기

트랜스젠더는 많은 경우에 호르몬치료나 성전환수술과 같은 성전환증 치료를 원한다. 신체적 성별과 정신적 성별의 불일치로 오는 불안감은 반대의 성별이 가지는 신체적 특성을 갖도록 치료나 수술을 받는 경우에만 해소될 수 있기 때문이다. 하지만 성전환증 치료를 위해서는 그 기간이 길고, 특히 성전환수술의 경우에는 비용도 많이 드는 문제가 있다. 여기서 트랜스젠더의 성전환증 치료에 소요되는 비용을 국가 또는 건강보험에 부담시킬 수 있는지에 대한 논의가 필요하다.

2. 문제의 해결을 위한 대안

호르몬치료나 성전환수술이 불가피한 트랜스젠더에게는 비용의 부담을 완화시켜 줄 필요가 있다. 다른 질병과 마찬가지로 성전환증은 본인의 의사에 따라 결정된 것이 아니라 태어날 때부터 타고난 증상이기 때문이다. 특정한 질병을 건강보험의 대상에 포함시킬 것인지 여부는 국가가 정책적 차원에서 결정할 문제다. 여기서 국가는 다른 질병과의 관계를 고려하여 트랜스젠더에 대한 의료비 지원을 결정하게 된다. 트랜스젠더의 성전환증보다 더 시급하게 의료비를 지급해야 할 질병이 있다면 국가는 트랜스젠더에 대한 의료비 지원을 지원 대상에서 제외할 수도 있다. 결국 국가는 전체 건강보험 재정 안에서 지원해야 할 질병의 중요성을 평가하여 결정할 수밖에 없다. 여기서 국가는 트랜스젠더의 성전환증은 치료나 수술이 행해지지 않을 때 경우에 따라서는 트랜스젠더를 자살로까지 몰아갈 수 있는 심각한 증세라는 점을 인식할 필요가 있다. 특히 군대나 감옥처럼 본인의 의사만으로는 치료나 수술이 불가능한 폐쇄된 공간에서 생활하는 트랜스젠더의 경우에 국가가 치료나 수술에 필요한 의료비를 지원하지 않으면 전혀 예측하지 못한 불행한 결과가 초래될 수도 있다.[4)]

III. 트랜스젠더로서 사생활의 비밀에 관한 권리

1. 문제제기

앞서 논의한 것처럼[5)] 트랜스젠더는 소수자로서 일반인의 입장에서 편견이나 고정관념을 가지고 볼 수밖에 없기 때문에 차별의 대상이 되기 쉽다. 따라서 성전환수술을 받고 성별변경이 허가되었다고 하더라도 트랜스젠더는 자신이 트랜스젠더라는 사실을 밝히는 데 대해서 주저할 수밖에 없다. 그리고 본인 스스로 자신이 트랜스젠더라는 사실을 반드시 밝혀야 되는 이유도 없다. 따라서 본인의 의사에 따라 자신이 트랜스젠더라는 사실을 자유롭게 공개하기 전까지는 그런 사실을 공개하도록 강요당해서는 안 된다.

2. 문제의 해결을 위한 대안

트랜스젠더가 자신의 성정체성에 대해 자신의 의사에 반하여 공개되지 않도록 하기 위해서는 성전환증 치료를 담당한 의사 및

---

4) 이와 관련된 미국의 사례에 대해서는 이준일, “트랜스젠더의 헌법적 문제,” <고려법학>(고려대학교 법학연구원), 제50호(2008), 49면 각주 19) 이하 참조.

5) 이 책 제2장 제5절 참조.

참여자에게 법률상 '비밀유지의 의무'를 부과하고 강제하는 수단이 필요하다. 따라서 성전환자의 이름과 성별의 변경에 관한 법률을 제정하는 경우에 그 요건을 분명히 하는 것과 함께 성전환자에 관한 비밀유지의무와 의무불이행에 대한 형사적 또는 행정적 제재를 명시할 필요가 있다. 또한 국가도 동일한 의무가 있기 때문에 가족관계등록담당공무원에 대해서도 비밀유지에 관한 법적 의무를 규정할 필요성이 강하게 요구된다. 더 나아가 트랜스젠더의 성별변경이 가족관계등록상의 기록에 남지 않도록 새로운 가족관계등록부의 작성이 필요하다. 성별이 변경되었다는 사실이 가족관계등록상의 기록으로 계속해서 남게 되면 그 자체가 지속적으로 차별의 원인이 될 수 있기 때문이다. 그리고 교육기관이나 금융기관 또는 의료기관의 경우에도 트랜스젠더에 관한 정보를 누출시키지 않도록 주의의무를 부과하고, 누출된 경우에 책임을 물을 필요도 있다. 특히 한국의 경우에 남자학교나 여자학교가 존재하기 때문에 성별변경 이전의 학교기록에 관한 비밀이 보장되어야 한다.

IV. 청소년 트랜스젠더의 권리

1. 문제제기

자신의 성정체성에 대한 인식은 매우 어린 시기에 형성될 수 있다. 신체적 성별과 마찬가지로 정신적 성별도 이미 태어날 때부터 주어지는 것이라면, 그리고 그것이 변경될 수 없는 것이라면 트랜스젠더로서의 성정체성은 이미 타고나는 선천적인 것일 수 있다. 그럼에도 불구하고 아직 미성년자라는 이유로 아동과 청소년의 성정체성은 교정과 억압의 대상이 되기 쉽다. 트랜스젠더로서의 성정체성이 신체적 또는 정신적 미성숙에서 오는 잘못된 결과로 판단받기 쉽기 때문이다. 올바른 성정체성의 확립이라는 측면에서는 아동과 청소년의 경우에 자신의 성정체성에 관한 지속적인 상담과 대화가 필요하다. 앞서 독일의 판례에서 살펴본 것처럼[6] 25세 미만의 자에게 성별변경을 허용하지 않음으로써 성급하게 성전환수술을 받고 성별을 변경하여 나중에 생각이 바뀌어 다시 원래의 성별로 돌아가려고 해도 그렇게 할 수 없는 상황을 예방하는 것은 입법자에게 허용될 수 있다. 하지만 어차피 원래의 성별로 다시 돌아가기 어려운 트랜스젠더의 경우에는 미리 청소년 시기부터 반대의 성별로 사는 것이 어떤 것인지를 학습할 필요가 있다. 따라서 청소년인 트랜스젠더의 성정체성에 관한 상담과 대화의 과정은 미래의 삶에 대한 학습과 준비의 과정이어야 하지 교정과 억압의 과정으로 변질되어서는 안 된다.

2. 문제의 해결을 위한 대안

아동과 청소년에 대해서도 인격체로서 인정할 필요가 있기 때문에 그들의 성정체성에 대한 신중하고 섬세한 접근이 필요하다. 트랜스젠더로서의 성정체성을 가진 청소년이 보호받을 필요성도 있지만 단순한 호기심로 인해 일시적으로 성정체성의 혼란을 겪고 있는 청소년의 경우에는 남성 또는 여성으로서의 자신의 성정체성을 올바르게 정립시켜 줄 필요성도 있다. 따라서 청소년의 성정체성을 전문적으로 상담해줄 수 있는 **성정체성 상담기관의 설립**과 그 기관에서 전임자로 일할 수 있는 전문적인 **성정체성 상담가의 양성**이 필요하다. 그리고 이러한 상담기관과 상담가들은 청소년인 트랜스젠더가 반대의 성별로 자신의 삶을 살아갈 때 어떤 삶을 살아야 하는지에 대한 충분한 지식과 정보를 제공해줄 수 있도록 자격과 자질이 갖춰질 필요가 있다.

---

6) 이 책 제2장 제2절 Ⅱ. 1. (3) 참조.

Sexuality and Law

제3장 | 성적 지향과 동성애자의 권리

Constitutional and Legal Issues in Gender Identity, Sexual Orientation and HIV/AIDS

제1절

문제제기

I. 성적 지향과 고정관념

일반적으로[1] 남자는 여자를 좋아하고, 여자는 남자를 좋아한다. 자신의 성별과 반대의 성별(opposite sex)인 사람에게 호감을 가지고 매력을 느끼는 것이 시대와 공간을 뛰어넘어 인간사회의 대체적인 경향이다. 하지만 여러 가지 자료들에서 이미 수천년 전부터 동성(same sex)인 사람에게 성적 호감을 느끼는 사람들이 있었고, 지금도 여러 나라에서 자신과 같은 성별[2]을 가진 사람에게 성적 매력을 느끼는 사람들이 살고 있다는 사실을 확인할 수 있다. 물론

---

1) 이성애적 성적 지향은 말 그대로 '일반적인' 것이므로 동성애적 성적 지향을 가진 사람들이 자신을 그러한 '일반(一般)'에서 '이반(離反)'한 '이반(二般)'으로 부르는 것에는 다의적 수사학이 내포되어 있다.

2) 앞서 트랜스젠더의 문제를 다루면서 살펴본 것처럼 성별은 신체적/생물학적 성별과 함께 정신적 성별이 중요하기 때문에 여기서 말하는 성별은 양자를 모두 의미한다. 따라서 신체적 성별이 서로 같은 사람들 사이에서 성적 호감이나 매력이 느껴지는 경우뿐만 아니라 정신적 성별이 서로 같은 사람들이 성적 호감이나 매력을 느끼는 경우까지 동성애로 지칭할 수 있다. 중요한 것은 신체적 성별과 정신적 성별이 불일치하는 트랜스젠더의 경우에는 정신적 성별이 그 사람의 성별을 결정하는 기준이 되므로 신체적 성별과 상관없이 정신적 성별에 따라 본인의 성별과 같은 성별의 사람에게 성적 호감이나 매력을 느끼면 동성애자로 볼 수 있다. 예를 들어 신체적 성별은 남성이지만 본인을 여성으로 인식하는 트랜스젠더(MTF)의 경우에 성전환수술 여부와 상관없이 이 사람이 여성(신체적 성별과 정신적 성별이 일치하는 여성)에게 성적 매력이나 호감을 느끼게 되면 신체적 성별로만 보면 이성애자로 분류할 수 있지만 정신적 성별까지 고려하면 동성애자가 된다.

이런 사람들은 소수(minority)에 지나지 않는다. 따라서 이성애적 성적 지향을 가진 다수(majority)의 사람들의 관점에서 이성애는 '정상적'이고 동성애는 '비정상적'이라는 상식 또는 고정관념이 오랫동안 사람들의 생각을 지배해왔다. 중요한 것은 이러한 상식이나 고정관념이 특별한 성적 지향을 가진 소수의 사람들을 구별하고 배제하는 근거가 되어왔다는 점이다.

II. 성적 지향과 결혼

사람들은 보통 성적으로 호감과 매력을 느끼는 사람과 결혼하기 때문에 '한 남자와 한 여자'가 결혼하는 것은 상식에 속한다. 남자가 남자에게 또는 여자가 여자에게 성적 호감이나 매력을 느낄 수 없는 것이 인간사회의 일반적인 현상이다. 따라서 대부분의 국가에서 법과 제도는 남자와 여자가 결혼하는 것만을 허용한다. 특히 종교적 전통과 문화가 강하게 지배하는 국가에서 성직자들은 남자와 여자의 결혼을 당연한 것으로 여기고, 그러한 결혼에 대해서만 종교적 의식을 거행한다. 물론 법적으로 또는 종교적으로 인정받은 결혼만을 가치있는 것으로 생각하지 않는 사람들은 자신들의 결혼이 법과 제도 또는 종교의 권위와 의식에 따라 공식적으로 인정받을 수 있는지 여부에 관심이 없다. 이런 사람들에게 법과 제도 또는 종교에 의해 인정받지 못할 수도 있는 동성커플(same - sex couple)을 형성하는 것도 문제가 되지 않는다. 하지만 법과 제도에 의해 인정받지 못하는 결혼은 매우 불편하고, 심지어 많은 불이익을 초래할 수도 있다. 법과 제도가 인정하는 결혼에 대해서만 입양, 상속, 이혼 등에 관한 법적 효과가 발생하기 때문이다. 이것은 단지 종교적으로 축복받지 못하는 결혼의 불이익과 비교할 때 매우 현실적이고 실질적인 불이익이 될 수 있기 때문에 당사자들에게는 매우 가혹한 결과를 초래하게 된다.

III. 성적 지향과 차별

남자는 여자에 대해서, 여자는 남자에 대해서 성적 호감이나 매력을 느끼는 것이 일반적인 경향이므로 남자가 남자에 대해서, 여자가 여자에 대해서 성적 호감이나 매력을 갖는 것은 특별한 경향에 속한다. 따라서 일반적인 경향에 속한 사람들은 특별한 경향에 속한 사람들이 '다르다(different)'는 생각(구분), 더 나아가 '틀리다(wrong)'는 생각(편견)을 가질 수 있다. 이러한 구분과 편견이 차별을 만들어낸다. 일반적 경향을 가진 다수의 관점에서 모든 사람은 남자라면 여자를 사랑하고, 여자라면 남자를 사랑해야 한다. 따라서 남자이면서 남자를 사랑하여 그 남자와 섹스하거나 결혼하는 것, 여자이면서 여자를 사랑하여 그 여자와 섹스하거나 결혼하는 것은 일종의 '미친 짓'에 해당할 수 있다. '미친 짓'은 치료가 필요한 질병일 수도 있지만 사람들은 그런 '미친 짓'을 하는 사람들을 일단 잘못된 사람들로 구분하고 차별하는 경향이 있다. 특히 그러한 '미친 짓'이 치료될 수 없는 타고난 성향일 경우에는 그런 행위를 하는 사람들이 환자일 수도 없지만 더 나아가 결코 잘못된 사람들일 수도 없다.

IV. 성적 지향에 대한 처벌

남자와 여자가 사랑하고 결혼하는 것이 당연한 것이라면 남자와 남자의 사랑이나 결혼 또는 여자와 여자의 사랑이나 결혼은 이상하고 비정상적인 것이다. 그리고 사랑하거나 결혼한 사람들 사이에서만 성행위가 허용된다는 것도 당연한 것이라면 사랑하거나 결혼할 수 없는 남자와 남자, 그리고 여자와 여자가 성행위를 하는 것은 이상하고 비정상적인 것일 뿐만 아니라 비판받아야 하고 처벌받아야 한다는 의식이 규범화되고 제도화될 수 있다. 동성간에 성행위를 하는 것은 결혼한 사람이 배우자 이외의 사람과 성행위를 하거나 근친간에 성행위를 하는 것과 같게 취급되었고, 심지어 짐승과 성행위를 하는 수간(獸姦)행위와 다름이 없다고 평가받아 왔다. 국가는 이런 행위를 하는 사람들에게 형사적 제재(형벌)라는 매를 들고 감시하고 통제하기 시작했다. 하지만 사랑이나 섹스라는 것이 다 그렇듯이 매를 들어 겁주고 혼낸다고 제어될 수 없는 인간의 기본적인 감정과 욕망에 속하는 것이라는 사실을 깨닫는 데는 그리 오랜 시간이 걸리지 않았다. 수간처럼 명백하게 통제되어야 할 행위가 아니라면 결혼한 사람이 배우자 이외의 사람과 간통하는 행위(adultery)도 형사적 제재가 합리적이지 않다는 인식이 확산되고,[3] 성행위가 금지되는 근친의 범위도 축소될 수밖에 없었던 것이다.

---

3) 간통행위에 대한 형사적 제재, 즉 간통죄의 존치와 폐지에 관해서는 이준일, <인권법: 사회적 이슈와 인권>, 제2판(2009), 제5장 참조.

제2절

혼인할 권리

I. 혼인의 개념

혼인은 전통적으로 한 사람의 남성과 한 사람의 여성이 결합하는 것으로 인식되어 왔다. 혼인과 가정의 본질적 기능을 생식(reproduction), 즉 자녀의 출산으로 인식해온 것이 가장 큰 이유다. 하지만 혼인과 가정의 의미는 점차 변화되고 있다. 혼인과 가정은 구성원들의 사랑과 헌신, 그리고 배려와 보호에 본질적 의미가 있다는 인식이 확산되고 있는 것이다. 또한 자녀의 출산을 원하지 않는 부부도 늘고 있고, 애초에 임신이 불가능한 부부도 많다는 사실은 자녀의 출산이 혼인과 가정의 중요한 구성요소이기는 하지만 필수적인 구성요소는 아니라는 인식에 설득력을 부여하고 있다. 심지어 인공임신(artificial insemination)[1]을 통한 출산의 가능성도 열리면서 혼인이 반드시 남성과 여성의 결합(이성간의 결합)을 의미해야 한다는 확고한 전제는 그 기초를 잃어가고 있는 듯하다.

더욱 실제적인 문제는 사실혼관계와 거의 유사한 형태로 공동생활(동거)을 지속하고 있는 동성커플의 숫자가 증가하고 있다는 엄

---

1) 인공임신은 성교행위(sexual intercourse)에 의하지 않는 임신방식으로 정자와 난자를 시험관에서 수정시키거나(Intracervical insemination) 정자를 자궁에 주입시키는(Intrauterine insemination) 기술이 사용된다. 부부 또는 사실혼관계의 커플이 다양한 원인으로 임신이 불가능할 때 이용한다. 보통은 상대방의 정자가 사용되지만 타인의 정자를 기증받아 사용하기도 한다. 최근에는 혼자 사는 여성 또는 여성 동성커플(lesbian)이 자녀를 갖는 방법으로 이용되고 있다.

연한 현실이다. 이러한 현실적인 문제를 고려하지 않은 채 계속해서 방치하면 동성커플은 법적 보호의 안전망으로부터 벗어나 매우 불안한 법적 지위에 놓일 수밖에 없다. 동성커플을 구성한 당사자 모두가 항상 사회적 약자라고 볼 수는 없지만 당사자 가운데 한 사람이 사회적 약자인 경우에 동성커플의 관계가 정리된 후 사회적 약자에 대한 법적 보호가 필요하게 된다. 특히 동성커플의 가정에 포함된 아이들(동성커플을 구성하기 이전의 혼인관계에서 출산하거나 입양한 아이들과 동성커플을 구성한 후에 인공임신 등을 통해 출산한 아이들)의 입장에서 보면 이들에 대한 법적 보호를 포기하는 것은 매우 비인도적인 행위가 될 수도 있다.

이에 따라 세계 각국은 동성커플을 보호하는 법제도를 구비하기 위해 노력하고 있다. 이러한 노력의 핵심에 놓인 가장 중요한 쟁점은 동성커플을 기존의 혼인제도에 포함시킬 수 있는지 여부다.[2] 따라서 어떻게 보면 문제는 매우 간단하다. 동성커플은 혼인할 수 있는가? 다시 말해 동성커플은 혼인상태에 있든지 혼인이 아닌 상태에 있어야 한다. 만약 동성커플을 혼인상태에 있는 것으로 볼 수 없다면 그 다음 문제는 동성커플에 대한 다른 형태의 법적 보호를 제공할 것인지 여부다. 그리고 법적 보호를 제공한다면 어떠한 법제도를 통해 동성커플을 보호할 것인지 하는 점이 문제가 된다. 더 구체적으로는 동성커플을 보호하는 법제도를 통해 동성커플에 부여하는 법적 효과(권리와 의무)를 혼인상태에 있는 이성커플에게 부여하는 법적 효과와 동일하게 인정할 것인지 아니면 다르게 인정할 것인지 하는 점이다. 이하에서는 동성커플을 혼인에 포함시켜 보호하는 입법례를 먼저 살펴보고, 다음으로 혼인을 대체하는 제도를 만들어 동성커플을 보호하는 입법례를 고찰해보기로 한다.

2) 동성커플의 혼인허용여부에 대해서는 이준일, "헌법상 혼인의 개념," <공법연구>(한국공법학회), 제27집 제3호(2009), 165면 이하 참조.

II. 동성간의 혼인을 인정하는 입법례

1. 네덜란드

네덜란드는 2001년 4월 1일부터 시행된(공포일은 2000년 12월 21일) 개정민법에 따라 혼인의 개념에 동성간의 혼인을 포함시킴으로써 **전세계에서 최초로 동성간의 혼인을 인정**한 국가로 기록되고 있다. 네덜란드 민법[3]에 의하면 "혼인은 이성간 또는 동성간의 계약으로 성립된다"(동법 제30조). 이미 1998년부터 실시된 동반자관계등록제도[4]는 혼인을 대체하는 제도로서 이성커플과 동성커플 모두에게 열려 있었다. 따라서 네덜란드에서는 이성커플이든 동성커플이든 상관없이 모든 커플은 혼인이나 등록된 동반자관계 가운데 하나를 선택하여 형성할 수 있다. 이것은 앞서 언급한 대로[5] 네덜란드의 경우에는 형성된 커플의 구성원이 어떤 성별을 가지고 있는지는 전혀 중요하지 않다는 것을 의미한다. 결국 네덜란드에서는 커플을 형성하려고 하는 사람들이 어떤 형식의 커플을 선택할 것인지의 문제만 남아 있을 뿐이다.

2007년 현재 혼인한 72,485쌍 가운데 동성간 혼인은 1,371쌍(남성간 혼인 663쌍과 여성간 혼인 708쌍)으로 대략 2퍼센트 정도를 차지한다(아래 [표] 참조). 이것은 동성간 혼인이 처음으로 인정된 2001년의 2,414쌍과 비교해보면 거의 절반 수준으로 감소된 숫자다. 이러한 통계에 대해서는 여러 가지 해석이 가능하다. 아무래도 동성간 혼인이

---

3) 네덜란드 개정민법 가운데 동성간 혼인을 허용하는 부분에 대한 영문번역은 네덜란드 라이덴(Leiden)대학 법대 Kees Waaldijk 교수의 웹사이트(www.emmeijers.nl/waaldijk) 참조.

4) 네덜란드의 동반자관계등록제도에 대해서는 이 책 제3장 제2절 Ⅲ. 5. 참조.

5) 이 책 제2장 제4절 Ⅱ. 1. 참조.

최초로 인정된 사정이 크게 작용했을 것이라는 추정이 가능하다. 사실 2004년 이후로 동성간에 혼인한 커플은 1,200~1,300여 쌍 정도로 안정화되는 추세에 있다. 아무튼 동성간의 결합도 혼인으로서 법적 보호를 받을 수 있는 네덜란드식 해결책이 동성간의 결합을 법적으로 보호하기 위한 모범이 될 수 있는지에 대해서는 논란이 계속되고 있다. 이러한 논란 속에서 같은 유럽에 속한 **벨기에**(2003년)[6]와 **스페인**(2005년)[7] 그리고 **노르웨이**(2009년)[8]와 **스웨덴**(2009년)[9]도 동성간의 혼인을 허용하는 국가의 대열에 합류했다. 입양을 포함하여 동성간 혼인은 이성간 혼인과 동일한 법적 효력을 갖는 경우도 있지만 동성간 혼인에 대해서는 대체로 입양이 허용되지 않는다.

---

6) 2003년 9월 1일부터 동성간 혼인을 합법화한 벨기에의 경우에 2005년 7월 기준으로 대략 2,500쌍의 동성커플이 혼인상태에 있고, 이것은 전체 혼인의 3퍼센트를 차지한다는 통계가 있다. http://www.365gay.com/newscon05/07/072205belgium.htm 참조. 동성간 혼인에 관한 벨기에의 입법과정과 현황에 대해서는 인권단체 'Religious Tolerance'의 웹사이트(www.religioustolerance.org) 참조.

7) 스페인에서 동성간 혼인은 2005년 6월 30일 의회를 통과하여 같은 해 7월 3일부터 발효되었다. 스페인의 동성간 혼인에 관한 입법과정과 분위기를 잘 묘사하고 있는 기사는 2005년 6월 30일자 뉴욕타임즈(http://www.nytimes.com/2005/06/30/international/europe/30cnd-spain.html)와 2005년 7월 1일자 워싱턴포스트(http://www.washingtonpost.com/wp-dyn/content/article/2005/06/30/AR2005063000245.html) 참조.

8) 노르웨이 의회는 2008년 6월 11일 찬성 84명, 반대 41명으로 동성간 혼인을 허용하는 법률을 통과시켰다. 이 법률의 가장 큰 특징은 여성 동성커플에게 인공수정에 의한 임신을 통해 자녀를 갖도록 허용하면서 정자제공자의 신원을 확인하여 자녀가 18세가 될 때 자신의 생물학적 아버지를 찾을 수 있도록 한 점이다. 자세한 내용은 AFP통신의 기사(http://afp.google.com/article/ALeqM5jko_BIHizUFFqUtmEaUrAEoPXFWw) 참조.

9) 스웨덴의 경우에 동성간 혼인을 허용하는 법률은 2009년 4월 1일 찬성 261명, 반대 22명으로 의회를 통과하여 같은 해 5월 1일부터 시행되었다. 자세한 내용은 스웨덴 정부의 웹사이트에 소개된 기사(http://www.sweden.se/eng/Home/Lifestyle/Reading/Sweden-says-I-do-to-same-sex-marriage/) 참조.

[표] 네덜란드의 혼인과 동반자관계 통계

(단위: 쌍)

		2001	2002	2003	2004	2005	2006	2007
혼인	이성간	79,677	83,970	78,928	72,231	71,113	71,157	71,114
	남성간	1,339	935	735	579	570	579	663
	여성간	1,075	903	764	631	580	633	708
	합 계	82,091	85,808	80,427	73,441	72,263	72,369	72,485
동반자관계	이성간	2,847	7,774	9,577	10,573	10,699	10,182	9,945
	남성간	285	269	262	261	279	295	269
	여성간	245	278	280	322	329	324	336
	합 계	3,337	8,321	10,119	11,156	11,307	10,801	10,550
혼인 ⇩ 동반자관계	이성간	1,177	4,730	5,272	5,425	4,955	3,867	3,141
	남성간	5	19	27	41	45	38	29
	여성간	7	40	30	50	45	48	50
	합 계	1,189	4,789	5,329	5,516	5,045	3,953	3,220

자료: 네덜란드 통계청(Central Bureau of Statistics)
통계정보(Statistics Netherlands) 웹사이트(www.cbs.nl)
* 2001년의 동성간 혼인은 이 제도가 시작된 4월 1일부터의 통계
** 2009년 3월 16일 현재 네덜란드 추정인구수는 16,500,000명

2. 캐 나 다

2005년 혼인법(Civil Marriage Act)[10]이 제정됨으로써 캐나다는 동성간 혼인을 법적으로 인정하게 된다.[11] 이 법률에 따르면 혼인은

---

10) 캐나다 하원(House of Commons)은 2005년 6월 28일 찬성 158명, 반 대 133명으로 동성간 혼인을 합법화하는 법률안(Bill C-38)을 통과시켰다. 이에 관한 자세한 내용은 캐나다 방송사인 CBC의 웹사이트 기사(http://www.cbc.ca/canada/story/2005/06/28/samesex050628.html), 워싱턴포스트의 기사(http://www.washingtonpost.comwp-dyn/content/article/2005/06/28/AR2005062800858.html) 및 뉴욕타임즈 기사(http://www.nytimes.com/2005/06/29/international/americas/29canada.html) 참조. 그리고 상원은 같은 해 7월 19일에 같은 법률안을 통과시켰고, 이 법률은 7월 20일부터 발효되었다.

11) 캐나다에서 동성간 혼인이 합법화되는 과정에 대해서는 이준일, "헌법상 혼인의 개념 – 동성간 혼인의 헌법적 허용가능성," <공법연구>(한국공법학회),

"두 사람 사이의 합법적이고 배타적인 결합(the lawful union of two persons to the exclusion of all others)"을 의미한다(동법 제2조). 따라서 혼인은 이성간의 결합에 한정되지 아니하며, 동성간의 결합도 혼인의 개념에 포함된다. 같은 이유에서 배우자가 동성이라는 이유로 혼인이 무효가 되거나 취소될 수는 없다(동법 제4조). 다만 종교단체의 사제(officials of religious groups)는 자신의 종교적 신념과 일치하지 않는 혼인의식의 거행을 거부할 수 있는 자유가 인정된다(동법 제3조). 또한 개인이나 단체는 동성간 혼인과 관련하여 헌법(Canadian Charter of Rights and Freedoms)상 보장된 양심 및 종교의 자유를 행사하였거나 이러한 자유에 따라 혼인은 이성간의 결합이라는 자신의 신념을 표현하였다는 이유만으로 법률에 의해 급부를 박탈당하거나 의무나 제재를 부과받지 않는다(동법 제3.1조). 동성애자에 대한 인권침해를 금지하면서도 동시에 동성애에 반대하는 종교적 신념을 보호하는 조화로운 입법으로 평가할 수 있다.

3. 남아프리카공화국

남아프리카공화국은 2006년부터 전통적인 혼인제도와 함께 시민결합(civil union)이라는 제도를 법적으로 인정하고 있다.[12] 이러한 시민결합에는 두 가지 형태가 있다. 하나는 혼인이고, 다른 하나는 동반자관계(civil partnership)다. 혼인이든 동반자관계든 시민결합의 형성은 이성간뿐만 아니라 동성간에도 가능하다. 따라서 시민결합의 한 형태로서의 혼인은 동성간의 혼인을 가능하게 만들었고, 시민결합의 다른 형태인 동반자관계는 동성간의 동반자관계와 이성간의 동반자관계도 가능하게 만들었다. 남아프리카공화국의 경우에 동성

제27집 제3호(2009), 173면 이하 참조.

12) 2006년 11월 30일 남아프리카공화국 의회가 동성간 혼인을 허용한 후 나타난 반응에 대해서는 워싱턴포스트의 기사(http://www.washingtonpost.com/wp-dyn/content/article/2006/11/30/AR2006113001370.html) 참조.

간의 혼인 또는 동반자관계를 허용하고 있지만 그 법적 근거가 기존의 혼인에 관한 법적 근거와 독립적이라는 점에서 여전히 혼인대체제도로서의 의미가 남아 있다. 따라서 남아프리카공화국의 시민결합제도에 대해서는 아래(III. 13.)에서 혼인대체제도를 논의하면서 다시 자세하게 설명하기로 한다.

4. 미 국

(1) 판례와 입법을 통한 동성간 혼인의 합법화

미국에서 판례나 입법을 통해 동성간 혼인을 인정하는 주로는 **매사추세츠주, 코네티컷주, 아이오와주, 버몬트주, 메인주, 뉴햄프셔주**가 있다. 2003년 11월 18일 메사추세츠주대법원은 동성간의 결합을 금지하는 것은 주헌법에 위반된다고 결정하였다.[13] 또한 코네티컷주대법원도 2008년 10월 10일 동성커플에게 시민결합(Civil Union)만을 인정하고 혼인을 금지하는 것은 성적 지향에 따른 차별대우로서 코네티컷주헌법에 보장된 평등원칙에 위반된다고 판시하였다.[14] 그리고 2009년 4월 3일 아이오와주대법원은 동성간 혼인을 금지하는 법률이 역사적으로 차별받아온 사람들을 헌법적으로 충분한 정당화 없이 민사제도에서 배제함으로써 주헌법상의 평등원칙을 위반한다고 판시하였다.[15] 이상의 3개 주대법원 판례에 나타난 공통점은 동성간 혼인의 금지가 무엇보다도 헌법상 보장된 평등원칙에 위반된다는 점을 지적하고 있는 부분이다. 그밖에 버몬트주[16], 메인주,[17]

---

13) Goodridge v. Department of Public Health, 440 Mass. 309, 798 NE2d 941 (Mass. 2003) 참조.

14) Kerrigan v. Commissioner of Public Health, 289. Conn. 135, 957 A.2d. 407 (Conn.2008) 참조.

15) Varnum v. Brien, 763 N.W.2d 862 (Iowa 2009) 참조.

16) 2000년 동성간의 시민결합(civil union)에 관한 입법을 통해 미국에서 최초로 동성커플을 합법화한 버몬트주는 동성간 혼인에서도 이를 법률로써 인정한 미국 최초의 주가 되었다. 2009년 4월 7일 버몬트주에서 동성간 혼인이 인정된 뒤의 분위기에 대해

뉴햄프셔주[18]는 2009년 동성간 혼인을 허용하는 법률을 차례로 제정함으로써 법원의 판례에 의한 강제 없이 동성간 혼인을 법적으로 수용하였다. 이로써 동성간 혼인을 인정하는 미국의 주는 6개(판례로써 인정한 3개와 법률로써 인정한 3개)에 이르고 있다.

한편 캘리포니아주의 경우에 2004년 2월 샌프란시스코시장이 동성커플에게도 혼인증명서를 발부하도록 지시하자 캘리포니아주대법원은 같은 해 3월 동성커플에 대한 혼인증명서발급을 중지하도록 명령하는 결정을 하였고, 8월에는 기존의 발급된 혼인증명서가 무효라는 결정을 하였다.[19] 하지만 2008년 5월 동성간 혼인을 금지하는 것은 캘리포니아주헌법에 위반된다는 결정이 내려지면서[20] 동성커

서는 뉴욕타임즈의 기사(http://www.nytimes.com/2009/04/08/us/08vermont.html)와 워싱턴포스트의 기사(http://www.washingtonpost.com/wp-dyn/content/article/2009/04/07/AR2009040701663.html) 참조.

17) 동성간 혼인을 허용하는 메인주 법률의 공식명칭은 '혼인상 차별의 철폐 및 종교의 자유의 확보를 위한 법률(An Act to End Discrimination in Civil Marriage and Affirm Religious Freedom)'이다. 2009년 5월 6일 의회를 완전히 통과함과 동시에 주지사가 서명한 이 법률은 혼인의 개념을 "두 사람의 결합(union of 2 people)"으로 정의함으로써(동법 Sec. 2. 19-A MRSA §650-A) 메인주에서 형성된 동성간 혼인을 인정할 뿐만 아니라 다른 주에서 합법적으로 인정된 동성간 혼인에 대해서도 법적 효력을 부여하고 있다(동법 Sec. 3. 19-A MRSA §650-B).

18) 뉴햄프셔주에서 동성간 혼인을 허용하는 법률은 2009년 4월 29일 상원을 통과했고, 6월 3일 하원을 통과했는데 결혼의식을 거행해야 하는 성직자들이 동성간 혼인에 참여하기를 거부할 수 있는 권한을 부여하고 있다는 점이 특징이다. 이에 관한 자세한 내용과 그 후의 여론에 대해서는 뉴욕타임즈의 같은 해 4월 29일자 기사(http://www.nytimes.com/2009/04/30/us/30marriage.html)와 6월 3일자 기사(http://www.nytimes.com/2009/06/04/us/04marriage.html) 참조. 한편 동성간 혼인을 허용하는 뉴햄프셔주의 법률은 2010년 1월 1일부터 시행된다.

19) Lockyer v. City & County Of San Francisco / Lewis v. Alfaro, 33 Cal.4th 1055 (Cal. 2004) 참조.

20) In re Marriage Cases, 43 Cal.4th 757, 76 Cal.Rptr.3d 683, 183 P.3d 384 (Cal. 2008) 참조.

플에게도 혼인증명서가 발급되었으나 같은 해 11월 동성간 혼인을 금지하는 주민투표(Proposition 8)가 통과되어 동성간 혼인은 다시 금지되기에 이른다. 2009년 5월 26일 캘리포니아주대법원은 동성간 혼인을 금지하는 주민투표는 정당하고, 주민투표 이전에 동성커플에게 발급된 혼인증명서는 유효하다는 결정을 하게 된다.[21)]

[판례] Goodridge v. Department of Public Health 사건
— 2003. 11. 18. 메사추세츠주대법원 판례 —

[사건개요] ① 글로리아(Gloria Bailey, 2001년 제소 당시 60세 - 이하 모두 제소 당시의 나이)와 린다(Linda Davies, 55세)는 30년 동안, ② 모린(Maureen Brodoff, 49세)과 엘렌(Ellen Wade, 52세)은 20년 동안 12세 된 딸과 함께, ③ 힐러리(Hillary Goodridge, 44세)와 줄리(Julie Goodridge, 43세)는 13년 동안 5세 된 딸과 함께, ④ 게리(Gary Chalmers, 35세)와 리차드(Richard Linnell, 37세)는 13년 동안 8세 된 딸 및 리차드의 어머니와 함께, ⑤ 하이디(Heidi Norton, 36세)와 지나(Gina Smith, 36세)는 11년 동안 각각 5세, 1세 된 두 아들과 함께, ⑥ 마이클(Michael Horgan, 41세)과 데이비드(David Balmelli, 41세)는 7년 동안, ⑦ 데이비드(David Wilson, 57세)와 로버트(Robert Compton, 51세)는 4년 동안 데이비드의 어머니가 죽을 때까지 그녀와 함께 헌신적 관계(committed relationship)로 살아오고 있다. 이들은 자신들의 관계를 공적으로 인정받고, 혼인한 부부와 그 자녀에게 인정되는 법적 보호와 혜택을 향유하기를 원한다. 2001년 3월과 4월에 이들은 혼인증명서 발급을 행정기관에 신청하였지만 메사추세츠주에서 동성간 혼인은 인정되지 않는다는 이유로 거부당했다. 이에 2001년 4월 행정기관을 상대로 소송을 제기하였지만 기각당하자 항소했다.

[결정요지] 동성간 혼인의 금지는 합리적 근거 없이 동성간에 결

21) 동성간 혼인을 금지하는 캘리포니아주대법원의 결정이 있은 후의 반응은 2009년 5월 26일자 뉴욕타임즈의 기사(http://www.nytimes.com/2009/05/27/us/27marriage.html)와 워싱턴포스트의 기사(http://www.washingtonpost.com/wp-dyn/content/article/2009/05/26/AR2009052600363.html) 참조.

합된 가정에 심각하고 가혹한 부담을 준다. 특히 자녀가 양육되고 교육받으며 사회화되는 안정적 가족제도에 대한 보장으로부터 나오는 엄청난 혜택을 향유하지 못하도록 만든다. 이처럼 부모의 성적 지향을 이유로 동성커플의 자녀가 주가 제공하는 혜택으로부터 배제함으로써 불이익을 주는 것은 합리적인 근거가 없다. 또한 혼인의 우선적 목적이 생식(procreation)이라는 주정부의 주장은 타당하지 못하다. 혼인의 필수조건(sine qua non)은 자녀의 출산이 아니라 "혼인 당사자 상호간의 배타적이고 영원한 헌신(exclusive and permanent commitment of the marriage partners to one another)"이기 때문이다. 그리고 동성간 혼인을 인정한다고 해도 사회적으로 혼인이 차지하는 근본적 가치가 침해되지도 않는다. 동성간 혼인도 배타성과 상호부양 및 상호헌신이라는 혼인의 신성한 책임을 부담하기 때문이다. 결국 혼인이란 "배우자로서 모든 다른 사람들에 대해서 배타적인 두 사람의 자발적 결합(the voluntary union of two persons as spouses, to the exclusion of all others)"을 의미한다. 따라서 단지 동성간의 혼인이라는 이유만으로 혼인제도가 부여하는 보호와 혜택 및 책임으로부터 배제하는 것은 메사추세츠주헌법에 위반된다.

[판례] In re Marriage Cases 사건
— 2008. 5. 15. 캘리포니아주대법원 판례 —

[결정요지] ① 동성커플에게 혼인을 허용해도 혼인한 부부에게 부과된 동일한 책임과 의무를 다해야 하므로 이성커플의 권리를 박탈하거나 혼인제도의 법적 기본구조를 변경시키지 않는다는 점, ② 전통적인 혼인개념을 유지하면서 동성커플에게 다른 이름의 가족관계를 보장하는 것은 동성커플의 공식적 가족관계가 평등한 존엄을 향유한다는 사실에 대한 의심을 가져올 개연성이 있어 동성커플과 그 자녀에게 상당한 해악이 된다는 점, ③ 동성커플이 역사적으로 경험한 광범위한 차별을 고려할 때 동성커플에게 혼인제도를 인정하지 않는 것은 동성커플의 헌신적 관계가 이성커플의 그것보다 열등한 지위(lesser stature)에 있다는 사실에 대한 공식적 견해를 반영하는 것처럼 보일 개연성이 크다는 점, ④ 동성커플에게 분리되고 구별된 제도를 인정함으로써 동성커플은 법적으로 불리하게 대우해도 되는 "2등 시민(second-class citizens)"이라는 일반적 가정

을 영속화시킬 수 있다는 점을 고려할 때 이성커플에게만 혼인을 인정하는 법률은 캘리포니아주헌법에 위반된다.

[판례] Kerrigan v. Commissioner of Public Health 사건
— 2008. 10. 10. 코네티컷주대법원 판례 —

[사건개요] ① 엘리자베스(Elizabeth Kerrigan)와 조안(Joanne Mock), ② 자넷(Janet Peck)과 캐롤(Carol Conklin), ③ 제럴딘(Geraldine Artis)과 수잔(Suzanne Artis), ④ 제프리(Jeffrey Busch)와 스테픈(Stephen Davis), ⑤ 마틴(J. E. Martin)과 데니스(Denise Howard), ⑥ 존(John Anderson)과 개럿(Garrett Stack), ⑦ 바바라(Barbara Levine-Ritterman)와 로빈(Robin Levine-Ritterman), ⑧ 다마리스(Damaris Navarro)와 글로리아(Gloria Searson)는 동성커플로 이 가운데 20년 이상을 동거해온 커플도 있고, 공동으로 자녀를 양육했거나 양육하고 있다. 하지만 주법에 따라 동성간 혼인이 금지되기 때문에 이들 커플들은 혼인관계로 인정받지 못해 혼인증명서 발급이 거부되었다. 이에 동성간 혼인에 대한 금지는 주헌법상 보장된 평등원칙에 위반된다고 하면서 2004년 8월 24일에 소송을 제기하였다.

[결정요지] 동성애자(gay men and lesbians)가 경험해온 가혹한 차별의 역사를 고려할 때, 그리고 혼인제도는 시민결합이라는 새로 형성된 집단에 포함되지 않은 지위와 중요성을 가지고 있기 때문에 이성커플과 동성커플을 분리된 제도로 구분하는 것은 상당한 해악(cognizable harm)이 된다고 본다. 또한 (1) 우리 주의 제도는 성적 지향에 따라 차별하고 있고, (2) 미국연방헌법상의 평등원칙에 비추어 성별(gender)에 따른 분류와 동일한 이유로 성적 지향은 주헌법에 따라 유사의심사안(quasi-suspect)에 속하며, 따라서 동성애자를 차별하는 주법은 엄격심사 또는 중간심사(heightened or intermediate judicial scrutiny)를 받아야 하고, (3) 주는 혼인제도에서 동성커플을 배제하는 충분한 이유를 제시하지 못하였다. 동성커플에 대한 불리한 대우는 중간심사(intermediate level of scrutiny)에 의해서도 위헌이라는 우리의 입장에서 볼 때 성적 지향은 의심스러운 사안(suspect)으로서 동성간 혼인을 금지하는 것은 적법절차를 침해하면서 기본권을 침해하고 평등원칙을 위반하여 성별을 이유로 한 차별이므로 엄격한 심사(stricter standard of review)를 요구한 원고의 주장과는 일치하지

않는다. 주법은 성적 지향을 이유로 동성애자를 차별하여 헌법에 위반된다는 우리의 결론에 따라 원심법원의 판결을 기각하고 원고승소판결을 요구한다.

[판례] Varnum v. Brien 사건
— 2009. 4. 3. 아이오와주대법원 판례 —

[사건개요] 간호사, 기업간부, 보험분석가, 은행직원, 전업주부, 교회오르간연주자 겸 피아노교사, 박물관관리자, 연방공무원, 사회복지사(social worker), 교사 각 1명 및 2명의 퇴직교사로 구성된 6쌍의 동성커플은 수년 동안 헌신적 관계(committed relationships)에 있고, 이 가운데 자녀를 양육하는 커플도 있다. 이들은 이성간의 혼인만을 허용하는 아이오와주 혼인법에 따라 혼인으로 인정받지 못함으로써 혼인한 이성커플이 향유하는 혜택과 법적 보호를 누리지 못하였다. 이에 동성간 혼인을 금지하는 것은 아이오주헌법이 그들에게 보장한 혼인할 권리와 평등권을 침해한다고 주장하면서 소송을 제기하였다.

[결정요지] ① 아이오와주헌법이 보장하는 평등이란 "유사한 상황에 있는 모든 사람은 비슷하게 대우받아야 한다(all persons similarly situated should be treated alike)"는 요청을 의미한다. 동성간 혼인의 등록을 거부한 지방자치단체는 동성간 혼인은 자연적으로 생식할 수 없으므로 이성간 혼인과 유사한 상황에 있지 않다고 주장한다. 유사한 상황에 있다는 것은 단지 집단을 분류하는 특성의 소유에서 유사하다는 것만을 의미하지 않는다. 또한 유사한 상황이란 모든 점에서 동일하다는 의미도 아니다. 평등은 법의 목적을 고려하여 유사한 상황에 있는 사람을 비슷하게 대우하도록 요청한다. 따라서 의미있는 평가가 가능하기 위해서는 반드시 법의 목적이 고려되어야 한다. 혼인을 규정한 법의 목적은 헌신적 관계(committed relationship)에 있는 사람들에게 기본적인 상호적 권리/의무에 관한 제도를 제공하고, 양 당사자의 법적 지위를 인정하는 데 있다. 이러한 법의 목적을 고려할 때 동성커플은 이성커플과 비교할 때 헌신적 관계에 있고, 그들의 법적 지위를 인정함으로써 그들에게 기본적인 상호적 권리/의무에 관한 제도를 제공하게 된다는 점에서 유사한 상황에 있다.

② 한편 동성간 혼인에 대해서 혼인의 혜택을 거부하는 것은 동성애

자임과 상당히 관련되어 있어서 동성애자 집단을 겨냥하고 있음이 분명하다. 이처럼 성적 지향을 이유로 한 차별은 가혹한 차별의 역사, 차별받는 집단의 고유한 특성과 그 구성원의 능력과의 관계, 차별집단의 특성이 불가변적인지 여부, 해당 집단의 정치적 영향력을 고려할 때 합리성 심사보다 강화된 심사(heightened scrutiny), 즉 중도심사(intermediate scrutiny)가 행해져야 한다. 중도심사를 통과하기 위해서 차별적 법률은 "중요한 국가적 목적과 실질적으로 관련되어(substantially related to an important governmental objective)" 있어야 한다.

③ 하지만 우선 '전통적 혼인제도의 유지'가 동성커플의 차별을 위한 국가적 목적이 될 수 있다는 것은 순환적 논증에 불과하다. 그리고 '자녀양육을 위한 최적의 환경 보장'이라는 국가적 목적의 경우에도 혼인한 부부라도 자녀양육에 최적의 환경을 제공하지 못할 수 있고, 동성간 혼인의 금지로 인해 동성커플의 자녀양육 자체가 금지되는 것도 아니며, 자녀양육을 원하지 않는 동성커플도 있다는 점에서 동성혼의 차별과 실질적으로 관련이 되는 것은 아니다. 또한 동성간 혼인을 금지함으로써 생식이 증진될 것이라는 가설은 증거가 없기 때문에 '생식의 증진'이라는 국가적 목적도 동성커플에게 혼인을 인정하지 않는 것과 관련이 없다. 그밖에 동성간 혼인을 금지함으로써 이성간 관계의 안정성이 향상되거나 주정부의 재정적 부담이 감소될 것이라는 추정도 증거가 없으므로 '이성간 관계의 안정성 증진' 또는 '재정의 유지'와 같은 국가적 목적도 동성간 혼인의 금지와 실질적 관련이 없다. 결론적으로 동성간 혼인을 금지하는 법률조항은 "상당히 설득력있는 근거 없이(without an exceedingly persuasive justification)" 헌법이 보장한 평등의 요청을 동성애자들에게 거부하는 것으로 헌법적 정당성이 없다.

(2) 헌법개정과 입법을 통한 동성간 혼인의 금지

반면에 1998년에 알래스카, 2002년에 네바다, 2004년에 미주리 등 29개 주가 헌법을 개정하여 혼인은 "남녀간의 결합(union of one man and one woman)"[22]으로 한정된다는 명시적 규정을 둠으로써

22) 표현양식은 각 헌법마다 조금씩 다르다. 예를 들어 "between one man and one woman"이나 "between a man and a woman" 또는 "between a male person

동성간의 혼인을 금지(ban)하고 있다(아래 [표] 참조). 헌법개정을 통해서만 법원의 판결로 동성간 혼인이 합법화되는 것을 막을 수 있다고 판단했기 때문이다. 2003년 동성간 혼인을 합법화하는 메사추세츠주대법원의 결정이 있은 직후인 2004년에 집중적으로 많은 주가 동성간 혼인을 금지하는 헌법개정을 했다는 사실은 이 점을 분명하게 보여준다. 법률상 혼인의 개념을 남녀간의 결합으로 규정한 13개의 주까지 포함하면 **미국의 42개 주**(판례를 통해 동성간 혼인의 금지를 위헌으로 결정한 3개 주를 제외하면 39개 주)**가 동성간의 혼인을 명시적인 법적 규정을 통해 금지**하고 있는 것이다(아래 [표] 참조). 이것은 미국에서 여전히 동성간 혼인을 금지하는 주가 절대적으로 다수를 차지하고 있다는 뜻이다.

심지어 헌법의 규정을 통해 동성간의 결합에 대한 모든 법적 보호를 금지하는 주도 있다(아래 [표] 참조). 이러한 주의 헌법에 따르면 "혼인과 유사한 결합(union replicating marriage)"(앨라배마주헌법 제1장 제36.03조), "혼인과 동일하거나 실질적으로 유사한 법적 상태(legal status identical or substantially similar to that of marriage)"(아칸소주헌법 제83조 제2항; 켄터키주헌법 제233A조; 루이지애나주헌법 제12장 제15조; 텍사스주헌법 제1장 제32조; 위스콘신주헌법 제13장 제13조), "유사혼인관계(other quasi-marital relationship)"(사우스다코타주헌법 제19조 제1항), "남녀간의 역사적 제도 및 법적 계약 이외의 다른 것(anything other than the historical institution and legal contract between one man and one woman)"(테네시주헌법 제11장 제18조)은 어떠한 법적 효력도 인정될 수 없기 때문에 동성간의 결합은 전혀 법적인 보호를 받을 수 없게 된다. 반면에 헌법상 또는 법률상 동성간의 혼인을 금지한다고 해도 동성간의 결합에 대한 법적 보호는 제공하는 주도 있다(아래 [표] 참조).

---

and a female person"이라는 표현도 사용되지만 의미는 동일하다.

한편 연방법으로서 1996년에 **혼인보호법**(Defence of Marriage Act: DOMA)이 제정되어 혼인을 오로지 이성간으로 결합으로 한정하고 있다(1 U.S.C. §7). 다만 동성간의 혼인을 인정하지 않을 수 있는 권한과 다른 주에서 인정된 혼인을 거부할 수 있는 권한을 각 주에 부여함으로써 동성간 혼인의 금지에 대한 최종결정권은 각 주가 가지고 있다(28 U.S.C. §1738c).

[표] 혼인에 관한 미국 각 주의 입법태도

주:states	헌법상 동성간 혼인금지 (헌법개정 연도)	법률상 동성간 혼인금지	헌법상 동성간 결합에 대한 법적 보호의 금지	헌법상 또는 법률상 동성간 결합에 대한 보호
Alabama	O (2006)	O	O	
Alaska	O (1998)	O		
Arizona	O (2008)	O		
Arkansas	O (2004)	O	O	
California	O (2008)	O		domestic partnership (2006)
Colorado	O (2006)	O		
Connecticut		O		civil union (2005) 동성간 혼인허용 (2008 판례)
Delaware		O		
District of Columbia				domestic partnership (2002)
Florida	O (2008)	O		
Georgia	O (2004)	O	O	
Hawaii		O		reciprocal beneficiaries (1997)
Idaho	O (2006)	O	O	
Illinois		O		
Indiana		O		

Iowa		O		동성간 혼인허용 (2009 판례)
Kansas	O (2005)	O	O	
Kentucky	O (2004)	O	O	
Louisiana	O (2004)	O	O	
Maine				domestic partnership (2004) 동성간 혼인허용 (2009 입법)
Maryland		O		domestic partnership (2008)
Massachu-setts				동성간 혼인허용 (2003 판례)
Michigan	O (2004)	O	O	
Minnesota		O		
Mississippi	O (2004)	O		
Missouri	O (2004)	O		
Montana	O (2004)	O		
Nebraska	O (2000)	O	O	
Nevada	O (2002)	O		
New Hampshire				civil union (2008) 동성간 혼인허용 (2010 입법)
New Jersey				civil union (2007)
New Mexico				
New York				
North Carolina		O		
North Dakota	O (2004)	O	O	
Ohio	O (2004)	O	O	
Oklahoma	O (2004)	O	O	

Oregon	O (2004)	O		domestic partnership (2008)
Pennsyl-vania		O		
Rhode Island				
South Carolina	O (2006)	O	O	
South Dakota	O (2006)	O	O	
Tennessee	O (2006)	O	O	
Texas	O (2005)	O	O	
Utah	O (2004)	O	O	
Vermont				civil union (2000) 동성간 혼인허용 (2009 입법)
Virginia	O (2006)	O	O	
Washington		O		domestic partnership (2007)
West Virginia		O		
Wisconsin	O (2006)	O	O	domestic partnership (2009)
Wyoming		O		
	총 29개 주	**총 42개 주**	**총 19개 주**	**총 14개 주**

자료: 미국 동성애자 인권단체 Human Rights Campaign의 웹사이트(www.hrc.org)에 실린 <Statewide Marriage Prohibitions> <Relationship Recognition in the U.S.> 및 미국 동성애자 인권단체인 Lambda Legal의 웹사이트(www.lambda legal.org)

* 애리조나주는 2006년에도 동성간 혼인을 금지하는 주민투표를 실시하였으나 부결되었다.

** 하와이주의 경우에 주헌법은 입법자(의회)에게 이성간의 결합에 대해서만 혼인을 인정할 수 있는 권한을 부여하고 있어 동성간 혼인을 헌법상 금지하는 주로 분류되기도 한다.

5. 정 리

네덜란드에서부터 시작하여 유럽 5개국, 미국(6개 주)과 캐나다, 남아프리카공화국에 이르기까지 전세계적으로 분포되어 있기는 하지만 전체적으로 보면 동성간 혼인을 허용하는 국가는 아직 많지 않다. 무엇보다도 혼인은 '이성(남성과 여성)간의 신성한 결합'이라는 견고한 신념이 많은 사람들의 머릿속에 자리잡고 있기 때문인 것으로 보인다. 그리고 혼인의 주된 기능은 여전히 '생식과 출산'이라는 고정관념도 한 몫을 하고 있다. 게다가 이성의 부모가 '자녀의 양육에 더 유익'할 것이라는 추정까지 근거로 보태진다. 그러한 신념과 고정관념, 그리고 추정이 객관적으로 타당한지에 대해서는 많은 국가에서 계속 논쟁중이다. 아무튼 분명한 것은 이러한 세계적 흐름에서 대한민국도 자유롭지 못하다는 사실이다. 우리도 이제 이러한 논쟁에 적극적으로 참여하여 찬성하든 반대하든 분명한 입장과 이성적 대안을 제시해야 할 때가 되었다고 본다. 이를 통해서만 동성간 혼인에 절대적으로 반대하는 기독교계의 종교적 신념을 보호하면서도 동성애적 성적 지향을 가진 사람들의 권리가 충분히 반영될 수 있는 합리적인 법과 제도를 마련할 수 있을 것으로 보인다.[23]

---

23) 이에 관한 모범은 동성간 혼인을 허용하면서도 종교기관에 대해서는 예외를 인정하고 있는 미국 메인주의 법률에서 찾아볼 수 있다. '혼인상 차별의 철폐 및 종교의 자유의 확보를 위한 법률' Sec. 5. 19-A MRSA §655, sub-§3: "이 법률에 의해서 법원이나 그 밖의 국가기관 또는 지방자치단체는 메인주헌법 제1장 제3조 또는 미국 수정헌법 제1조에서 보장하는 특정한 종교적 신념의 전통 안에 있는 종교기관의 종교적 교리, 정책, 교육, 혼인의식의 거행을 어떠한 방식으로도 강요, 금지 또는 방해할 권한을 부여받지 않는다. 혼인의식을 거행하는 권한을 가진 사람으로서 혼인의식에 거행하지 않거나 거부하는 자는 이를 이유로 벌금이나 그 밖의 처벌을 받지 않는다. (This Part does not authorize any court or other state or local governmental body, entity, agency or commission to compel, prevent or interfere in any way with any religious

III. 동성간의 혼인대체제도를 인정하는 입법례

1. 덴 마 크

동성간의 결합을 법적으로 보호하기 위한 대체제도의 가장 오래된 모범은 덴마크의 '동반자관계등록제도'로 알려져 있다. **1989년 제정된 동반자관계등록법** [lov om registreret partnerskab; Registered Partnership Act, 1989 (Act No. 372 of June 1, 1989 - 시행일: 1989년 10월 1일): 이하 'RPA'로 약칭][24]에 따르면 동성인 두 사람은 동반자관계(partnerskab)를 등록할 수 있다(RPA 제1조). 따라서 이성커플은 동반자관계로 등록할 수 없다. 등록된 동반자관계는 몇 가지 예외를 제외하고는 혼인과 법적으로 거의 동일한 보호를 받는다. **동성커플에 대한 세계 최초의 법적 보호**로 기록되고 있는 덴마크의 동반자관계제도는 이후 동성커플을 혼인제도가 아닌 대체제도를 통해 보호하고자 하는 세계 각국의 모델이 되었다.

덴마크의 동반자관계등록법에 따르면 동반자관계를 형성하고자 하는 두 사람 가운데 적어도 한 사람은 덴마크 국적을 가지고 덴

---

institution's religious doctrine, policy, teaching or solemnization of marriage within that particular religious faith's tradition as guaranteed by the Maine Constitution, Article 1, Section 3 or the First Amendment of the United States Constitution. A person authorized to join persons in marriage and who fails or refuses to join persons in marriage is not subject to any fine or other penalty for such failure or refusal.)"

24) 덴마크의 동반자관계등록법의 영문번역은 프랑스 동성애자 인권단체 la France Gaie et Lesbienne: France Queer Resources Directory의 웹사이트(www.france.qrd.org)에서 참조. 그리고 덴마크의 동반자관계등록제도에 대해서는 덴마크 동성애자 인권단체 Landsforeningen for Bøsser og Lesbiske(The Danish National Association of Gays & Lesbians: LBL) 웹사이트(www.lbl.dk) 참조.

마크에 2년 이상 주소지를 가지고 있어야 하고, 외국인인 경우에는 두 사람 모두 등록 직전 2년 이상 덴마크에 주소를 가지고 있었어야 한다(RPA 제2조 제2항). 다만, 노르웨이, 스웨덴, 아이슬랜드의 국민은 덴마크 국민과 동일한 대우를 받는다. 그밖에 덴마크의 동반자관계등록제도에 상응하는 제도를 가진 국가의 국민이 덴마크 국민과 동일한 규정이 적용되는지 여부에 대해서는 법무부장관이 결정할 수 있다(동조 제3항). 일정한 제한이 따르기는 하지만 국민뿐만 아니라 외국인에게도 동반자관계가 인정된다는 점이 덴마크 동반자관계등록제도의 특징이다.

이미 혼인하였거나 동반자관계를 형성한 자에게는 이전의 혼인관계나 동반자관계를 해소하지 않고서는 동반자관계를 형성할 수 없도록 함으로써 **중혼금지원칙**(일부일처제)을 동반자관계에도 적용한다(덴마크 혼인법 제9조). 혼인이나 동반자관계의 상태에 있는 자가 동반자관계를 형성한 경우에는 3년 이하의 징역형에 처해진다(덴마크 형법 제208조 제1항).[25] 또한 혼인한 부부와 마찬가지로 동반자관계를 형성한 당사자에게 부부공동재산(joint property)의 분할의무를 부과한다(덴마크 상속법 제17조 제2항).

등록된 동반자관계는 입양을 제외한 모든 영역에서 **혼인과 동일한 법적 효력**을 가진다(RPA 제3조 제1항 및 제4조 제1항). 그리고 혼인과 배우자(spouse)에게 적용되는 법률은 동반자관계와 동반자(partner)에게 동일하게 적용된다(RPA 제3조 제2항). 1999년 법률의 개정으로 상대방의 자녀를 입양하는 것은 허용된다. 또한 2007년 1월부터는

---

25) 동반자관계를 형성한 당사자의 일방이 상대방의 혼인이나 동반자관계에 대해서 알지 못한 경우에는 사실상 상대방을 속인 것이므로 형이 가중되어 6년 이하의 징역에 처해진다. 한편 혼인이나 동반자관계의 상태에 있지 않은 자가 혼인이나 동반자관계의 상태에 있는 자와 동반자관계를 형성한 경우에는 1년 이하의 금고 또는 징역에 처해진다(덴마크 형법 제208조 제3항)

타인으로부터 제공받은 정자를 이용한 인공임신도 동성커플에게 허용되었다. 등록된 동반자관계의 해소에는 이혼에 관한 규정이 준용되고, 등록된 동반자관계가 해소된 경우에도 혼인이 해소된 경우에 적용되는 것과 동일한 법적 효력이 발생한다.

동성간의 동반자관계가 허용된 1989년에만 640명(남성커플 518명, 여성커플 122명)이 동반자관계를 등록하였다.[26] 최근의 증가추세를 보면 2008년 1월 1일 현재 누적통계는 3,294쌍이고, 2009년 1월 1일 현재 누적통계는 3,543쌍으로 250쌍 정도가 증가했다. 신규로 동성커플을 형성한 커플은 2007년에 425쌍(남성커플 189쌍, 여성커플 236쌍), 2008년에 441쌍(남성커플 187쌍, 여성커플 254쌍)이다. 2007년과 2008년에 혼인한 부부가 각각 36,576쌍과 37,376쌍인 것과 비교하면 동성커플은 1.2퍼센트 정도의 비율을 차지한다.

[표] 덴마크의 동반자관계 통계 (신규)

(단위: 쌍)

	1999	2000	2001	2002	2003	2004	2005	2006	2007	2008
남성커플	160	177	178	140	148	134	176	177	189	187
여성커플	136	131	169	163	172	199	218	223	236	254
누적통계	1,829	1,992	2,166	2,315	2,468	2,641	2,833	3,045	3,294	3,543

* 누적통계는 다음해의 1월 1일 기준

자료: 덴마크 통계청의 웹사이트(www.dst.dk)

26) 덴마크의 동반자관계에 관한 통계는 덴마크 통계청의 웹사이트(www.dst.dk) 참조.

[표] 동반자관계에 있는 사람 (누적) 통계

(단위: 명)

	동반자관계에 있는 남성		동반자관계에 있는 여성	
	합 계	해 소	합 계	해 소
1990	518	1	122	0
1991	1,102	6	333	8
1992	1,400	26	491	22
1993	1,602	67	626	38
1994	1,777	105	704	79
1995	1,898	162	862	102
1996	2,050	210	961	147
1997	2,194	255	1,107	180
1998	2,275	322	1,266	218
1999	2,384	375	1,449	253
2000	2,556	410	1,636	304
2001	2,722	467	1,822	346
2002	2,895	519	2,061	389
2003	3,024	570	2,238	479
2004	3,147	625	2,430	544
2005	3,235	681	2,718	582
2006	3,374	754	3,002	659
2007	3,541	798	3,286	722
2008	3,761	824	3,596	802
2009	3,943	874	3,955	870

* 매년 1월 1일을 기준으로 한 통계
** 2009년 4월 1일 현재 덴마크의 추정인구: 5,515,287명
자료: 덴마크 통계청의 웹사이트(www.dst.dk)

2. 노르웨이

노르웨이의 경우 **1993년**에 만들어진 **동반자관계등록법** [Lov 30 april 1993 nr 40 om registrert partnerskap; Act No. 40 of 30 April 1993 relating to Registered Partnership – 시행일: 1993년 8월 1일][27]에 따르면 18

27) 노르웨이의 동반자관계등록법은 노르웨이 법령정보사이트(www.lovdata.no) 및 노르웨이 아동·평등부(Ministry of Children and Equality) 웹사이트(www.

세 이상인 동성의 두 사람은 동반자관계(partnerskap)로 등록할 수 있었다. 이미 등록된 동반자관계 또는 혼인의 상태에 있는 자는 새로 등록하는 동반자관계를 형성할 수 없다. 노르웨이에서 중혼(bigamy)은 형법상의 범죄행위에 해당한다. 따라서 동반자관계를 법적으로 인정하지 않는 외국에서 혼인을 허가받은 경우에 노르웨이법상으로는 중혼이 되기 때문에 처벌을 받을 수 있다. 동반자관계의 당사자들 가운데 최소한 1인은 노르웨이 국민이어야 하고, 두 사람 중 한 사람은 노르웨이에 거주하고 있어야 한다. 덴마크, 아이슬랜드, 스웨덴 국민은 노르웨이 국민과 동일하게 대우받는다. 국왕은 노르웨이의 동반자관계법에 상응하는 법률을 가진 국가의 국민이 노르웨이 국민과 동일하게 대우받을 수 있는지 여부에 대해서 결정할 수 있다. 두 사람 모두 외국인인 경우에는 적어도 한 사람이 등록 직전에 2년 동안 노르웨이에 거주하고 있어야 한다. 따라서 합법적으로 노르웨이에 체류하고 있는 외국인에게도 예외적으로 동반자관계를 형성할 수 있는 권리가 부여된다.

동반자관계의 등록으로 교회에서 의식을 거행할 수 있는 권리와 입양에 관한 권리를 제외하고는 혼인과 동일한 법적 효력이 발생한다(동법 제3조 및 제4조). 다만, 2002년 1월 1일부터 법률개정으로 동반자관계에 있는 상대방의 자녀를 입양(stepchild adoption)할 수는 있다. 또한 국민연금법(National Insurance Act)상의 급여나 세법상의 혜택 또는 상속법상의 상속권과 관련해서도 동반자는 배우자와 동일하게 취급받는다.

동반자관계는 당사자 일방의 사망이나 이혼으로 해소된다. 동반자관계를 해소하기 위하여 이혼을 청구하는 경우에 1년 이상의 별거(separation)가 필요하다. 별거를 위해서는 지방자치단체장(county

regjelingen.no)에서 참조.

governor)의 허가를 받아야 하고, 16세 미만의 자녀가 있는 경우에는 허가를 받기 전에 의무적으로 중재(mediation)를 거쳐야 한다. 별거하는 기간 동안은 여전히 동반자관계에 있기 때문에 새로운 동반자관계를 형성하거나 혼인할 수 없다. 한편 2년 이상을 동거(cohabitation)하지 않은 경우에도 이혼의 청구가 가능하다. 이혼의 결정도 통상 지방자치단체장이 하지만 권리남용(abuse)이나 중혼을 이유로 이혼하는 경우에는 법원이 결정한다.

동반자관계등록법이 처음 시행된 1993년의 경우에 8월 1일부터 등록한 동반자관계는 156쌍(남성커플 115쌍, 여성커플 41커플)이었고, 가장 최근인 2008년의 경우에 224쌍(남성커플 90쌍, 여성커플 134쌍)의 동성커플이 동반자관계로 등록하였다.[28] 2008년에 혼인한 커플의

[표] 노르웨이의 혼인 및 동반자관계 통계(신규)

(단위: 쌍)

		1993	1994	1995	1996	1997	1998	1999	2000
혼 인		18,741	19,866	20,981	22,478	22,933	22,349	23,456	25,356
동반자관계	합 계	156	133	98	127	117	115	144	154
	남성간	115	86	64	80	74	71	82	78
	여성간	41	47	34	47	43	44	62	76
		2001	2002	2003	2004	2005	2006	2007	2008
혼 인		22,967	24,069	22,361	22,354	22,392	21,721	23,471	25,125
동반자관계	합 계	185	183	204	192	192	227	267	224
	남성간	108	105	116	107	97	102	110	90
	여성간	77	78	88	85	95	125	157	134

* 2009년 4월 1일 현재 노르웨이의 추정인구: 4,812,200명
자료: 노르웨이 통계청의 웹사이트(www.ssb.no)

28) 노르웨이의 동반자관계 관련 통계는 노르웨이 통계청(Statistics Norway)의 웹사이트(www.ssb.no) 참조.

수가 2만 5천여 쌍인 것과 비교해보면 동성커플은 대략 100분의 1(0.9퍼센트) 정도에 지나지 않는다. 누적통계로 보면 **2009년 1월 1일을 기준**으로 등록된 동반자관계를 형성하고 있는 인구수는 **총 4,029명**(남성커플 2,139명, 여성커플 1,890명)에 이른다(혼인상태에 있는 인구수는 1,716,272명). 어쨌든 2009년 1월 1일부터 동성간 혼인이 허용됨에 따라 동반자관계등록제도는 폐지되었다.

3. 스 웨 덴

(1) 등록된 동반자관계

스웨덴은 **1994년** 제정된 **동반자관계등록법** [Registration of Partneship Act (1994: 1117)][29)]에 따라 동성커플에 대해서 등록된 동반자관계(registrerat partnerskap)를 인정하고 있었다. 동반자관계의 등록을 위해서는 두 사람 가운데 한 사람은 스웨덴 국민이어야 하고, 적어도 한 사람은 스웨덴에 거주해야 한다(동법 제1장 제2조). 당사자 일방이 18세 미만이거나 일정한 범위의 근친간인 경우, 그리고 이미 혼인상태에 있거나 동반자관계를 형성하고 있는 경우에는 동반자관계를 형성할 수 없다(동법 제1장 제3조). 동반자관계를 등록할 때에는 증인이 필요하고, 두 사람이 동시에 등록관청에 출석해야 한다. 두 사람이 각각 출석하는 경우에는 등록담당자(판사 또는 행정공무원)의 질문에 등록에 대한 합의의 의사를 표시해야 한다(동법 제1장 제7조).

동반자관계에 대해서는 모든 영역에서 **혼인과 동일한 법적 효력**이 발생한다(제3장 제1조). 종래에 동반자관계에 있는 동성커플에게는 입양이 금지되었으나 법률의 개정으로 2003년 2월부터 두 사람의(jointly) 자녀로 입양하거나 상대방의 자녀를 입양할 수 있는 권리가

29) 스웨덴의 동반자관계법 영어전문은 스웨덴 정부 웹사이트(www.sweden.gov.se)에서 참조.

인정되었다.[30] 다만 국제입양의 경우에는 입양되는 아이의 국가가 동성커플에 대해서 가지는 정책을 고려하여 일정한 제한이 따른다. 동반자관계는 당사자 일방의 사망이나 법원의 결정으로 해소된다 (동법 제2장 제1조). 동반자관계의 해소와 관련해서도 혼인법상 혼인의 해소(이혼)에 관한 규정이 적용된다.

동반자관계등록법이 시행된 1995년에 665쌍(남성커플 498쌍, 여성커플 167쌍)이 동반자관계를 등록하였다.[31] 하지만 1996년에는 그 절반도 되지 않는 319쌍(남성커플 201쌍, 여성커플 118쌍)으로 격감하였고, 1997년에 262쌍(남성커플 158쌍, 여성커플 104쌍), 1998년에 250쌍 (남성커플 158쌍, 여성커플 92쌍)으로 점차 감소하였다. 1999년에 다시 287쌍(남성커플 154쌍, 여성커플 133쌍)으로 증가한 뒤 매년 증가추세에 있고, 2008년에는 814쌍(남성커플 311쌍, 여성커플 503쌍)까지 증가하였다. 2000년 이후 2008년까지 동반자관계로 등록한 **동성커플의 숫자는 대략 혼인한 커플수의 1~1.5퍼센트** 정도를 보여주고 있다. 2009년 5월 1일부터 동성간에도 혼인이 허용되는 법률에 따라 기존의 동반자관계등록법은 폐지되었지만 기존의 동반자관계는 그대로 효력을 유지하고, 원하면 혼인관계로 변경할 수도 있다.

(2) 동거인관계

스웨덴에서 동성커플은 '동거인관계(cohabitee relationship)'를 통해서도 법적인 보호를 받는다. 혼인이나 동반자관계와 비교할 때 부양의무가 없다든지 상속권이 인정되지 않기 때문에 제한적이기는 하지만 동거인관계가 종료된 후 당사자에게 재산분할권이 인정된다

30) 동반자관계에 있는 동성커플의 입양에 대해서는 스웨덴 법무부가 제공한 설명서(Fact Sheet: Homosexual partnership and adoption, 2003) 참조. 이 설명서는 스웨덴 정부 웹사이트(www.sweden.gov.se)에서 내려받음.

31) 스웨덴의 동반자관계 통계는 스웨덴 통계청(Statistiska centralbyrån)의 웹사이트(www.scb.se) 참조.

[표] 스웨덴의 혼인 및 동반자관계 통계 (신규)

(단위: 쌍)

		2001	2002	2003	2004	2005	2006	2007	2008
혼 인		35,778	38,012	39,041	43,088	44,381	45,551	47,898	50,332
동반자관계	합 계	381	422	497	567	593	660	650	814
	남 성	195	212	240	285	244	278	262	311
	여 성	186	210	257	282	349	382	388	503

* 2009년 5월 31일 현재 스웨덴의 추정인구수: 9,283,722명
자료: 스웨덴 통계청의 웹사이트(www.scb.se)

는 점에서 동거인관계는 특별히 주목할 필요가 있다. 이러한 재산분할권에 따라 공동재산은 원칙적으로 당사자들에게 동등하게 배분됨으로써 동거인관계가 종료된 후 상대적으로 약자의 지위에 놓이는 당사자는 최소한의 법적 보호를 향유하게 된다.

1988년에 제정되어 2003년에 개정된 **동거인관계법** [Sambolag (2003:376); Cohabitee Act (2003:376)][32]에 따르면 동거인(cohabitatee)이란 "공동으로 가사(joint household)를 꾸려가는 커플로서 평생 동안(permanently) 동거하는 두 사람"을 의미한다(동법 제1조). 공동으로 가사를 꾸려간다는 것은 가사일과 생활비를 분담한다는 뜻이고, 평생 동안 동거하는 것이므로 단기간의 동거는 포함되지 않으며, 동거에는 일반적으로 성생활이 포함된다.[33] 동거인관계는 이성간으로 한정되지 않기 때문에 동성간에도 가능하지만 혼인이나 동반자관계의 상태에 있는 자는 동거인이 될 수 없다.

32) 스웨덴의 동거인관계법은 영어전문은 스웨덴 정부 웹사이트(www.sweden.gov.se)에서 참조.

33) 스웨덴 법무부에서 발행한 가족법 설명서인 <Family Law: Information on the rules>(2007), 20면 참조. 이 설명서 전문은 스웨덴 정부의 웹사이트(www.sweden.gov.se)에서 참조.

법적으로 동거인관계가 보호받는 영역은 공동의 주거시설(dwelling)과 가사물건(household goods)에 국한된다. 따라서 은행에 예치된 자산이나 주식 또는 자동차 등은 포함되지 않는다.[34] 바로 이 점에서 동거인관계는 혼인이나 동반자관계와 비교하여 제한적인 법적 보호만을 받는다. 공동의 주거시설과 가사물건이란 공동으로 사용하기 위하여 획득한 공동의 재산을 의미한다(동법 제3조). 따라서 동거인관계를 맺기 전에 구입하거나 상속받은 재산은 공동의 재산에 포함되지 않지만 동거인관계를 맺기 전에 구입하거나 상속받은 재산이라고 하더라도 이것을 동거인관계를 맺기 전에 타인에게 매도하고 그 금액으로 동거인관계를 맺은 후에 공동으로 사용하기 위하여 획득한 재산은 공동재산에 포함된다.[35] 그리고 공동의 재산에는 주로 여가(recreation)의 목적으로 사용되는 재산(예: 휴가용 별장)은 포함되지 않는다(동법 제7조). 또한 상대방 개인의 재산이라는 조건으로 선물하거나 증여하거나 상속한 물건은 공동의 재산에 포함되지 않는다(동법 제4조). 한편 공동의 가사물건이란 공동의 주거를 위해 사용되는 가구, 가정기구, 가정용 유형동산(corporal chattel)으로 오로지 일방 동거인이 사용하는 가사물건은 포함되지 않는다(동법 제6조).

동거인관계는 당사자 쌍방 또는 ① 일방이 혼인하거나, ② 독립해서 나가거나(별거하거나), ③ 당사자 일방이 사망하면 종료한다(동법 제2조). 동거인관계가 종료된 후 1년 이내에 당사자 일방이 재산분할을 청구하면 재산분할의 절차가 개시된다(동법 제8조). 사망으로 인해 동거인관계가 종료한 경우에는 생존하는 동거인만이 재산분할을 청구할 수 있고, 사망한 동거인의 상속자가 재산분할을 청구할 수는 없다(동법 제18조). 재산분할을 할 때에는 우선 공동재산의

---

34) 위의 가족법 설명서 <Family Law: Information on the rules> 21면 참조.

35) 스웨덴 법무부에서 발행한 동거인관계에 관한 설명서 <Cohabitee and their joint home>(2003) 참조. 이 설명서 전문은 스웨덴 정부의 웹사이트(www.sweden.gov.se)에서 참조.

가치를 평가해야 하고(동법 제12조), 이 때 공동의 채무를 변제하는데 충분한 재산을 공제해야 한다(동법 제13조). 그리고 남은 재산은 원칙적으로 동등하게 분할한다(동법 제14조). 하지만 동거기간과 동거인의 재정적 상황 등 전반적인 상황을 고려하여 합리적이지 않다고 판단되는 경우에는 일방 동거인이 더 많은 재산을 분할받아야 하는 경우도 있다(동법 제15조). 그리고 전반적인 상황을 합리적으로 고려하여 당사자 일방이 공동의 주거시설과 가사물건을 반드시 필요로 한다고 판단되는 경우에는 자신의 몫을 제외하고 소유할 수 있지만 상대방의 몫을 금전으로 지급해야 한다(동법 제16조 및 제17조). 또한 공동의 재산은 아니지만 주거시설을 공동으로 사용한 적이 있거나 전반적인 상황을 합리적으로 고려하여 당사자 일방이 상대방의 주거시설을 반드시 필요로 한다고 판단되는 경우에도 그 주거시설에 대한 임차권을 이전받을 수 있지만 상대방에게 보상을 해야 한다(동법 제22조).

재산분할과 관련해서 동거인관계법의 적용을 받지 않기를 원하는 경우에는 동거인관계의 당사자들은 합리적이라고 인정되는 범위 안에서 다른 내용의 계약을 체결할 수도 있다(동법 제9조). 재산분할에 관한 분쟁이 발생한 경우에는 법원에 소송을 제기할 수 있다. 한편 동거인관계에 있는 당사자들이 자녀를 출산한다고 해도 양육권은 오로지 모(어머니)만이 가진다. 하지만 세무관청이나 사회복지서비스기관에 부(아버지)임을 확인받고 부모가 공동으로 신청하여 자녀로 등록한 경우에는 공동의 양육권을 획득할 수 있다.

4. 벨 기 에

벨기에의 경우에 **1998년** 민법의 개정으로 **법적 동거에 관한 법률조항**이 추가됨으로써[36] 동성간의 결합이 법적으로 보호되고 있다. 법적 동거(cohabitation légale; statutory cohabitation)는 두 사람이 동거하는 상태를 의미하고(민법 제1475조 제1항), 혼인상태에 있거나 다른 동거의무가 있는 자는 법적 동거에 관한 계약을 체결할 수 없다(동조 제2항). 법적 동거에 관한 계약은 서면으로 작성해야 하고, 개인기록담당공무원에게 제출해야 한다. 법적 동거에 관한 계약서를 접수한 개인기록담당공무원은 당사자 모두 법적 동거에 관한 계약을 충족하는지에 대해서 심사한다. 법적 동거는 당사자의 합의 또는 당사자 일방이 서면으로 개인기록담당공무원에게 종료의 의사표시를 함으로써 종료된다.

5. 네덜란드

네덜란드는 1998년부터 동반자관계의 등록을 인정하고 있다. 2001년부터 동성간 혼인이 허용됨에 따라 동성커플은 혼인과 동반자관계 가운데 하나를 선택할 수 있다. 혼인과 달리 동반자관계는 계약에 따라 당사자의 권리 · 의무의 내용을 결정할 수 있고, 당사자의 합의만으로 관계를 중단할 수 있으며, 당사자 일방의 자녀가 당연히 다른 일방의 자녀가 되지 않는다는 점에서 차이를 보인다.

동반자관계등록제도가 시행되었던 첫 해에만 4,626쌍이 등록했고, 그 가운데 동성커플은 전체의 3분의 2에 가까운 3,010쌍(남성간 동성커플 1,686쌍과 여성간 동성커플 1,324쌍)을 기록했다(아래 [표] 참조). 하지만 다음 해 동성커플의 숫자는 거의 절반(1,757쌍)으로 줄고, 특히 동성간의 혼인이 허용된 2001년에는 530쌍으로 급감한 이후 매년 이 정도 수준으로 전체 등록된 동반자관계의 6퍼센트 가량을 유지하고 있다. 매년 신규로 등록하는 동반자관계는 계속해서 증가하고 있지만 동성커플은 500쌍 정도를 유지하고 있다. 오히려 이성간의 등록된 동반자관계는 꾸준히 증가하여 총 1만 쌍을 넘고 있기 때문에

36) 법적동거에 관한 법률조항은 1999년 1월 22일 공포되어 2000년 1월 1일부터 시행되고 있다.

우선적으로 동성커플을 보호하기 위하여 만들어진 이 제도는 동성간의 혼인이 인정된 이후에도 여전히 유지되고 있다. 혼인에서 동반자관계로 변경하는 동성커플의 숫자는 매년 80~90쌍 정도다.

[표] 네덜란드 동반자관계 통계

(단위: 쌍)

	전 체				해당연도 신규등록			
	이성간	동 성 간		합 계	이성간	동 성 간		합 계
		남성간	여성간			남성간	여성간	
1998	1,616	1,686	1,324	4,626	-	-	-	-
1999	1,500	894	863	3,257	-	-	-	-
2000	1,322	815	785	2,922	-	-	-	-
2001	2,847	285	245	3,377	1,670	280	238	2,188
2002	7,774	269	278	8,321	3,044	250	238	3,532
2003	9,577	262	280	10,119	4,305	225	250	4,780
2004	10,573	261	322	11,156	5,148	220	272	5,640
2005	10,699	279	329	11,307	5,744	234	284	6,262
2006	10,182	295	324	10,801	6,315	257	276	6,848
2007	9,945	269	336	10,550	6,804	240	286	7,330

자료: 네덜란드 통계청(Statistics Netherlands) 웹사이트(www.cbs.nl)
* 2001년의 동성간 혼인은 이 제도가 시행되기 시작한 4월 1일부터 통계임.

[표] 혼인에서 동반자관계로 변경

(단위: 쌍)

	이 성 간	동 성 간		합 계
		남성간	여성간	
2001	1,177	5	7	1,189
2002	4,730	19	40	4,789
2003	5,272	27	30	5,329
2004	5,425	41	50	5,516
2005	4,955	45	45	5,045
2006	3,867	38	48	3,953
2007	3,141	29	50	3,220

자료: 네덜란드 통계청(Statistics Netherlands) 웹사이트(www.cbs.nl)

6. 프 랑 스

프랑스는 **1999년**부터 시민동거계약(pacte civil de solidarité; civil solidarity pact: PaCS)을 등록할 수 있도록 **시민동거계약에 관한 법률** [LOI no 99-944 du 15 novembre 1999 relative au pacte civil de solidarité][37]을 제정하여 관련된 민법조항을 개정했다. 시민동거계약은 이성커플뿐만 아니라 동성커플에게 허용됨으로써 동성커플에 대한 법적 보호가 가능하게 되었다. 시민동거계약을 당사자의 주소지 관할 법원에 등록하면 계약서의 내용에 포함된 상호 협력의 의무가 발생한다. 그리고 동거에 소용되는 일반적인 가사비용에 대해서 부담해야 할 의무를 지게 된다. 시민동거계약은 당사자간의 합의로 법원의 결정에 의해 해소될 수도 있고, 당사자 일방의 사망이나 혼인 또는 당사자 일방의 청구에 의한 법원의 결정으로 해소될 수도 있다.

7. 핀 란 드

2001년에 만들어진 핀란드의 **동반자관계등록법** [Act on Registered Partnerships (950/2001) ― 시행일: 2002년 3월 1일: 이하 ARP로 약칭][38]에 따르면 18세 이상의 동성(same sex)인 두 사람은 동반자관계(parisuhde)를 등록할 수 있다(ARP 제1조). 이미 혼인상태나 등록된 동반자관계 또는 법률상 혼인이 금지된 근친관계에 있는 자는 동반자관계를 등록할 수 없다(ARP 제2조 제1항). 두 사람 가운데 적어도 한 사람은 핀란드 국민이면서 핀란드에 주소를 가지고 있어야 한다(ARP 제10조 제1항 제1호). 두 사람 모두 외국인인 경우에는 두 사람이 모두 등록 직전

37) 시민동거계약에 관한 법률에 대한 자세한 설명은 이준일, "헌법상 혼인의 개념 ― 동성간 혼인의 헌법적 허용가능성," <공법연구>(한국공법학회), 제27집 제3호(2009), 169면 이하 참조.

38) 핀란드의 법령은 핀란드 법무부의 법령정보웹사이트(www.finlex.fin)에서 참조.

2년 동안 핀란드에 주소를 가지고 있어야 한다(동조 동항 제2호). 하지만 핀란드의 동반자관계등록제도와 거의 동일한 법적 효력을 부여하는 동반자관계등록제도를 인정하고 있는 국가의 국민은 핀란드의 국민과 동일하게 본다(동조 제2항). 또한 외국에서 유효하게 등록된 동성간의 동반자관계는 핀란드에서도 유효하다(ARP 제12조).

동반자관계의 등록은 혼인의식을 거행할 수 있는 권한을 가진 공무원이 담당한다(ARP 제4조 제1항). 동반자관계를 등록하고자 하는 동성커플은 담당공무원 앞에 함께 출석하여 동반자관계 서류에 서명하고, 담당공무원이 이를 확인하는 서명을 첨부함으로써 동반자관계는 등록된다(ARP 제5조). 등록된 동반자관계에 대해서는 원칙적으로 혼인과 동일한 법적 효력이 발생한다(ARP 제8조 제1항). 따라서 혼인 또는 배우자에 관한 법률조항은 동반자관계 또는 동반자에게 동일하게 적용된다(동조 제3항 및 제4항). 등록된 동반자관계는 당사자 일방의 사망이나 법원의 결정으로 해소된다(ARP 제7조 제1항). 동반자관계의 해소와 관련해서는 이혼에 관한 규정이 적용되고(동조 제2항), 등록된 동반자관계가 해소되면 이혼과 동일한 법적 효력이 발생한다(ARP 제8조 제2항).

동반자관계등록법이 시행된 2002년의 경우에 446쌍이 동반자관계를 등록하였다.[39] 매년 신규로 동반자관계를 등록하는 동성커플의 수는 대략 200여쌍 정도로 안정화되는 추세에 있다. 매년 2만 9천여쌍이 혼인하는 것과 비교하면 동반자관계를 등록하는 동성커플의 숫자는 그것의 1퍼센트에도 미치지 못하고 있다. 아무튼 2007년까지 누적된 동성커플은 모두 1,089쌍(남성커플 527쌍, 여성커플 562쌍)에 이른다.

---

39) 핀란드의 동반자관계에 관한 통계는 핀란드 통계청(Statistcs Finland)의 웹사이트(www.stat.fi) 참조.

[표] 핀란드의 혼인 및 동반자관계 통계 (신규)

(단위: 쌍)

		2002	2003	2004	2005	2006	2007	2008
혼 인		26,969	25,815	29,342	29,283	28,236	29,497	31,014
동반자관계	합계	446	190	186	200	191	213	249
	남성	-	-	-	-	84	93	91
	여성	-	-	-	-	107	120	158

* 2008년 말 현재 핀란드의 추정인구수: 5,326,314명
자료: 핀란드 통계청(Statistics Finland)의 웹사이트(www.stat.fi)

[표] 핀란드의 동반자관계 통계 (누적)

(단위: 쌍)

	2002	2003	2004	2005	2006	2007
남성동반자	207	271	325	398	455	527
여성동반자	192	275	357	430	493	562

자료: 핀란드 통계청(Statistics Finland)의 웹사이트(www.stat.fi)

8. 독 일

독일은 2001년 **인생동반자관계등록법**[Gesetz über die Eingetragene Lebenspartnerschaft(Lebenspartnerschaftsgesetz - LPartG)][40]을 제정하여 동성간의 결합을 법적으로 보호하고 있다. 이로써 독일은 이성간의 결합에 대해서는 '혼인(Ehe)'이라는 법제도를 통해서, 동성간의 결합에 대해서

40) 2001년 2월 16일(BGBl. I S. 266) 제정된 독일 인생동반자관계등록법(LPartG)은 2001년 8월 1일부터 시행되었고, 가장 최근에는 2007년 12월 21일(BGBl. I S. 3189)에 개정된 바 있다. 독일의 법령은 독일 연방정부 법무부(Bundesministerium der Justiz)의 웹사이트(www.bmj. bund. de)에 연결된 법령정보웹사이트(www.gesetz-im-internet.de)에서 참조. 이 법률에 대한 설명으로 조재현, "동성애에 관한 법적 고찰," <헌법학연구>(한국헌법학회), 제8권 제3호(2002), 151면 이하, 특히 156면 이하 및 이준일, "헌법상 혼인의 개념 – 동성간 혼인의 헌법적 허용가능성," <공법연구>(한국공법학회), 제27집 제3호(2009), 170면 이하 참조.

는 '인생동반자관계(Lebenspartnerschaft)'라는 법제도를 통해서 대처하고 있다. 독일이 인생동반자관계등록법을 통해서 동성간의 결합을 보호한 목적은 무엇보다도 동성간의 결합에 대한 차별을 해소하고, 다양한 생활양식을 인정하려는 데 있다.

원칙적으로 동성인 두 사람은 인생동반자관계를 형성할 수 있지만 미성년자 또는 이미 혼인이나 인생동반자관계를 형성한 자 및 일정한 친척관계나 형제관계에 있는 자와 인생동반자관계를 형성할 수는 없다(LPartG 제1조 제2항). 인생동반자관계를 형성한 양쪽 당사자는 서로에게 배려와 부양 및 공동의 생활형성에 관한 의무를 지고, 상호간에 책임을 진다(LPartG 제2조). 인생동반자관계를 형성하면서 당사자 일방이 데리고 온 자녀에 대해서 상대방은 그 자녀의 일상생활에 관한 공동결정권을 행사함으로써 부분적인 친권을 갖게 된다(LPartG 제9조 제1항). 인생동반자관계에 있는 당사자 일방이 자녀를 입양하거나 상대방의 자녀를 자신의 자녀로 입양할 수는 있어도 공동으로 자녀를 입양할 수는 없다(LPartG 제9조 제6항 및 제7항). 두 사람의 아버지 또는 두 사람의 어머니가 존재하는 상황을 피하기 위한 것으로 판단된다. 이 점이 혼인과 인생동반자관계를 구별하는 가장 큰 차이점이다. 인생동반자관계의 일방이 사망한 경우에는 상대방은 상속권을 갖는다(LPartG 제10조). 또한 인생동반자관계를 형성한 경우에 상대방은 가족의 구성원으로 인정된다(LPartG 제11조).

인생동반자관계는 법원(가정법원)의 결정으로 해소된다(LPartG 제15조 제1항). 법원에 인생동반자관계의 해소를 청구하기 위해서는 일정기간의 별거가 필요하다(동조 제2항). 인생동반자관계가 해소되면 원칙적으로 각자 자신의 생계를 해결해야 하지만 한쪽 당사자가 생계능력이 없는 경우에는 상대방에 대하여 민법상의 생계비청구권을 가진다(LPartG 제16조).

독일 연방헌법재판소[41]는 인생동반자관계등록법에 대해서 인생동반자관계를 도입한다고 해도 헌법상 보장된 혼인의 자유나 혼인제도 및 가치결단적 근본규범(wertentscheidende Grundsatznorm)을 침해하지 않고, 성별을 이유로 한 차별에 해당하거나 일반적 평등원칙에 위반되지 않으며, 인생동반자관계를 형성한 당사자에게 인정되는 친권과 상속권 및 부양청구권도 헌법에 위반되지 않는다고 판시하였다(아래 [판례] 참조).

[판례] 인생동반자관계등록법 사건
— 독일 연방헌법재판소 2002. 7. 17. BvF 1, 2-02: BVerfGE 105, 313 —

[결정요지] ① 헌법상 보장된 혼인은 이성간의 결합을 의미한다. 왜냐하면 '상대방이 이성이어야 함(die Verschidengeschlechtlichkeit der Partner)'은 혼인의 본질적 표지로서 혼인에 내재되어 있기 때문이다. 따라서 헌법상의 혼인할 수 있는 자유와 권리는 이성커플에게만 인정되고, 인생동반자관계법에 의하는 경우에도 동성간의 혼인은 여전히 배제되며 동성커플은 오로지 등록된 인생동반자관계라는 제도를 통해서만 법적 보장을 받는다. 또한 인생동반자관계법은 이성커플의 혼인할 수 있는 자유와 권리에도 영향을 미치지 못한다. 인생동반자관계법에 의하는 경우에도 이성커플은 등록된 동반자관계를 형성할 수 없기 때문이다.

② 인생동반자관계법은 규율대상이 혼인이 아니기 때문에 헌법에 의해 보장된 혼인이라는 제도보장을 침해하지도 않는다. 우선 헌법이 보장하는 혼인제도는 구체화를 위하여 법률규정을 필요로 한다. 여기서 입법자는 혼인의 형식과 내용을 규정할 수 있는 '광범한 형성의 자유(einen erheblichen Gestaltungsspielraum)'를 가진다. 하지만 혼인이 한 명의 남성

---

41) 독일 연방헌법재판소 2002. 7. 17. 1 BvF 1, 2/02: 연방헌법재판소판례집(BVerGE) 105, 313 참조. 이 판례에 대한 자세한 설명으로 조재현, "동성애에 관한 법적 고찰," <헌법학연구>(한국헌법학회), 제8권 제3호(2002), 152면 이하 및 이준일, "헌법상 혼인의 개념 — 동성간 혼인의 헌법적 허용가능성," <공법연구>(한국공법학회), 제27집 제3호(2009), 172면 이하 참조.

과 한 명의 여성이 체결한 지속적인 공동생활에 관한 합의라는 사실은 헌법상 확고하게 보장된 내용에 속한다. 이러한 혼인의 개념에 등록된 인생동반자관계는 포함되지 않는다. 등록된 인생동반자관계는 입법자가 기본법(GG) 제2조 제1항과 제3조 제1항 및 제3항에 근거하여 당사들의 인격이 자유롭게 발현할 수 있도록 도모하고 차별을 철폐하기 위하여 고려한 제도에 속한다. 따라서 헌법이 보장한 혼인제도로 인하여 동성커플이 혼인과 법적으로 유사한 인생동반자관계를 형성할 수 있는 가능성이 금지되는 것은 아니다.

③ 인생동반자관계법은 혼인에 관한 헌법규정에 포함된 가치결단을 침해하지도 않는다. 인생동반자관계라는 새로운 제도를 통해 혼인제도가 이전보다 불리하게 대우받지도 않고, 인생동반자관계와 비교하여 불리하게 대우받지도 않기 때문이다. 또한 혼인제도에 대해서 헌법이 요구한 지금까지의 지원을 박탈하는 것이 아니라 인생동반자관계라는 새로운 제도에 대해서 법적 보호를 제공하는 것이기 때문이다. 그리고 혼인제도에 대하여 헌법이 특별한 보호를 요청하다고 해도 이로써 다른 생활형태에 대해 혜택을 부여하는 것이 금지되는 것도 아니기 때문이다.

④ 헌법상 요청되는 차별금지원칙(기본법 제3조)과 관련해서도 우선 동성커플에 대한 법적 보호는 성별을 이유로 이성커플을 차별하는 것이 아니다. 남성과 여성은 여전히 평등하게 대우받고 있고, 이성과 혼인하거나 동성과 인생동반자관계를 형성할 수 있기 때문이다. 또한 동성커플에 대해서 등록된 인생동반자관계를 인정하면서 혼인하지 않은 이성커플이나 '친척간의 공동체(verwandtschaftliche Einstandsgemeinschaft)'에 대해서 등록된 인생동반자관계를 인정하지 않는 것도 차별에 해당하지 않는다. 이성커플의 경우에는 혼인이 가능하고, 두 사람 사이에 자녀의 출산이 가능하다는 차이가 존재하기 때문이다. 또한 친척간 공동체의 경우에는 동시에 한 사람과의 동반자관계만이 인정된다는 배타성(Exkusivität)의 원칙이 적용될 수 없고, 인생동반자관계의 형성을 통해서 비로소 가능한 법적 보호(예를 들어 증언거부권, 상속권, 조세감면 등)가 이미 제공되고 있기 때문이다. 그리고 이성커플이나 친척간 공동체에 대해서는 입법자가 새로운 제도를 통해서 보호하는 것도 가능하기 때문이다.

⑤ 인생동반자관계에 있는 일방이 단지 양육권만을 가지는 친권자인 경우에 이 친권을 당사자간의 합의로 상대방이 행사할 수 있도록 한

규정(LPartG 제9조)은 기본법 제6조 제2항의 "양육권이 없는 친권자의 친권(das Elternrecht des nicht sorgeberechtigten Elterns)"을 침해하지 않는다. 왜냐하면 양육권이 없는 친권자에게 양육권을 박탈한 것은 인생동반자관계법이 아니라 해당 가족법 규정이나 법원 판결이라는 점, 그리고 단지 양육권만을 가지는 친권자와 인생동반자관계에 있는 상대방에게 친권을 부여한다고 해서 이로 인해 양육권을 갖지 않는 친권자에게 부당한 불이익이 발생하지 않는다는 점 때문이다. 또한 인생동반자관계에 있는 일방이 사망한 경우에 상대방에게 상속권 및 유류분(Pflichtteil)을 인정한 규정(동법 제10조)은 기본법 제14조 제1항이 보장하는 유언의 자유(Testierfreiheit)를 침해하지 않는다. 왜냐하면 상속권의 내용과 한계를 구체화하는 권한은 입법자에게 있고, 입법자는 비례성원칙이나 평등원칙을 고려하는 한계를 준수하면 되는데 인생동반자관계의 상속권 및 유류분을 구체화하면서 입법자가 이러한 원칙을 위반했다고 볼 수 없다는 점, 유산에 대하여 어느 정도의 상속권이 보장되는지는 법률규정이 결정하는 것이므로 인생동반자관계에 있는 상대방에게 상속권 및 유류분을 인정하여 그밖의 상속권자의 상속분을 감소시킨다고 해서 그것으로 유언의 자유가 침해되지 않는다는 점 때문이다.

⑥ 결론적으로 동반자관계법은 혼인과 관련된 자유와 권리, 제도보장, 헌법적 가치결단을 침해하지도 않고, 평등원칙을 구체화하는 차별금지원칙에도 위반되지 않으며, 헌법이 보장한 친권을 침해하지도 않는다.

등록된 동반자관계의 정확한 수치에 대한 공식적인 통계는 없다. 다만 2007년을 기준으로 독일에 동반자관계를 형성하여 살고 있는 동성커플은 대략 68,000쌍 정도이고, 이 가운데 **등록된 동반자관계**는 15,000쌍 정도로 추정된다는 통계가 있을 뿐이다.[42] 2007년의 경우에 혼인한 커플이 대략 370,000쌍 정도가 되기 때문에 **등록된 동반자관계를 형성하고 있는 동성커플은 대략 혼인한 커플의 4퍼센트** 정도를 차지한다.

42) 독일 통계청(Statistisches Bundesamt Deutschland)의 웹사이트(www.destatis.de) 참조.

9. 영 국

영국에서는 **2004년 동반자관계법** [Civil Partnership Act 2004 (c. 33): 이하 'CPA'로 약칭][43]이 제정되어 동성커플에 대한 법적 보호를 제공하기 시작했다. 동반자관계는 동성의 두 사람이 맺은 관계로서 등록함으로써 성립된다(동법 제1조 제1항). 등록은 등록담당공무원 앞에서 두 사람의 증인을 세우고 동반자관계를 맺는 두 사람이 동반자관계 서류에 서명함으로써 이루어진다(CPA 제2조). **동성간에만 동반자관계가 가능**하기 때문에 이성간인 경우에는 동반자관계를 형성할 수 없고 혼인관계만을 형성할 수 있다. 또한 이미 동반자관계나 혼인관계에 있는 자 또는 16세 미만인 자는 동반자관계를 맺을 수 없도록 하여 혼인관계에서 요청되는 **중혼금지원칙**과 **조혼금지원칙**을 동반자관계에서도 요구하고 있다. 그리고 혼인이 금지된 친족관계에 있는 자와 동반자관계를 맺는 것도 금지하여 **근친혼금지원칙**도 동반자관계에 적용하고 있다(CPA 제3조).

동반자관계를 해소하거나 그 효력상실(nullity)을 위해서는 법원의 결정이 필요하다. 동반자관계의 효력을 상실시키는 사유는 무효사유와 취소사유로 구분된다. 우선 동반자관계의 무효사유에는 ① 동반자관계를 등록할 시점에 동반자관계를 형성할 수 있는 자격이 없는 경우, ② 동반자관계의 적절한 통지가 없는 경우, ③ 제출할 서류가 불충분한 경우, ④ 서류제출을 위한 기간을 도과하여 무효가 된 경우, ⑤ 등록할 수 있는 장소가 아닌 장소에서 등록한 경우, ⑥ 등록담당공무원이 참여하지 않은 경우, ⑦ 아동과 동반자관계가 금지된 사람의 동반자관계인 경우가 있다(CPA 제49조). 다음으로 동반자관계를 취소할 수 있는 사유로는 ① 동반자관계의 형성에 유효한 합의가 없는 경우, ② 동반자관계를 형성할 시점에 유효

43) 영국의 동반자관계법은 영국의 법령정보웹사이트(www.opsi.gov.uk) 참조.

한 합의를 할 능력은 있지만 정신장애가 있는 경우, ③ 동반자관계를 형성할 시점에 당사자 일방이 다른 일방이 아닌 사람의 아이를 임신한 경우, ④ 동반자관계를 형성할 시점에 당사자 일방이 성별인정법 [Gender Recognition Act 2004 (c. 7)]에 따라 임시 성별인정서를 받았거나 ⑤ 같은 법률에 따라 성별을 변경한 경우가 포함된다(CPA 제50조 제1항).

동반자관계는 조세(상속세 포함) · 고용 · 연금 · 소득과 관련한 혜택, 상대방과 자녀에 대한 부양의무 및 상대방의 자녀에 대한 친권, 임대계약의 상속, 유언장 없는 사망(intesacy)에 관한 규정의 적용, 가정폭력법의 적용, 이주 및 국적취득에 관한 규정의 적용 등에서 혼인과 동일한 법적 효력이 발생한다 한편 동반자관계의 해소를 위해서는 법원의 결정(order)이 필요하고, 회복할 수 없는 파탄, 무효 또는 취소의 사유에 해당, 상대방의 사망과 같은 요건을 충족하는 경우에 동반자관계의 해소를 구하는 결정을 법원에 청구할 수 있다.

2005년 12월 5일부터 시행된 동반자관계등록법(CPA)에 따라 한 달 동안[44] ① 잉글랜드와 웨일즈에서 1,857쌍(남성커플 1,228쌍, 여성커플 629쌍), ② 스코틀랜드에서 84쌍(남성커플 53쌍, 여성커플 31쌍), ③ 북아일랜드에서 12쌍 등 총 1,953쌍의 동성커플이 동반자관계로 등록하였다.[45] 그리고 2006년에는 등록된 동반자관계의 수가

44) 동반자관계의 등록을 시작한 날짜는 잉글랜드/웨일즈 12월 21일, 스코틀랜드 12월 20일, 북아일랜드 12월 19일이었으므로 실제로 등록할 수 있는 일수는 잉글랜드/웨일즈의 경우 11일, 스코틀랜드의 경우 12일, 북아일랜드의 경우 13일에 지나지 않았다.

45) 영국의 등록된 동성커플에 대한 통계는 영국 통계청(UK Statistics Authority) 및 통계청사무국(Office for National Statistics)의 웹사이트(www.statistics.gov.uk) 참조.

[표] 영국의 혼인 및 동반자관계 통계

(단위: 쌍)

	England & Wales		Scotland		Northern Ireland	
	혼 인	동반자관계 (남성/여성)	혼 인	동반자관계 (남성/여성)	혼 인	동반자관계 (남성/여성)
2005	247,850	1,857 (1,228/629)	30,881	84 (53/31)	8,140	12 (6/6)
2006	239,450	15,943 (9,003/5,940)	29,898	1,047 (580/467)	8,250	116 (65/51)
2007	231,450	7,929 (4,371/3,558)	29,866	688 (339/349)	-	111 (60/51)
2008	-	-	11,345	212 (107/105)	-	-

* 2005년도는 12월 한 동안의 통계, 2008년도는 6월까지의 통계
** 2007년 중반 현재 영국의 추정인구수 60,975,000명

자료: 잉글랜드/웨일즈 통계청(Office for National Statistics) 웹사이트(www.statics.uk), 스코틀랜드 등록청(General Register Office for Scotland) 웹사이트(www.gro- scotland.gov.uk), 북아일랜드 통계청(Norther Ireland Statistics & Research Agency) 웹사이트(www.nisra.uk)

급증하여 ① 잉글랜드/웨일즈 14,943쌍(남성커플 9,003쌍, 여성커플 5,940쌍), ② 스코틀랜드 1,047쌍(남성커플 580, 여성커플 467쌍), ③ 북아일랜드 116쌍(남성커플 65쌍, 여성커플 51쌍) 등 총 16,106쌍을 기록하였다. 그렇지만 2007년에는 다시 그 수가 격감하여 ① 잉글랜드/웨일즈 7,929쌍(남성커플 4,371쌍, 여성커플 3,558쌍), ② 스코틀랜드 688쌍(남성커플 339쌍, 여성커플 349쌍), ③ 북아일랜드 111쌍(남성커플 60쌍, 여성커플 51쌍) 등 총 8,728쌍이 동반자관계로 등록하였다. 영국의 동반자관계등록법은 2008년말 기준으로 시행된 지 3년 정도밖에 되지 않았기 때문에 아직 유의미한 통계로 보기에는 어려움이 많다. 하지만 2007년을 기준으로 스코틀랜드의 경우 매년 3만쌍이 혼인하는 것과 비교하여 2007년 700쌍에 가까운 동반자관계는 전체 커플 가운데 약 2퍼센트 정도를 동성간의 결합으로 볼 수 있다.

10. 스 위 스

스위스에는 동성커플을 보호하는 법률로 2004년 6월 18일에 제정된 **동반자관계법**(Bundesgesetz über die eingetragene Partnerschaft gleichgeschlechtlicher Paare: Partnerschaftsgesetz — 이하 'PartG'로 약칭)[46]이 2007년 1월 1일부터 시행되고 있다. 18세 이상인 동성의 두 사람은 하나의 생활공동체(Lebensgemeinschaft)로서 '동반자관계(Partnerschaft)'를 형성하고 호적관청(Zivilstandsamt)에 등록할 수 있다. 법률상 금지된 친족간이거나 이미 등록된 동반자관계 또는 혼인의 상태에 있는 자는 등록된 동반자관계를 맺을 수 없다(PartG 제4조).

동반자관계에 있는 두 사람은 서로 협력하고 배려할 의무가 있다(PartG 제12조). 또한 두 사람은 공동생활에 필요한 비용을 공동으로 부담하고(PartG 제13조), 공동의 주거에 대한 처분에 대해서는 합의가 필요하다(PartG 제14조). 재산과 관련하여 원칙적으로 각자의 재산과 채무는 각자의 것으로 하지만(PartG 제18조), 동반자관계가 해소된 경우를 예상해서 계약으로 다른 내용을 합의할 수도 있다(PartG 제25조). 동반자관계에 있는 상태에서 혼인할 수 없고(PartG 제26조), 상대방의 자녀에 대해서도 부양과 보호의 의무를 진다(PartG 제27조). 동반자관계에 있는 자는 자녀를 입양할 수 없고, 자녀의 출산을 위하여 인공임신과 같은 의학적 조치를 받을 수 없다(PartG 제28조).

등록된 동반자관계는 법원의 결정으로 해소된다. 동반자관계에 있는 두 사람은 동반자관계의 해소를 공동으로 청구할 수도 있고(PartG 제29조 제1항), 동반자관계의 해소에 관한 두 사람의 합의가 없는 경우에는 당사자 일방이 동반자관계의 해소에 관한 결정을

46) 스위스의 동반자관계법 전문은 스위스 의회 웹사이트(www.parlament.ch) 및 스위스 동성애자 인권단체 'Fink Cross'의 웹사이트(www.finkcross.ch)에서 참조.

청구할 수도 있다. 다만 후자의 경우에 동반자관계에 있는 두 사람이 1년 이상 별거하고 있는 때에 한하여 가능하다(PartG 제30조). 동반자관계의 공동생활을 위하여 한 사람이 직장을 포기하거나 동반자관계의 해소로 생계가 어려운 경우에는 상대방에게 적절한 생계비의 제공을 청구할 수 있다(PartG 제34조 제2항 및 제3항).

11. 미　국

앞에서 설명한 것처럼[47] 미국에서 대부분의 주(39개 주)는 동성간의 혼인을 금지하고 있고, 동성간의 혼인을 인정하거나 동성간의 결합을 법적으로 보호하는 주는 12개 주(워싱턴 D.C. 포함)에 지나지 않는다. 우선 **시민결합**(civil union)제도를 통해 동성커플에 대한 법적 보호를 제공하고 있는 주는 ① 버몬트(2000년), ② 코네티컷(2005년), ③ 뉴저지(2007년), ④ 뉴햄프셔(2007년 – 시행일: 2008년 1월 1일)로 4개이었으나 코네티컷은 판례로써, 버몬트와 뉴햄프셔는 입법으로써 동성간 혼인을 인정하였다. 그리고 동성커플에게 **동거동반자관계**(domestic partnership)를 인정하고 있는 주로는 ① 캘리포니아(1999년), ② 워싱턴 D.C. (District of Columbia, 2002), ③ 메인(2004년), ④ 워싱턴(2007년), ⑤ 오리건(2008년), ⑥ 매릴랜드(2008년), ⑦ 위스콘신(2009년)으로 7개가 있고, 하와이(1997년)의 **상호수혜관계**(reciprocal beneficiary relationship)도 동거동반자관계와 유사한 내용을 보장한다. 이 가운데 메인은 입법을 통해 동성간 혼인을 인정하였고, 그 밖에도 메사추세츠와 아이오와는 판례를 통해 동성간 혼인을 인정하였다.

(1) 시민결합

버몬트주의 **시민결합법** [No. 91. An Act Relating to Civil Unions][48]은

---

47) 이 책 제3장 제2절 II. 4. 참조.

48) 미국 버몬트주의 법령은 버몬트주 주무부(Vermont Secretary of State)의 웹사이트(www.sec.state.vt.us) 참조.

버몬트주대법원이 1999년 베이커 대 버몬트주(Baker v. the State of Vermont) 사건[49]에서 동성커플에게도 혼인한 부부에게 제공되는 법적 혜택과 보호를 동일하게 제공해야 한다고 결정한 뒤 이 결정을 존중한 입법자에 의해 2000년 7월에 제정되었다. 버몬트주의 시민결합법(Act Relating to Civil Unions)에 따르면 혼인한 부부에게 인정되는 동등한 혜택과 보호가 인정된다. 시민결합은 18세 이상의 자로 구성된 동성커플에게만 인정되고, 시민결합이나 혼인의 상태에 있는 자 또는 근친관계에 있는 자에게는 금지된다. 앞서 설명한 것처럼 버몬트주에서 동성간 혼인을 허용하는 법률이 허용됨으로써 시행일인 2009년 9월 1일부터 시민결합제도는 사라지게 된다.

[판례] Baker v. the State of Vermont 사건
– 1999. 12. 20. 버몬트주대법원 판례 –

[사건개요]

헌신적 관계(committed relationships)로 짧게는 4년, 길게는 20년을 함께 살아온 세 쌍의 동성커플(이 가운데 두 쌍은 공동으로 양육하는 자녀도 있다)은 각각 행정기관에 혼인증명서의 발급을 신청했으나 혼인법에 따라 자격이 없다(ineligible)는 이유로 거부당했다. 이에 자신들에게 혼인증명서의 발급을 거부하는 행위는 버몬트주의 혼인법과 헌법에 위반된다고 주장하면서 소송을 제기하였다.

[결정요지]

혼인한 부부에게 제공되는 법적 혜택과 보호를 동성커플에게 인정하지 않는 것은 버몬트주헌법에 규정된 "보통혜택조항(the Common Benefits Clause: 제7조)"에 위반된다. 보통혜택조항에 따라 주정부는 모든 사람에게 보편적인(common) 법적 혜택과 보호 및 안전을 제공해야 하고 특정인에게 한정해서 법적 혜택을 제공해서는 안 되는 의무가 있기 때문이다. 따라서 주정부는 동성커플에게도 혼인한 부부에게 제공되는 보편적인 법적 혜택과 보호를 제공해야 할 헌법적 의무가 있다. 다만 동성커플을 혼인제도에

49) Baker v. Vermont, 170 Vt. 194, 744 A.2d 864 (Vt. 1999) 참조.

포함시킴으로써 이러한 의무를 실현할 것인지 아니면 동반자관계(domestic partnership)나 그와 유사한 어떤 대안을 통해 이러한 의무를 실현할 것인지는 입법자가 해야 할 일로 남는다. 아무튼 어떠한 제도로 형성되더라도 그것은 모든 버몬트주민에게 보편적인 법적 혜택과 보호 및 안전을 제공하라는 헌법적 명령(constitutional imperative)에 합치하는 것이어야 한다.

한편 시민결합제도를 인정하고 있는 **뉴저지주**의 경우에도 동성커플이 뉴저지주를 상대로 제기한 소송(**Lewis v. Harris 사건**)[50]에서 뉴저지주대법원이 혼인한 부부에게 인정되는 법적 권리와 특혜를 동성커플에게 인정하지 않는 것은 뉴저지주헌법상 보장된 평등원칙에 위반된다고 판시하면서 동성커플을 위한 법제도를 마련하도록 촉구한 뒤 시민결합법(Civil Union Act)이 제정되어 2007년 2월 19일부터 시행되고 있다. 뉴저지주에서는 이미 2004년 7월 10일부터 시행된 동거동반자관계법(Domestic Partnership Act)에 따라 18세 이상의 자로 구성된 동성커플[51]의 동거관계가 '동거동반자관계'로서 법적으로 보호를 받았지만 혼인한 부부에 대한 법적 보호의 수준과 비교할 수는 없었다. 시민결합법에 따라 시민결합을 형성하려면 원칙적으로 18세 이상의 자로 구성된 동성커플이어야 하고,[52] 혼인이나 시민결합 또는 동거동반자관계의 상태에 있지 않아야 한다.

[판례] Lewis v. Harris 사건
– 2006. 10. 25. 뉴저지주대법원 판례 –

[사건개요]

① 마크(Mark Lewis)와 데니스(Dennis Winslow)는 모두 성공회(Episcopal

---

50) Lewis v. Harris, 188, N.J. 415, 908 A.2d 196(N.J. 2006) 참조.

51) 62세 이상의 자로 구성된 이성커플에게도 동거동반자관계가 인정되었다.

52) 18세 미만이면서 16세 이상인 경우에는 부모의 동의가 필요하다. 그리고 16세 미만인 경우에는 부모의 동의와 함께 그 동의에 대한 가정법원의 확인이 필요하다.

Church)소속 신부로 14년 동안 동거해 왔고, 그동안 많은 결혼식의 주례를 맡았으며 마크는 데니스의 아버지가 오랜 중병으로 누워 있을 때 사위처럼 그 아버지를 보살펴왔다. ② 다이앤(Diane Marini)과 마릴린(Marilyn Maneely)은 2005년 마릴린이 사망할 때까지 14년 동안 동거한 동성커플로 마릴린이 전남편과 사이에서 낳은 다섯 아이를 함께 양육했고, 다이앤의 어머니는 마릴린을 며느리로, 그리고 그녀의 다섯 아이를 자신의 손자·손녀로 생각했다. ③ 카렌과 마키(Karen/Marcye Nicholson-McFadden)는 17년 동안 동거해온 동성커플로 인공임신을 통해 카렌이 낳은 딸과 마키가 낳은 아들을 키우고 있다. ④ 수인과 새라(Suyin/Sarah Lael)는 16년 동안 동거해온 동성커플로 그들의 법적인 성(surname)을 바꾸고, 아홉 살 난 입양한 딸과 입양과정중에 있는 두 명의 아이와 함께 살고 있다. ⑤ 신디(Cindy Meneghin)와 모린(Maureen Kilian)은 고등학교 시절부터 32년 동안 내연의 관계로 지내왔고 23년 동안 동거해온 동성커플로 인공수정을 통해 신디가 낳은 열네 살인 아들과 모린이 낳은 열두 살인 딸을 키우고 있다. ⑥ 크리스(Chris Lodewyks)와 크래이그(Craig Hutchison)는 대학 때부터 35년 동안 내연의 관계로 지내면서 23년 동안 동거해온 동성커플이다. 이들 6쌍의 동성커플은 뉴저지주를 상대로 결혼증명서 발급을 요청하였으나 거부당했다.

[결정요지]

내연의 관계에 있는 동성커플에게 혼인한 이성커플에게 제공하는 재정적·사회복지적 급부나 특혜를 인정하지 않는 것은 정부가 추구하는 정당한 목적과 아무런 실질적 관계가 없다. 그리고 뉴저지주헌법에 따르면 혼인한 이성의 부부에게 보장되는 권리나 급부와 동일한 내용의 권리나 급부가 동성커플에게도 평등하게 보장되어야 한다. 다만 동성커플에게 동일한 내용의 권리와 급부를 제공하는 제도의 이름을 혼인으로 할 것인지 아니면 다른 용어로 부를 것인지는 입법자가 민주적 절차에 따라 결정할 수 있는 문제에 속한다.

그밖에도 2005년 10월 1일부터 시행된 **코네티컷주**의 시민결합법(An Act Concerning Civil Unions)[53]에 따르면 18세 이상의 자로 구성된

53) 이 법률은 코네티컷주 사법부의 웹사이트(www.jud.state.ct.us) 참조.

동성커플은 시민결합을 형성할 수 있고, 시민결합은 혼인이나 시민결합의 상태에 있지 않은 자로서 근친관계에 있지 않은 자에게만 허용된다.[54] 시민결합을 형성한 동성커플은 혼인한 부부에게 인정되는 모든 법적 혜택과 보호를 향유할 수 있게 된다.[55] 또한 **뉴햄프셔주**는 2007년 4월 26일 동성커플에 대하여 시민결합을 인정하는 법률(Act permitting same gender couples to enter civil unions and have the same rights, responsibilities, and obligations as married couples)[56]을 통과시켜 동성커플에게 혼인한 부부와 동일한 권리와 의무를 부여하였다. 시민결합은 18세 이상의 혼인 상태에 있지 않은(unmarried) 자로 구성된 동성커플에게만 인정되고, 근친간에는 허용되지 않는다. 시민결합의 해소는 이혼절차와 동일한 절차에 따라 진행된다. 코네티컷주의 경우에는 동성간 혼인을 인정하는 판례가 2003년에 있었고, 뉴햄프셔주의 경우에도 동성간 혼인을 허용하는 법률이 제정됨으로써 2010년 1월 1일부터 더 이상 새로운 시민결합은 인정되지 않고, 기존에 시민결합관계를 형성하고 있던 동성커플은 신청에 따라 혼인관계로 인정받게 된다.

(2) 동거동반자관계

동거동반자관계(domestic partnership)는 이 제도를 인정하고 있는 주마다 제도의 내용이 조금씩 다르다. 우선 **캘리포니아주** 가족법(Family Code)에서 인정되고 있는 동거동반자관계는 시민결합과 동일한 내용을 가진다. 동거동반자관계는 18세 이상의 자로 구성된 동

---

54) Connecticut General Statutes Chapter 815f Sec. 46b-38bb 및 Sec. 46b-38cc 참조.

55) Connecticut General Statutes Chapter 815f Sec. 46b-38nn: "Parties to a civil union shall have **all the same benefits, protections and responsibilities under law**, whether derived from the general statutes, administrative regulations or court rules, policy, common law or any other source of civil law, **as are granted to spouses in a marriage**, which is defined as the union of one man and one woman."(강조는 필자)

56) 이 법률은 뉴햄프셔주 의회의 웹사이트(www.gencourt.state.nh.us) 참조.

성커플이 형성할 수 있고, 공동의 주거(common residence)를 가지고 있는 경우에만 가능하다.[57] 동거동반자관계를 형성한 동성커플은 혼인한 부부와 동일한 법적 보호를 받는다.[58] 2008년 1월 1일부터 시행되도록 예정되었던[59] **오리건주**의 동거동반자관계도 혼인한 부부에게 인정되는 것과 동일한 법적 보호를 제공한다.

한편 시민결합보다 낮은 수준의 법적 보호가 제공되는 동거동반자관계도 있다. 2004년 7월 30일부터 시행된 **메인주**의 동거동반자관계법[60]에 따르면 12개월 이상 동거해온 커플은 각자가 유일한 동거동반자인 경우에 동거동반자관계를 등록할 수 있다.[61] 동거동반자에게는 상속권이 인정되고, 상대방의 장례에 관련하여 최근친으로 인정받는다. 2007년 7월 22일부터 시행된 **워싱턴주**의 동거동반자관계법(Act Relating to protecting individuals in domestic partnerships by granting certain rights and benefits)[62]도 유사한 내용을 가진다. 원칙적으

---

57) California Family Code Sec. 297 참조.

58) California Family Code Sec. 297.5 (a): "Registered domestic partners shall have the **same rights, protections, and benefits**, and shall be subject to the ***same*** **responsibilities, obligations, and duties** under law, whether they derive from statutes, administrative regulations, court rules, government policies, common law, or any other provisions or sources of law, **as are granted to and imposed upon spouses.**"(강조는 필자)

59) 이 법률의 시행에 반대하는 주민들이 이 법률의 시행을 연기하고 주민투표에 붙이고자 서명운동을 하였으나 서명자의 숫자에 관한 다툼이 발생하여 이에 관한 법원의 결정이 나온 2008년 2월 1일까지 시행이 잠시 연기되었다.

60) 메인주의 동거동반자관계법은 가족·아동의 재정안전촉진법(An Act to Promote the Finacial Security of Maine's Familes and Children P.L. 2003, Ch. 672)의 제정으로 "가족구성원(Family or Household members)"의 개념에 동거동반자(domestic partner)가 포함되고, 기존의 법률조항에서 배우자로 규정된 문구에 동거동반자가 추가됨과 동시에 동거동반자관계의 등록절차에 관한 규정이 신설된 것을 의미한다.

61) Maine Revised Statutes Title 22 Chapter 701 §2710 2. 참조.

62) 이 법률은 워싱턴주의회의 웹사이트(www.leg.wa.gov) 참조.

로 18세 이상의 자로서 공동의 주거를 가진 동성커플에게 인정되지만 62세 이상의 자인 경우에는 동성커플이 아니더라도 인정된다.[63) 혼인이나 동거동반자관계의 상태에 있지 않아야 하고, 근친간에는 동거동반자관계가 허용되지 않는다. 1997년 7월부터 시행되고 있는 **하와이주**의 상호수혜관계(reciprocal beneficiary relationship)도 동성커플에게 제한적인 법적 보호만을 제공한다. 상호수혜관계는 혼인이 허용되지 않는 관계에서 인정되기 때문에 동성커플에게만 인정되는 것은 아니다. 상호수혜관계를 형성하기 위해서는 18세 이상이어야 하고, 다른 사람과 혼인이나 상호수혜관계의 상태에 있지 않아야 한다.[64)]

12. 뉴질랜드

2004년 제정된 뉴질랜드의 **시민결합법**(Civil Union Act 2004)[65)]에 따르면 동성 또는 이성간의 두 사람은 시민결합의 관계를 형성할 수 있다. 16세 이상이면 시민결합의 형성이 가능하지만 18세 미만의 자는 부모 또는 후견인의 동의가 필요하다. 일정한 범위의 근친간이거나 혼인 또는 시민결합의 상태에 있는 자는 시민결합을 형성할 수

[표] 뉴질랜드 시민결합 현황

(단위: 쌍)

	동성커플		이성커플		총 계
	남성커플	여성커플	합 계	혼인에서 변경	
2005	113	114	49	2	278
2006	151	197	82	0	430
2007	135	185	73	0	393
2008	144	181	80	0	405

* 2005년은 4월 25일 이후 통계
자료: 뉴질랜드 통계청 웹사이트(www.stats.govt.nz)

63) Revised Code of Washington (RCW) Title 26 §26.60.030

64) Hawaii Revised Statutes §572C-4 참조.

없다(CUA 제4조 제1항). 혼인상태에 있는 부부는 혼인관계를 해소하지 않고서도 시민결합의 상태로 변경할 수 있고, 그 반대도 가능하다. 시민결합관계에 있는 커플은 이주, 사회복지, 재산에 관한 권리를 향유하지만 자녀를 입양할 수는 없다. 시민결합은 혼인과 마찬가지로 가정법원의 결정으로만 해소될 수 있다. 2008년의 경우 405쌍의 커플이 시민결합으로 등록하였는데 이 가운데 동성커플은 325쌍이었고 이성커플이 80쌍이었다.[66)]

13. 남아프리카공화국

남아프리카공화국은 **2006년** 12월 1일부터 시행된 **시민결합법** [Civil Union Act, 2006 (Act No. 17 of 2006): 이하 'CUA'로 약칭][67)]의 제정으로 아프리카에서 최초로 동성간의 결합을 합법화한 국가로 기록되었다. 남아프리카공화국의 헌법은 평등권을 규정하는 동시에 차별금지원칙을 선언하고 있다(동법 제9조 제1항 및 제3항). 특히 주목할 부분은 명시적인 차별금지사유로서 성적 지향이 포함되어 있다는 점이다. 성적 지향을 명시적인 차별금지사유로서 헌법에 규정한 국가는 전세계에 남아프리카공화국이 유일하다. 이에 따라 2005년 남아프리카공화국 헌법재판소는 종래의 혼인법 [Marriage Act, 1961 (Act No. 25 of 1961)]과 관습법(common law)이 혼인을 남성과 여성의 결합으로 정의함으로써 헌법에 위반된다고 결정하였다.[68)] 그리고 헌법재판소는 1년의 기한을 정하여 법률을 개정하도

65) 뉴질랜드의 시민결합법은 뉴질랜드법령정보 웹사이트(www.legislation.govt.nz) 참조.

66) 뉴질랜드의 시민결합 통계는 뉴질랜드 통계청(Statics New Zealand)의 웹사이트(www.stats.govt.nz) 참조.

67) 남아프리카공화국의 법령은 남아프리카공화국 정부의 웹사이트(www.gov.za) 참조.

68) The Minister of Home Affairs and Another v. Fourie and Others; Lesbian and Gay Equality Project v. Minister of Home Affairs and Others(CCT60/04;

록 촉구하였고, 이 결정의 취지를 존중하여 제정된 법률이 바로 시민결합법이다.

시민결합법에 따르면 시민결합이란 18세 이상인 두 사람의 자발적 결합을 의미한다(CUA 제1조). 따라서 시민결합은 반드시 이성간의 결합일 필요가 없게 된다. 또한 시민결합은 혼인의 형태뿐만 아니라 동반자관계(civil partnership)의 형태로도 성립될 수 있다. 어떤 형태의 시민결합이든 한 사람이 한 사람의 상대방(배우자 또는 동반자)에 대해서만 성립될 수 있다(CUA 제8조 제1항). 그리고 시민결합을 형성한 자는 혼인할 수 없고(동조 제2항), 혼인한 상태에 있는 자는 시민결합을 형성할 수 없다(동조 제3항). 이전에 혼인이나 시민결합의 상태에 있었던 자가 시민결합을 형성하려고 하는 경우에는 과거의 혼인이나 시민결합이 종료되었다는 증거자료로서 이혼증명서 또는 배우자나 동반자의 사망증명서를 제출해야 한다(동조 제4항). 혼인법상의 혼인에 적용되는 법적 효력은 시민결합에도 동일하게 적용된다(CUA 제13조 제1항).

결론적으로 남아프리카공화국의 경우에 혼인법상의 혼인은 계속해서 이성간의 결합으로 한정하면서도 시민결합법을 통해 동성간에 시민결합의 한 형태로서 혼인을 허용할 뿐만 아니라 동반자관계도 허용하는 독특한 내용의 혼인대체제도가 인정되고 있다.

14. 정　리

이상으로 세계 각국이 동성커플을 법적으로 보호하기 위하여 고안해낸 혼인대체제도를 살펴보았다. 유럽을 중심으로 한 많은 국

CCT10/05: 2005년 12월 1일 결정), 2006 (1) SA 524 (CC); 2006 (3) BCLR 355 (CC). 남아프리카공화국 헌법재판소의 웹사이트(www.constitutionalcourt.org.za) 참조.

가에서는 대체로 '동반자관계(partnership)'라는 용어를 사용하면서 그 내용도 매우 유사한 제도를 포함시키고 있음을 확인할 수 있다. 반면에 미국과 캐나다를 중심으로 한 여러 국가에서는 '시민결합(civil union)'이라는 용어를 사용하지만 그 내용은 동반자관계와 유사한 내용을 담고 있다고 볼 수 있다. 그 명칭과 상관없이 혼인대체제도에서 발견되는 공통점을 정리하면 다음과 같다.

(1) 동성커플에 한정

동성커플에 대한 혼인대체제도로서 동반자관계를 인정하고 있는 대부분의 국가는 오로지 동성간의 결합에 대해서만 동반자관계를 인정하고 있다. 동반자관계가 이성간의 결합을 의미하는 혼인의 대체적 제도로서 고안되었다는 사실이 중요한 이유가 될 것이다. 또한 독일 연방헌법재판소[69]가 설시한 것처럼 공동의 자녀를 출산하여 양육할 수 있다는 점에서 이성커플은 동성커플과 비교할 때 본질적인 차이가 존재하기 때문이기도 하다. 따라서 이성커플에 대해서는 오로지 혼인만을 허용하고, 동성커플에게 인정되는 동반자관계를 허용하지 않는다고 해서 그것이 반드시 평등원칙에 위반된다고 말할 수는 없게 된다.

반면에 동성간의 결합에 대해서도 혼인을 인정하고 있는 네덜란드나 남아프리카공화국의 경우에는 동반자관계를 이성간에도 허용하고 있다. 이렇게 되면 동성커플인지 이성커플인지는 중요하지 않고, 어떤 형태의 결합을 선택할 것인지가 중요하게 된다. 또한 혼인에서 동반자관계로, 또는 동반자관계에서 혼인으로 변경하는 것이 자유롭게 허용된다. 다만 네덜란드의 예에서 볼 수 있는 것처럼 동성커플에게도 혼인을 허용하면서 이성커플에게도 동반자관계

69) 독일 연방헌법재판소 결정 2002. 7. 17. 1 BvF 1, 2/01 단락번호(Absatz-Nr.) 109 참조.

를 인정하는 경우에는 사실상 동반자관계가 이성커플을 위한 제도로 기능할 수 있다는 점을 주목할 필요가 있다. 동반자관계가 동성커플을 위한 혼인대체제도라는 점에서 동성커플에게도 혼인을 허용하면서 동반자관계를 동시에 운영하는 것은 불필요한 '제도적 과잉'이 될 가능성이 크다는 뜻이다.

한편 미국의 몇 개 주에서 도입하고 있는 동거동반자관계 또는 스웨덴이나 프랑스의 동거계약도 이성커플과 동성커플에게 모두 허용된다. 이러한 동거동반자관계나 동거계약은 혼인이나 동반자관계보다 법적 보호의 범위가 제한적이지만 여전히 동성커플을 법적으로 보호하는 제도라는 의미가 강조되어야 한다.

(2) 혼인관련 원칙의 적용

동반자관계는 혼인을 대체하는 제도이므로 동성커플에게 동반자관계를 인정하는 경우에도 혼인에서 요구되는 **중혼금지**(일부일처제)와 **근친혼금지** 및 **조혼금지**와 같은 원칙이 그대로 적용된다. 따라서 동시에는 오로지 한 사람에 대해서만 배우자 또는 동반자가 될 수 있다는 '배타성의 원칙'에 따라 이미 혼인 또는 동반자관계의 상태에 있는 자는 동시에 다른 상대방과의 동반자관계를 등록할 수 없다. 그리고 혼인할 수 없는 일정한 범위의 근친간에도 동반자관계로 등록할 수 없다. 또한 법적으로 혼인이 가능한 일정한 연령을 동반자관계를 등록할 수 있는 연령으로 정하고 있다. 동성간의 결합이라는 점에서만 차이가 있을 뿐인 동반자관계도 혼인과 동일하거나 거의 유사한 법적 효력을 부여받으려면 혼인에서 요구되는 원칙들이 적용되는 것이 합리적이다. 특히 동성간 또는 이성간을 구분하지 않고 혼인과 동반자관계를 모두 인정하는 법체계의 경우에는 혼인에서 요구되는 일정한 원칙을 동반자관계에 대해서도 그대로 적용하는 데는 전혀 문제가 없을 것으로 보인다.

(3) 혼인과 동일한 법적 효력

주로 동성커플에게만 인정되는 동반자관계에 대해서는 혼인과 동일하거나 거의 유사한 법적 효력이 발생한다. 따라서 혼인 또는 배우자와 관련된 대부분의 법률조항들이 동반자관계 또는 동반자에게도 그대로 적용된다. 예외가 있다면 대체로 입양과 관련된 법률조항인데 최근에는 이것마저도 동반자관계에 적용되고 있는 추세다. 따라서 혼인과 동반자관계의 차이는 외국에서 아이를 입양하는 경우를 제외하고는 거의 없다고 볼 수 있다. 또한 동반자관계를 해소하는 경우에도 이혼과 관련된 법률조항이 동일하게 적용된다는 점에서 결국 혼인과 동반자관계는 단지 명칭에서 차이가 있을 뿐이고, 실질적으로는 동일한 내용을 가진 제도로 운영되고 있다. 혼인이 가지는 역사적이고 상징적인 의미 때문에 이 제도를 동성간의 결합에도 적용하는 데는 여전히 무리가 따를 수 있다. 하지만 적어도 이성간의 결합으로서 혼인에 대해서 법과 제도가 부여하는 권리와 혜택을 동성간이라는 점에서만 차이가 있고 실질적으로는 아무런 차이가 없는 동성간의 결합에 대해서도 동일하게 부여하는 것은 평등의 이념에 부합한다고 보인다.

(4) 국가간 상호인정

동반자관계를 인정하는 국가들은 원칙적으로 자국의 국민에 대해서만 동반자관계를 인정한다. 따라서 동성커플의 적어도 한 사람은 자국의 국적을 가진 국민일 것을 요구한다. 두 사람 모두 외국인인 경우에는 일정한 거주기간을 요건으로 동반자관계를 인정하고, 외국인이 본국에서 인정받은 동반자관계를 법령에 따라 인정해 주기도 한다. 국민에게 인정되는 동성간의 동반자관계를 외국인에게 인정하지 않아야 할 특별한 이유가 없고, 또한 외국에서 동일하거나 거의 유사한 조건으로 동성간의 동반자관계를 인정받은 외국인의 법적 지위를 배제해야 할 합리적인 이유도 없기 때문인 것으로 이해된다.

[표] 세계 각국의 혼인대체제도 비교

국 가 (알파벳순)	성 립	해 소	법적 효과	기 타
Belgium (1998)	- 동성간 또는 이성간 결합 (동거인관계)	- 합의 - 일방의 의사표시	- 동성간 혼인허용	
Denmark (1989)	- 동성간	- 이혼규정 준용	- 혼인과 동일 (입양 제외)	- 등록직전 2년 거주 외국인에게도 인정 - 본국에서 인정받은 외국인의 동반자관계 인정
Finland (2001)	- 18세 이상 - 동성간 결합	- 사망 - 법원의 결정 - 이혼규정 준용	- 혼인과 동일	- 등록직전 2년 거주 외국인에게도 인정 - 본국에서 인정받은 외국인의 동반자관계 인정
France (1999)	- 동성간 또는 이성간 결합 (시민동거 계약: PACS)	- 합의 - 사망 · 혼인 -법원의 결정	- 가장 약한 법적 보호	
Germany (2001)	- 동성간 결합	- 법원의 결정	- 혼인과 동일 (입양 제외)	
Netherlands (1998)	- 동성간 또는 이성간 결합	- 합의	- 혼인과 동일(해외입양 제외)	- 혼인과 동반자관계 중 선택가능
New Zealand (2004)	- 16세 이상 - 동성간 또는 이성간 결합	-법원의 결정	- 혼인과 동일	- 혼인과 시민결합의 자유로운 변경가능성

Norway (1993)	-18세 이상 -동성간 결합	- 사망 - 이혼	-혼인과 동일 (입양 제외)	- 등록직전 2년 거주 외국인에게도 인정 - 본국에서 인정받은 외국인의 동반자관계 인정 - 동성간 혼인의 허용으로 폐지
South Africa (2006)	- 시민결합 (혼인 또는 동반자관계) - 18세 이상 - 동성간 또는 이성간 결합	- 이혼규정 준용	-동반자관계도 혼인과 동일	- 동성간 혼인 허용
Sweden (1994)	-동반자관계 또는 동거계약 -18세 이상 -동성간 결합	- 이혼규정 준용	-혼인과 동일	- 동성간 혼인의 허용으로 동반자관계 폐지
Swiss (2004)	-18세 이상 -동성간 결합	- 법원의 결정	-혼인과 유사 (입양 제외)	
U. K. (2004)	-16세 이상 -동성간 결합	- 사망 - 법원의 결정	- 혼인과 유사	
U. S. (12개주)	-시민결합 또는 동거 동반자관계 - 18세 이상 - 동성커플	- 법원의 결정	- 혼인과 유사	- 판례 또는 입법을 통한 동성간 혼인의 허용 (6개 주)

Ⅳ. 한국에서 동성간의 혼인 및 혼인대체제도

1. 상 황

앞서 설명한 바와 같이[70] 명시적인 규정은 없지만 일반적인 견해에 따르면 동성간의 혼인은 금지되는 것으로 해석된다. 또한 현행법상 동성간에는 동반자관계나 시민결합과 같은 혼인을 대체하는 제도도 보장되고 있지 않다. 따라서 한국에서 동성간의 결합은 어떤 형태로든 법적인 보호를 받을 수 없는 상태에 있다. 한국에 얼마나 많은 동성커플이 존재하는지에 대한 정확한 통계는 없다. 하지만 수많은 동성커플이 현실적으로 존재한다는 사실은 부인할 수 없을 것이다. 그렇다면 한국에서도 동성간의 혼인이나 혼인대체제도에 대한 본격적인 논의가 시작될 필요가 있다. 외국의 사례에서 볼 수 있듯이 혼인이라는 제도가 동성간에 허용될 수 없다면 혼인을 대체하는 제도를 통해서라도 동성커플이 겪고 있는 고통과 안타까운 사정을 제거해주는 것이 그들의 인권에 대한 보장이라는 측면에서 바람직한 입법태도라고 판단된다. 한국 헌법상 동성커플에 대해서 혼인제도를 인정하는 것이 위헌인지, 그리고 혼인제도는 아니더라도 일정한 법적 보호를 제공하는 것이 위헌인지에 대해서 검토하기로 한다.

2. 대 안

(1) 동성커플에 대한 법적 보호의 위헌 여부와 혼인의 개념

혼인과 관련하여 대한민국헌법은 "양성의 평등"[71]을 언급함으로써 기본적으로 혼인은 이성간의 결합이라는 사실을 확인하고 있는 듯하다.[72] 하지만 이 규정만으로 동성간의 혼인이 헌법상 금지되었다고 보기는 어렵다. 혼인에 관한 전통적인 개념에 따라 남성

---

70) 이 책 제2장 제4절 Ⅲ. 참조.

71) 헌법 제36조 제1항: 혼인과 가족생활은 개인의 존엄과 **양성의 평등**을 기초로 성립되고 유지되어야 하며, 국가는 이를 보장한다.

72) 한국헌법상 혼인의 개념을 이성간의 결합으로 보는 견해로 조재현, "동성애에 관한 법적 고찰," <헌법학연구>(한국헌법학회), 제8권 제3호(2002), 167면 참조. 이러한 견해에 따르면 동성간의 혼인을 인정하기 위해서는 헌법개정이 필요하다.

과 여성의 결합을 의미하는 혼인을 다른 형태의 남녀결합보다 특별하게 보호하기 위하여 양성의 평등을 언급하고 있다고 해석할 수 있기 때문이다.[73] 다시 말해 입법자가 동성간의 결합에 대해서 혼인제도를 인정하는 법률을 제정하여도 혼인과 관련된 헌법상의 요청인 "양성의 평등"만 가지고 위헌이라고 단정할 수는 없다.

오히려 문제는 혼인생활에서 양성의 평등의 전제가 되는 헌법상의 "혼인"이라는 개념의 본질적 요소가 이성간의 결합인지 여부다. 만약 혼인의 개념에 포함된 본질적 요소가 이성간의 결합이라면 입법자가 법률로써 동성커플에게 혼인을 인정하는 경우에 위헌이 되고, 이성간의 결합이 반드시 혼인 개념의 본질적 요소가 아니라면 동성커플에 대한 혼인의 인정은 위헌이라고 말할 수 없다. **혼인의 개념은 본질적으로 '자녀의 출산'이라는 요소를 포함**한다고 볼 수 있다. 물론 혼인을 성립시키고 지속시키는 요소는 자녀의 출산 이외에 사랑(love)이나 헌신(commitment) 또는 배려(care)와 같은 요소도 포함된다. 또한 자녀를 출산하지 않은 채 혼인생활을 계속하는 부부도 있고, 애초부터 출산이 불가능하지만 혼인생활을 유지하는 부부도 있으며, 심지어 혼인한 부부의 경우에도 혼인 외의 자녀를 출산하는 경우도 있고, 인공임신(체외수정)의 방식으로 타인의 정자나 난자를 기증받아 출산하거나 혼인하지 않은 남녀가 출산하는 것도 가능하다. 하지만 혼인한 부부는 대체적으로 자녀의 출산이 가능한 한 자녀를 출산하고, 혼인 외의 자녀를 출산하거나 타인의 정자나 난자의 기증에 의한 인공임신으로 출산하는 것 또는 혼인하지 않은 남녀의 출산은 예외적인 경우에 해당한다. 자녀의 출산은 혼인을 원하는 대부분의 개인이 혼인하는 주관적 목적이고, 공동체의 유지를 위해서 국가가 혼인제도를 보장하는 일반적인 정책적 목

73) 자세한 논의는 이준일, "헌법상 혼인의 개념 – 동성간 혼인의 헌법적 허용가능성," <공법연구>(한국공법학회), 제27집 제3호(2009), 186면 이하 참조.

적[74]이기도 하다. 따라서 자녀의 출산이 가능한 이성간의 결합은 혼인개념의 본질적 요소가 된다.

한편 동성간의 결합에 대하여 혼인 외의 제도를 통해 법적 보호를 제공하는 것은 동성커플에 대한 혼인의 인정보다 위헌의 가능성이 적다. 비록 헌법이 혼인의 개념을 이성간의 결합으로 한정하여 동성간의 혼인을 금지하더라도 이것만으로 동성커플에 대한 법적 보호의 금지를 의미하는 것은 아니기 때문이다. 결국 동성간의 결합에 대하여 법적 보호를 제공할지 여부는 입법자에게 맡겨진 영역, 즉 이른바 '형성의 자유'의 영역이라고 볼 수 있다. 이 경우에 중요한 것은 입법자가 어떤 형태로든 동성간의 결합에 대한 법적 보호를 제공해야 한다는 점이다. 따라서 동성커플의 기본권을 고려할 때 입법자에게는 동성간의 결합을 법적으로 보호해야 할 입법의무가 있다고 말할 수 있다.

(2) 혼인제도 또는 혼인대체제도의 선택

입법자가 동성간의 결합을 법적으로 보호하고자 할 때 두 가지 선택이 가능하다. 첫 번째 선택은 기존의 혼인제도를 확대하여 동성간의 결합에 대해서도 이 제도를 인정하는 것이다. 이성간의 결합과 동성간의 결합에 대해서 동등하게 혼인제도를 인정하는 경우에 그 전제는 양자 사이에 본질적인 차이가 없어야 한다는 점이다. 또한 동성간의 혼인을 인정하는 경우에 이러한 형태의 혼인에 대해서도 이성간의 혼인에 대해서 인정되는 모든 법적 효력을 인정할 것인지 여부의 문제는 남는다. 두 번째 선택은 동성간의 결합과 이성간의 결합에 본질적인 차이가 있는 것으로 보고, 혼인제도

74) 국가는 인구정책적 관점에서 산아제한이 필요한 경우에 자녀의 출산을 억제하는 목표를 추구할 수도 있다. 하지만 인구억제정책을 추진하는 어떤 나라도 자녀의 출산을 절대적으로 금지하는 국가는 없다. 국가공동체의 유지를 위해서는 최소한의 출산까지 금지할 수는 없기 때문이다.

를 오로지 이성간의 결합에 대해서만 인정하고, 동성간의 결합에 대해서는 혼인을 대체하는 새로운 제도를 인정하는 것이다. 이것은 앞서 살펴본 동반자관계(partnership)나 시민결합(civil union) 또는 동거동반자관계(domestic partnership)와 같은 제도를 도입하여 동성간의 결합을 법적으로 보호하는 대안을 뜻한다.

헌법은 평등원칙과 함께 차별금지를 선언하고 있다. 물론 차별금지사유를 "성별, 종교, 사회적 신분"으로 명시하고 있지만 차별금지사유는 이 세 가지에 한정되지 않는다. 따라서 헌법상의 평등원칙과 차별금지원칙에 따라 '성적 지향'을 이유로 한 차별대우는 원칙적으로 헌법에 위반된다. 이로써 이성커플에 대해서만 혼인제도를 차별적으로 인정하거나 동성커플에 대해서 전혀 법적 보호를 하지 않음으로써 차별대우하는 것은 위헌적인 차별이 될 수 있다. 다만 위헌적인 차별은 합리적인 근거가 없는 차별대우를 의미하므로 합리적인 근거에 기초하여 이성커플과 동성커플을 차별대우하는 것은 헌법에 위반되지 않을 수 있다. 이러한 관점에서 동성커플에 대해서 혼인제도를 인정하지 않는 것은 합리적인 근거가 있는 차별대우로서 헌법에 합치할 수 있다. 앞서 설명한 것처럼 동성커플은 자녀의 출산이 가능하지 않은 반면에[75] 이성커플은 자녀의 출산이 가능하기 때문이다. 하지만 이성커플에 대해서는 혼인제도를

75) 동성커플의 경우에도 정자나 난자의 기증에 의한 인공임신의 방식으로 자녀의 출산이 가능하다. 특히 여성 동성커플의 경우에는 타인의 정자를 기증받아 인공임신의 방식으로 자신의 자녀를 출산할 수 있다. 이 경우에 정자를 제공한 남성의 신분을 공개하지 않는 한 특별한 법적 문제는 발생하지 않는다. 한편 남성 동성커플의 경우에도 자신의 정자를 제공하여 인공임신에 의한 방식으로 자녀의 출산이 가능하지만 자녀를 출산한 여성이 공개될 수밖에 없으므로 많은 법적 문제가 발생할 수 있다. 특히 인공수정된 수정란을 대리모의 자궁에 착상시키는 경우에 더욱 복잡한 법적 문제를 발생시킬 수 있다. 어쨌든 인공임신은 통상적이지 않은 출산방법이면서 동시에 많은 법적 문제를 발생시킬 수 있다는 점에서 동성커플의 출산은 예외적인 경우에 해당한다.

통해 법적 보호를 제공하면서 동성커플에 대해서는 전혀 법적 법호를 제공하지 않는 것은 합리적인 근거가 없는 차별로서 위헌의 가능성이 높다. 비록 자녀의 출산가능성이라는 점에서 동성커플과 이성커플 사이에는 본질적인 차이가 존재하지만 이것만으로 동성커플에 대한 법적 보호가 완전히 배제되는 것을 의미하지는 않기 때문이다.

(3) 혼인대체제도와 차별금지

평등과 차별금지의 요청에 따라 동성커플에 대한 법적 보호가 필수적인 경우에 이성커플에 대해서 인정되는 혼인제도와 동성커플에 대해서 인정되는 혼인대체제도는 마찬가지로 평등과 차별금지의 이념에 따라 원칙적으로 동일한 법적 보호를 받아야 한다. 앞서 언급한 평등원칙과 차별금지원칙에 따라 합리적 근거 없이 동성커플과 이성커플을 차별대우하는 것은 허용되지 않기 때문이다. 다만 자녀의 출산가능성이라는 본질적인 차이에 따라 구체적으로 어떤 범위에서 이성커플에 대해서 인정되는 혼인제도가 그 내용으로 포함하는 법적 보호를 동성커플에 대해서 인정되는 혼인대체제도의 내용으로 인정할 것인지가 문제된다.

(4) 동성커플의 입양과 자녀의 복리

동성커플에 대해서 인정되는 혼인대체제도의 내용을 합리적인 범위 안에서 혼인제도와 동일한 내용으로 구성하는 경우에 가장 문제가 되는 것은 자녀의 입양이다. 자녀의 입양에서 가장 중요한 것은 이성커플이든 동성커플이든 입양하는 당사자의 이익뿐만 아니라 입양되는 '자녀의 복리'라는 관점에서 판단되어야 한다는 점이다. 이러한 자녀의 복리라는 측면에서 볼 때 동성커플과 이성커플 사이에는 본질적인 차이(자녀의 출산가능성)가 존재할 뿐만 아니라 동성커플은 절대적인 소수자[76]이기 때문에 동성커플에게 입양되는 자

76) 여기서 "절대적 소수자"는 "상대적 소수자"에 대응하는 개념이다. 상대적 소

녀는 두 명의 아버지 또는 두 명의 어머니를 갖도록 강요당하거나 절대적 소수자의 성적 지향을 강요당하는 것이 될 수 있다. 이것은 단지 동성커플의 결합형태 또는 성적 지향이 도덕적으로 옳고 그르다는 판단을 넘어 여전히 일반적이지 않은 부모의 결합형태 또는 절대적 소수자인 부모의 성적 지향이 자녀의 성적 지향의 형성에 강하게 영향을 미칠 수 있다는 점에서 문제가 된다.[77]

따라서 '자녀의 복리'를 위하여 동성커플의 일방이 데리고 온 자녀(친자 또는 양자[78]) 또는 동반자관계를 유지하는 동안 출생한 자녀를 상대방이 입양하는 경우(계자입양)가 아니라면 동성커플에게 자녀의 입양을 허용할 때는 신중한 판단이 요구된다. 특히 동성커플의 경우에는 공동(joint)의 입양을 허용하면 법적으로 두 명의 아버지 또는 두 명의 어머니가 존재하므로 **단독의 입양만을 허용**할 필요도 존재한다. 동성간의 혼인제도를 인정하는 경우에만 법적으로 두 명의 아버지 또는 두 명의 어머니가 존재할 수 있기 때문이다. 물론 동성커플의 일방이 사망하거나 생활무능력자가 된 경우에 그 일방에 의해 입양된 자녀가 처하게 될 어려운 처지를 고려한다면 공동입양이 필요하다는 주장도 있다.[79] 하지만 동성커플에 대해서

수자는 다수자가 될 수 있다는 점에서 "변경가능한 소수자"이지만 절대적 소수자는 결코 다수자가 될 수 없다는 점에서 "변경불가능한 소수자"를 의미한다.

77) 성적 지향이 태어나면서 결정되는 '불변의 것(the unchangeable)'이라고 하더라도 그러한 성적 지향이 부모의 영향에 따라 감춰질 수 있다는 것이 성적 지향과 관련된 본질적 문제다. 대부분의 사람이, 특히 부모가 이성애적 성적 지향을 가진 상황에서 동성애자들이 자신의 성적 지향을 드러낼 수 없는 것과 같이 동성애자인 부모의 영향 아래 있는 자녀가 자신의 성적 지향을 드러내기란 쉽지 않을 것이다.

78) 독일의 경우에 동성커플의 일방이 입양한 자는 상대방이 다시 입양할 수 없다. 독일 민법에 따라 입양된 자녀는 입양관계가 존속하는 한 입양한 자가 생존하는 동안은 그 배우자에 의해서만 다시 입양될 수 있기 때문이다(동법 제1742조).

79) 정재오, "동성 사이의 생활공동체 – 독일의 개정 생활동반체법을 중심으로 –,"

동반자관계로서 법적인 보호를 제공하면서 공동의 입양을 허용하는 것은 사실상 동성커플에게 혼인의 효력을 일부 인정하는 것과 같다.[80] 결국 동성커플과 이성커플의 본질적인 차이를 인정하면서 이성커플에게만 혼인을 인정하는 하는 한 동성커플에게 공동으로 자녀를 입양할 수 있도록 허용할 수는 없다. 더욱이 동성커플에게 단독입양이 허용되는 경우에도 동성커플이 법적으로 인정되지 않는 국가로부터의 **해외입양은 금지**되어야 한다. 동성커플이 법적으로 인정되지 않는 국가의 국적을 가진 자녀의 입양은 해당 국가에 대해서 사실상 동성커플을 법적으로 인정하도록 만드는 효과가 있다는 사실뿐만 아니라, 해외에서 입양되는 자녀의 복리를 고려할 때도 허용될 수 없기 때문이다.

한편 입양된 자녀가 성인이 된 후에 동성인 부모와의 입양관계를 해소할 수 있는지 여부도 문제가 될 수 있다. 일반적이지 않은 성적 지향에 따라 역시 일반적이지 않은 형태(동반자관계 또는 시민결합)로 결합된 부모를 자신의 부모로 인정할 수 있는지 여부에 관한 권한을 성인이 된 자녀에게 부여할 수 있는가? 하지만 자신의 부모가 가난하거나 불치의 질병을 앓는다는 이유로, 심지어 법적으로 허용되지 않는 직업(청부살인업 또는 성매매업)을 가졌거나 상습적으로 불법행위(마약관련범죄 또는 조직폭력)를 저지른다는 이유로 부모와 자식의 관계를 해소할 수는 없다. 따라서 입양관계를 더 이상 유지할 수 없는 중대하고 명백한 다른 사유가 없는 한 단지 부모가 동성커플이라는 이유로 입양관계를 해소할 수는 없다.

<사법논집>(법원도서관), 제40집(2005), 637면 참조.

80) 독일처럼 혼인한 부부에게만 공동입양을 허용함으로써(민법 제1741조 제2항) 원천적으로 동성커플의 공동입양을 금지할 수도 있다. 독일에서 혼인한 부부가 입양할 때는 공동입양의 의무가 있다.

(5) 동성커플에 대한 혼인대제제도의 인정과 혼인관련원칙의 준용

동성커플에게 혼인대체제도가 인정되는 경우에 이성간의 혼인에 대해서 인정되는 몇 가지 원칙은 혼인대체제도에도 준용되어야 한다. 중혼금지원칙과 조혼금지원칙 및 근친혼금지원칙이 그것이다. 따라서 이미 혼인한 상태이거나 동반자관계를 맺고 있는 사람에게는 동시에 또 하나의 동반자관계를 맺는 것은 허용될 수 없고, 동반자관계를 맺는 연령도 혼인할 수 있는 연령과 동일하게 제한될 필요가 있으며, 동반자관계를 맺을 수 있는 근친의 범위도 혼인이 금지되는 근친의 범위와 동일하게 제한해야 한다. 또한 이혼에 적용되는 법적 요건과 절차를 동반자관계의 해소에도 그대로 적용할 필요가 있다.

제3절

차별받지 않을 권리

I. 문제제기

평등에 대한 요청은 보편적 타당성을 가진 '도덕적' 원칙이면서 대부분의 국가에서 헌법상 보장된 '법적' 원칙이기도 한다. 이러한 도덕적 또는 (헌)법적 원칙에 따라 어떤 이유(예를 들어 인종, 성별, 장애, 종교, 출신국가 등)에서도 차별(discrimination)은 허용되지 않는다. 물론 모든 차별대우(different treatment)가 차별(차별행위)인 것은 아니다. 합리적 근거가 없는 차별대우만이 차별이 된다.[1] 그러므로 어떤 이유(차별금지사유)에서도 합리적 근거가 없는 차별대우는 허용되지 않는다. 이러한 원칙은 성적 지향(sexual orientation)을 이유로 한 차별대우에도 그대로 적용된다. 따라서 모든 사람은 어떠한 성적 지향을 가졌는지에 따라 합리적 근거가 없는 차별대우를 받지 않을 권리를 향유한다. 이와 같은 권리를 법률적 권리로 구체화하고 권리침해에 대한 구제를 위하여 차별금지법의 제정이 필요하다.

최근 들어 성적 지향은 많은 국가에서 중요한 차별금지사유로 주목받고 있다. 특정인이 동성애자나 양성애자 또는 이성애자라는 사실에 근거하여 차별행위가 빈번하게 발생하고 있다는 반증이다. 따라서 세계 각국은 성적 지향을 이유로 한 차별행위를 금지시키는 법률의 제정이 필요하다는 사실을 점차 분명하게 인식해가고

---

1) 차별의 개념에 대해서는 이준일, <차별금지법>(2007), 46면 이하 참조.

있다. 무엇보다도 유럽연합(EU)은 이러한 인식을 분명히 하면서 특히 고용과 직업의 영역에서 성적 지향을 이유로 한 차별을 금지하는 **2000년 제78호 EU지침**[2)]을 만들어 가맹국들에게 이 지침을 반영하는 법률을 제정하도록 촉구하고 있다. 이 지침에 따르면 성적 지향을 이유로 한 직접차별(direct discrimination)과 간접차별(indirect discrimination), 괴롭힘(harassment), 차별의 지시(instruction to discriminate), 보복행위(victimisation)[3)]는 모두 금지된다. 다만 성적 지향과 관련된 특성이 진정직업요건(genuine and determining occupational requirement)[4)]에 해당하는 경우에는 차별에 해당하지 않고, 성적 지향과 관련된 불이익을 예방하거나 보상하기 위해 실시되는 적극적 조치(positive action)는 차별로 보지 않는다. 이러한 EU지침의 구체적 내용들은 EU가맹국들이 차별금지법을 제정하는 데 기초가 되고 있다.

차별을 금지하는 법률은 다양한 차별금지사유를 포괄하는 '일반적 법률'의 형태로, 또는 특정한 차별금지사유만을 대상으로 하

---

2) Council Directive 2000/78/EC of 27 November 2000 establishing a general framework for equal treatment in employment and occupation, EU Official Journal L303 (2000. 12. 2.), 16~22면 참조. 이 지침은 성적 지향을 포함하여 종교나 신념, 장애, 연령을 이유로 고용과 직업의 영역에서 차별대우하는 것을 금지한다.

3) 보복행위란 차별행위에 대한 진정이나 소송 등을 이유로 피해자나 진정인 또는 소송참가자에게 가해지는 모든 불리한 대우를 말한다.

4) 2000년 제78호 EU지침 제4조 제1항: Notwithstanding Article 2(1) and (2), Member States may provide that a difference of treatment which is based on a characteristic related to any of the grounds referred to in Article 1 shall not constitute discrimination where, by reason of the nature of the particular occupational activities concerned or of the context in which they are carried out, such a characteristic constitutes a **genuine and determining occupational requirement**, provided that the objective is legitimate and the requirement is proportionate. 이 규정에 따르면 진정직업요건에 해당하더라도 그 목적이 정당하고 요건이 비례적인 경우에만 허용된다.

는 '개별적 법률'의 형태로 제정될 수 있다.[5] 따라서 성적 지향을 이유로 한 차별행위를 금지시키는 법률의 경우에도 다른 차별금지사유와 함께 성적 지향이 열거되는 일반적 법률의 형태도 있지만 차별금지사유가 오로지 성적 지향에 한정되는 개별적 법률의 형태도 있다. 또한 차별이 발생하는 영역들이 다양하기 때문에 성적 지향을 이유로 한 차별행위에 대해서도 모든 차별영역(차별금지영역)을 포괄하는 차별금지법이 제정될 수도 있고, 특정한 차별영역(고용, 교육, 재화 · 용역의 제공 등)별로 구분하여 차별금지법이 제정될 수도 있다. 결국 차별금지법을 제정하는 세계 각국이 처해 있는 법제도의 역사와 체계 및 세계 각국이 직면한 차별의 경험과 현실에 따라 다양한 형태의 개별적 차별금지법으로 구체화될 수밖에 없다. 세계 각국이 성적 지향을 이유로 한 차별행위에 대해서 어떠한 방식으로 대처해가고 있는지에 대해서 먼저 살펴보기로 한다.

II. 성적 지향을 이유로 한 차별의 시정에 관한 세계 각국의 입법례

1. 네덜란드

1994년에 제정된 네덜란드의 **평등대우기본법**(Algemene Wet Gelijke Behandenling; Equal Treatment Act: 이하 'AWGB'로 약칭)[6]에 따르면 성적 지향(heterosexual or homosexual orientation)은 종교, 신념, 정치적 의견, 인종, 성별, 국적, 사회적 신분(civil status)과 함께 명시적으로 열거된 차별금지사유들 가운데 하나다(AWGB 제1조 제1항). 따라서 성적 지향

5) 일반적 차별금지법과 개별적 차별금지법의 구분에 대해서는 이준일, <차별금지법>(2007), 165면 이하 참조.

6) 네덜란드의 평등대우기본법의 영문전문은 평등대우위원회(CGB)의 웹사이트 (www.cgb.nl) 참조.

을 이유로 한 직접차별(direct discrimination)뿐만 아니라 성적 지향 외의 특성이나 행동을 이유로 한 차별이지만 결과적으로 성적 지향을 이유로 한 차별이 되는 간접차별(indirect discrimination)은 모두 금지된다. 그리고 성적 지향을 이유로 한 괴롭힘(harrassment), 즉 인간존엄을 해치고 위협적이고 적대적이며 모욕적이고 굴욕적이며 공격적인 환경을 만들 목적이나 효과를 가지는 행위도 차별행위로서 금지된다(AWGB 제1a조). 성적 지향을 이유로 한 차별행위가 금지되는 영역으로는 고용, 직업, 노동조합활동, 재화와 용역의 제공, 교육과 직업교육 등이 포함된다. 성적 지향을 이유로 차별을 받은 자는 **평등대우위원회**(Commissie Gelijke Behandeling (CGB); Equal Treatment Commission)[7]에 진정하여 시정 또는 구제를 받을 수 있다.

네덜란드의 평등대우위원회가 집행하는 차별금지법으로는 평등대우기본법 이외에 **남녀고용평등법** [Wet gelijke behandeling mannen en vrouwen (WGB); Equal Treatment in Employment (men and women) Act], **근로시간평등법** [Wet onderscheid arbeidsduur (WOA); Equal Treatment (working hours) Act], **민법** 제7:646조~제7:649조 [Sections 7:646 through 7:649 of the Civil Code (Burgerlijk Wetboek)], **공무원법** 제125a조 및 제125h조 [Sections 125g and 125h of the Dutch Central and Local Government Personnel Act (Ambtenarenwet)], **정규직·비정규직근로자평등법** [Wet Onderscheid Bepaalde en Onbepaalde Tijd (WOBOT); Equal Treatment Temporary and Permanent Employees Act], **장애차별금지법** [Wet gelijke behandeling op grond van handicap of chronische ziekte (WGBH/CZ); Equal Treatment (Disability or Chronic Illness) Act], **고용상 연령차별금지법** [Wet gelijke behandeling op grond van leeftijd bij de arbeid (WGBL); Equal Treatment in Employment (Age Discrimination) Act][8] 등이 있다. 한편 중대한 차별행위

7) 네덜란드의 평등대우위원회(CGB)에 대해서는 그 웹사이트(www.cgb.nl) 참조.

8) 네덜란드의 고용상 연령차별금지법에 대한 자세한 설명은 이준일, "연령차별

에 대해서는 **형법**에 의해 처벌(징역형 또는 벌금형)이 부과되는 경우도 있다(동법 제137c조~제137g조). 이러한 개별적인 차별금지법들을 종합해볼 때 성적 지향은 성별, 종교, 인종, 장애, 연령 등과 함께 네덜란드에서 매우 중요한 차별금지사유로 인식되고 있음을 확인할 수 있다.

[표] 네덜란드의 차별금지법

<table>
<tr><th>차별금지사유</th><th>법 률 명</th><th>차별영역</th><th>차별시정 기구</th></tr>
<tr><td>-종교
-신념
-정치적 의견
-인종
-성별(sex)
-국적
-성적 지향
-사회적 신분</td><td>평등대우기본법
(Equal Treatment Act)</td><td>-고용
-직업
-노동조합활동
-재화 · 용역
-교육</td><td rowspan="6">평등대우
위원회
(Equal
Treatment
Commission)</td></tr>
<tr><td>-성별</td><td>남녀고용평등법 [Equal Treatment in Employment (men and women) Act]</td><td rowspan="4">-고용</td></tr>
<tr><td>- 고용형태</td><td>근로시간평등법 [Equal Treatment (working hours) Act]</td></tr>
<tr><td>-고용형태</td><td>정규직 · 비정규직근로자평등법
(Equal Treatment Temporary and permanent Employees)</td></tr>
<tr><td>-성별
-고용형태</td><td>민법(Civil Code)
제7:646조~제7:649조</td></tr>
<tr><td>-고용형태</td><td>공무원법 [Dutch Central and Local Government Personnel Act]
제125g조 및 제125h조</td><td>-고용(공직)</td></tr>
</table>

금지의 법제와 법적문제,"<미국헌법연구>(미국헌법학회), 제19권 제1호(2008), 114면 이하 참조.

-장애	장애차별금지법 [Equal treatment (disability or chronic illness) Act]	-고용 -직업교육 -대중교통수단	평등대우 위원회 (Equal Treatment Commission)
-연령	연령차별금지법 [Equal Treatment in Employment (Age Discrimination) Act]	-고용 -직업 -직업교육 -단체가입	

2. 스 웨 덴

스웨덴은 2009년 1월 1일부터 통합된 차별금지법이 제정되었다. 이에 따라 2008년까지 차별금지사유와 차별금지영역별로 제정되어 있던 개별적 차별금지법들이 하나의 일반적 차별금지법으로 통합되었다. 따라서 성적 지향을 이유로 한 차별에 대해서 2008년 이전의 규율방식과 2009년 이후의 규율방식을 구분해서 설명하기로 한다.

(1) 2008년 이전의 규율방식

2008년 이전에 성적 지향을 이유로 한 차별에 대해서는 고용영역과 그 외의 영역(교육 및 재화・용역의 제공)으로 구분하여 개별적 차별금지법으로 규율하였다. 이러한 규율방식은 차별영역과 차별대상(피해자)에 따라 세분화해서 차별을 금지하고 있기 때문에 성적 지향을 이유로 한 차별행위는 고용, 교육, 재화・용역의 제공 등 독자적인 차별영역에 따라, 그리고 아동・학생, 대학생, 성인 등 개별적인 차별대상에 따라 각각의 특수한 내용을 반영하여 규제되고 있다고 볼 수 있다.

① 고용영역

스웨덴은 2008년까지 성적 지향을 이유로 한 차별을 금지하는 독립적인 법률을 가지고 있는 대표적인 국가이었다. 1999년에 제정된 **성적 지향을 이유로 한 고용차별금지법**[Lag (1999:133) om förbud mot diskriminering i arbetslivet på grund av sexuell läggning; Sexual Orientation Discrimination (Employment) Act (1999:133): 이하 'SODA'로 약칭][9]에 따르면 고용영역에서 성적 지향을 이유로[10] 특정 근로자나 취업지원자(job applicant)를 불리하게 대우(disfavor)하는 직접차별(direct discrimination)과 외관상으로는 중립적이지만 실제로는(in practice) 불리하게 대우하는 간접차별(indirect discrimination)은 모두 금지된다(SODA 제3조 및 제4조). 그리고 성적 지향을 이유로 근로자나 취업지원자의 존엄성을 해치는 괴롭힘(harassment)도 차별행위로서 금지된다(SODA 제4a조). 또한 사용자가 근로자에게 차별행위를 지시하거나 명령하는 것도 금지된다

---

9) 스웨덴의 '성적 지향을 이유로 한 고용차별금지법(SODA)'의 전문(영문)은 스웨덴 정부 웹사이트(www.sweden.gov.se) 참조. 스웨덴 법무부(Ministry of Justice)가 2003년 6월에 발행한 한 보고서(Fact Sheet)에는 이 법률의 영문명을 'The Prohibition of Discrimination in Working Life because of Sexual Orientation Act (1993:133)'로 표기하고 있다. 이 보고서 전문(영문)도 같은 웹사이트에서 참조.

10) 고용영역에서 성적 지향 외에 성별을 이유로 한 차별을 금지하는 법률로는 「기회평등법」[Jämställdhetslagen (1991:433); Equal Opportunities Act (1991:433)]'이 있고, 출신민족, 종교 또는 신념을 이유로 한 차별을 금지하는 법률로는 「출신민족·종교·신념을 이유로 한 고용차별금지법」[Lag (1999:130) om åtgärder mot diskriminering i arbetslivet på grund av etnisk tillhrighet, religion eller annan trosuppfattning; Act on Measures against Discrimination in Working Life on Grounds of Ethnic origin, Religion or other Religious Faith (1999:130)]'이 있으며, 장애를 이유로 한 차별을 금지하는 법률로는 「장애인고용차별금지법」[Prohibition of Discrimination in Working Life of People with Disability Act (1999:132)]이 있다. 국가기관에 따라 첫 번째 법률은 'Gender Equality Act'로, 두 번째 법률은 'Ethnic Origin, Religion or other Belief Discrimination (Employment) Act'로, 세 번째 법률은 'Disability Discrimination (Employment) Act'로 영문표기하기도 한다.

(SODA 제4b조). 그밖에 차별행위에 대하여 진정을 제기했거나 해당 기관의 조사과정에 참여했다는 이유로 보복하는 행위(retaliatory actions)도 차별행위로 금지된다(SODA 제7조).

성적 지향을 이유로 한 차별행위를 내용으로 하는 근로계약은 그 범위에서 무효가 된다(SODA 제9a조). 그리고 성적 지향을 이유로 한 차별행위로 발생한 손해에 대해서는 배상을 해야 할 책임이 부과된다(SODA 제11조에서 제15조). 「성적 지향을 이유로 한 고용차별금지법」의 집행을 감시하는 국가기구로서 **성적 지향을 이유로 한 차별감시 옴브즈만** [Ombudsmannen mot diskriminering på grund av sexuell läggning (HomO); Ombudsman against discrimination on grounds of sexual orientation][11]이 설치되어 있다(SODA 제16조). 차별감시 옴부즈만은 법 위반자에 대해서 과태료를 부과할 수 있다(SODA 제18조). 또한 차별감시 옴부즈만은 차별과 관련된 분쟁에서 근로자를 위하여 노동법원(the Labour Court)에 소송을 제기할 수도 있다(SODA 제24조). 성적 지향을 이유로 한 차별감시 옴부즈만의 권한과 책임에 대해서는 「성적 지향을 이유로 한 차별감시 옴부즈만에 관한 행정지침」[Government Decree With Instructions for the Office of the Ombudsman against Discrimination on grounds of Sexual Orientation (1999:170)][12]에서 상세하게 규정하고 있다.

② 고용 외의 영역

고용영역 외의 영역에서 발생하는 성적 지향을 이유로 한 차별에 대해서는 다른 차별금지법이 적용된다. 우선 **교육영역**과 관련하여 대학생에 대해서는 **대학생평등대우법** [Lag (2001:1286) om likabehandling av studenter i högskolan; Equal Treatment of Students at Universities Act (2001:1286): 이하 'LBL'로 약칭]이, 그리고 학생과 아동에 대해서는 **아동·**

11) '성적 지향을 이유로 한 차별감시 옴부즈만(HomO)'에 대한 자세한 소개는 웹사이트(www.homo.se) 참조.

12) 스웨덴의 「성적 지향을 이유로 한 차별감시 옴부즈만에 관한 행정지침」의 영문전문은 스웨덴 정부 웹사이트(www.sweden.gov.se) 참조.

학생에 대한 차별 및 굴욕적 대우의 금지에 관한 법률 [Lag (2006:67) om förbud mot diskriminering och annan kränkande behandling av barn och elever; Act Prohibiting Discrimination and Other Degranding Treatment of Children and School Students (2006:67): 이하 'BEL'로 약칭]이 적용된다. 「대학생평등대우법」과 「아동·학생에 대한 차별 및 굴욕적 대우의 금지에 관한 법률」은 성적 지향 외에도 소속민족(ethnic belonging[13] 또는 ethnic affiliation), 종교 또는 신념, 장애, 성별을 차별금지사유로 열거하고 있다(LBL 제3조 및 BEL 제2조). 아무튼 이 법률들에 따라 성적 지향을 이유로 대학의 입학, 시험, 학점부여, 박사과정입학, 징계 등에서 차별하는 행위는 금지되고(LBL 제9조), 교육관청이나 학교 관리자가 학생을 차별하거나 괴롭히는 행위 또는 차별을 지시하거나 그밖에 굴욕적으로 대우하는 행위는 금지된다(BEL 제10조~제13조). 하지만 일정한 성적 지향을 가진 학생의 평등권을 적극적으로 촉진시키기 위한 목표지향적 과제(goal-oriented work)나 괴롭힘을 예방하고 제거하는 조치와 같은 적극적 조치(active measures)는 차별행위가 아니라 오히려 학교의 의무로서 부과된다(LBL 제3조 및 제4조; BEL 제5조~제8조).

한편 **재화나 용역**(서비스)**의 제공**과 관련해서는 **차별금지법** [Lag (2003:307) om förbud mot diskriminering; Discrimination (Goods and services) Act (2003:307)]이 적용된다. 따라서 고용시장(labour market), 창업 또는 경영(starting or running a business), 직업, 단체가입이나 회원가입(membership), 재화나 용역 또는 주거의 제공, 사회복지서비스, 사회보험, 실업보험, 학생지원, 건강보험 등에서 성적 지향을 이유로 차별하는 행위는 금지된다.

---

13) 「대학생평등대우법」에 따르면 '소속민족'이란 동일한 피부색, 출신국가 또는 출신민족(national or ethnic background), 종교적 신념을 가진 사람들의 집단으로서 특정인이 소속되어 있는 것을 의미한다(ETSUA 제2조).

(2) 2009년 이후의 규율방식

2009년 1월 1일부터 시행된 통합 차별금지법(Discrimination Act, 2008:567)은 그 동안 산재되어 있던 7개의 차별금지법, 즉 ① 기회평등법(Equal Opportunities Act, 1991:433), ② 출신민족·종교를 이유로 한 고용차별금지법(Act on Measures against Discrimination in Working Life on Grounds of Ethnic Origin, Religion or Other Religious Faith, 1999:130), ③ 장애인고용차별금지법(Prohibition of Discrimination in Working Life of People with Disability Act, 1999:132), ④ 성적 지향을 이유로 한 고용차별금지법(Prohibition of Discrimination in Working Life on Grounds of Sexual Orientation Act, 1999:133), ⑤ 대학생평등대우법(Equal Treatment of Students at Universities Act, 2001:1286), ⑥ 차별금지법(Prohibition of Discrimination Act, 2003:307), ⑦ 아동·학생에 차별 및 굴욕적 대우금지법(Act Prohibiting Discriminatory and Other Degrading Treatment of Children and School Students, 2006:67)을 통합하는 법률이다. 이 법률에서 금지하는 차별사유로는 ① 성별, ② 성정체성(transgender identity or expression), ③ 출신민족, ④ 종교(religion or other belief), ⑤ 장애, ⑥ 성적 지향, ⑦ 연령이다. 따라서 성적 지향을 이유로 한 차별도 통합 차별금지법에 따라 규율을 받게 되었다.

통합된 차별금지법에 따라 성적 지향을 이유로 한 차별이 금지되는 영역으로는 ① 고용, ② 교육, ③ 노동시장정책 및 민간영역의 고용서비스, ④ 창업 및 경영, ⑤ 자격인정, ⑥ 단체회원가입, ⑦ 재화, 용역, 주택임대, ⑧ 각종 모임과 대중행사, ⑨ 의료서비스, ⑩ 사회복지서비스, ⑪ 사회보험, ⑫ 실업보험, ⑬ 장학지원, ⑭ 병역 및 대체복무, ⑮ 공직 등으로 매우 포괄적이다.

[표] 스웨덴의 차별금지법

<table>
<tr><th>차별금지 사유</th><th>법률명</th><th>감시기관</th><th>차별 영역</th></tr>
<tr><td>-성별</td><td>기회평등법 [Equal Opportunities Act (1991:433)]</td><td>기회평등 옴부즈만 (Equal Opportunities Ombudsman)</td><td rowspan="4">고용</td></tr>
<tr><td>-출신민족
-종교 · 신념</td><td>출신민족 · 종교 · 신념을 이유로 한 고용차별금지법 [Act on Measures against Discrimination in Working Life on Grounds of Ethnic Origin, Religion or Other Regligious Faith(1999:130)]</td><td>민족차별감시 옴부즈만 (Ombudsman against Ethnicdiscrimination)</td></tr>
<tr><td>-장애</td><td>장애인고용차별금지법 [Prohibition of Discrimination in Working Life of People with Disability Act (1999:132)]</td><td>장애차별감시 옴부즈만 (Disability Ombudsman)</td></tr>
<tr><td>-성적 지향</td><td>성적 지향을 이유로 한 차별금지법 [Sexual Orientation Discrimination (Employment) Act (1999:133)]</td><td>성적 지향을 이유로 한 차별감시 옴부즈만 (Ombudsman against Discrimination because of Sexual Orientation)</td></tr>
<tr><td rowspan="3">-출신민족
-종교 · 신념
-성적 지향
-장애
-성별</td><td>대학생평등대우법 [Equal Treatment of Students at Universities Act (2001:1286)]</td><td rowspan="3">-출신민족 · 종교 · 신념: 민족차별감시 옴부즈만
-성적 지향: 성적 지향을 이유로 한 차별감시 옴부즈만
-장애: 장애차별감시 옴부즈만
-성별: 기회평등 옴부즈만</td><td rowspan="2">교육</td></tr>
<tr><td>아동 · 학생에 대한 차별 및 굴욕적 대우의 금지에 관한 법률 [Act Prohibiting Discrimination and Other Degrading Treatment of Children and School Students (2006:67)]</td></tr>
<tr><td>차별금지법 [Prohibition of Discrimination Act (2003:307)]</td><td>재화 · 용역</td></tr>
</table>

-성별 -성정체성 -출신민족 -종교 -장애 -성적 지향 -연령	차별금지법 [Discrimination Act (2008:567)]	평등옴부즈만 (Equality Ombudsman)	고용 교육 재화 · 용역 사회보장 공직채용

3. 영 국

(1) 고용영역

영국에서 고용영역(직업교육 포함)과 관련하여 성적 지향을 이유로 한 차별행위와 괴롭힘(harrassment) 및 보복행위(victimisation)는 2003년 12월 1일부터 시행된 **고용평등(성적 지향)규칙** [Employment Equality (Sexual Orientation) Regulations 2003 No. 1661): 이하 'EESOR'로 약칭]에 따라 불법행위가 된다. 그밖에도 고용상의 차별을 금지하기 위한 규칙으로는 종교나 신념을 이유로 한 고용상의 차별을 금지하는 **고용평등(종교 · 신념)규칙** [Employment Equality (Religion of Belief) Regulations 2003 No. 1660)], 연령을 이유로 한 고용상의 차별을 금지하는 **고용평등(연령)규칙** [Employment Equality (Age) Regulations 2006 No. 1031]이 있다. 이러한 규칙들을 위반한 고용상의 차별행위에 대해서는 고용심판소(Employment Tribunal)[14]에 심판을 청구할 수 있다.

성적 지향을 이유로 한 차별행위를 금지하는 고용평등규칙(EESOR)에 따라[15] 모든 고용영역에서 성적 지향을 이유로 한 직접차별은 금지된다. 따라서 성적 지향을 이유로 채용하지 않거나 해고하는 행위, 직업교육의 제공이나 승진을 거부하는 행위, 불리한 근로조건을 제시하거나 다른 성적 지향을 가진 근로자에게 제공되

14) 영국의 고용심판소에 대해서 그 웹사이트(www.employmenttribunals.gov.uk) 참조.

15) 고용평등(성적 지향)규칙의 적용에 대한 상세한 설명은 ACAS, <Sexual Orientation and Workplace>, 2006 참조.

는 급부(benefit)의 제공을 거부하는 행위는 불법이다. 또한 모든 근로자에게 적용되는 외관상 중립적인 기준이나 관행이 특정한 성적 지향을 가진 사람들에게 불리한 결과를 초래하는 '간접차별'도 그것이 정당화될 수 없는 경우에는 불법적인 차별이 된다. 그리고 특정한 성적 지향을 가진 사람들에게 공격적이고 적대적인 환경을 만드는 '괴롭힘'도 불법적인 차별행위에 해당한다. 이러한 괴롭힘은 의도적이고 명백한 것뿐만 아니라 의도적이지 않고 교묘한 것까지도 포함하고, 특정 개인을 향한 것뿐만 아니라 특정 성적 지향에 대한 악의적 농담을 수인하도록 만드는 일반적인 문화도 포함한다. 마지막으로 성적 지향을 이유로 한 차별행위에 대해서 심판을 청구하거나 이러한 절차에 증언 등으로 참여했다는 이유로 '보복하는 행위'도 불법적인 차별행위가 된다.

하지만 특정한 성적 지향이 '진정직업요건(genuine occupational requirement: GOR)'인 경우에는 성적 지향을 이유로 한 차별대우가 허용된다. 진정직업자격에 해당하는지를 판단하기 위해서는 특정한 직무의 속성(nature)과 그 직무가 수행되는 조건(context)을 반드시 고려해야만 한다. 그리고 특정한 종교적 교리에 기초하여 설립된 단체나 조직의 경우에는 그러한 종교적 교리에 따른 자격요건으로서 특정한 성적 지향을 요구한다든지 직무의 속성이나 그 직무가 수행되는 조건으로 인해 해당 종교를 신봉하는 사람들의 종교적 신념과 충돌하는 것을 피하기 위하여 특정한 성적 지향을 요구하는 것은 허용된다.

(2) 고용 외의 영역

영국은 2006년 고용영역이 아닌 영역에서 발생하는 차별적 관행을 시정하기 위하여 **평등법** [Equality Act 2006 (c. 3): 이하 'EA'로 약칭]을 제정하여 차별금지사유로 성적 지향을 포함시켰다 [동법 제10조 제2항 (g)호 및 제81조 이하]. 그동안 차별금지사유로는 **성차별**

금지법 [Sex Discrimination Act 1975 (c. 65)]의 '성별', **인종관계법** [Race Relations Act 1976 (c. 74)][16]의 '인종', **장애차별금지법** [Disability Discrimination Act 1995 (c. 50)][17]의 '장애'가 규정되어 있었고, 각각의 차별금지사유에 근거한 차별행위를 판단하고 시정하기 위한 기관으로서 '기회평등위원회(Equal Opportunities Commission: EOC)', '인종평등위원회(Commission for Racial Equality: CRE)', '장애인권리위원회(Disability Rights Commission: DRC)'[18]가 산재해 있었다. 평등법의 제정으로 성적 지향 이외에 종교와 신념이 새로운 차별금지사유로 포함되고, 차별행위를 판단하고 시정하는 기관도 **평등·인권위원회**(Commission for Equality and Human Rights: CEHR)로 통합되었다.[19]

아무튼 성적 지향은 영국에서 금지된 차별사유가 되므로 성적 지향을 이유로 차별행위를 받은 사람은 평등·인권위원회(CEHR)에 진정할 수 있다. 여기서 성적 지향이란 ① 자신과 같은 성별의 사람에 대한 개인의 성적 지향이나 ② 자신과 반대의 성별의 사람에 대한 개인의 성적 지향 또는 ③ 자신과 같은 성별의 사람 및 자신과 반대의 성별의 사람 모두에 대한 개인의 성적 지향을 의미한다(EA 제35조). 이러한 성적 지향을 이유로 교육, 재화·시설·용역의 제공, 광고, 공공기관과 영역에서 차별하는 행위는 평등법(EA)에 따라 금지된다.

---

16) 인종관계법은 경찰과 공공기관에 확대 적용하기 위하여 2000년 11월 30일 제정된 수정인종관계법 [Race Relations (Amendment) Act 2000 (c. 34)]으로 대체되었다.

17) 장애차별금지법은 2005년 개정되었다 [Disability Discrimination Act 2005 (c. 13)].

18) 장애인권리위원회(DRC)는 1999년 7월 27일 제정된 장애인권리위원회법 [Disability Rights Commission Act 1999 (c. 17)]에 따라 설치되었다.

19) 평등법의 제정으로 기존의 기회평등위원회(EOC), 인종평등위원회(CRE), 장애인권리위원회(DRC)는 2009년 3월 31일까지만 존속하고, 이후에는 폐지되었다(동법 제36조).

[표] 영국의 차별금지법

차별금지 사유	법률명	차별영역	차별시정 기구
-성별 (sex)	동일임금법 [Equal Pay Act 1970 (c. 41)]	-고용	-비고용: 평등과 인권위원회 (Commission for Equality and Human Rights) -고용: 고용심판소 (Employment Tribunal)
	성차별금지법 [Sex Discrimination Act 1975 (c. 65)]	-고용 -교육 -재화·시설·용역 -광고	
-인종	인종관계법 [Race Relations Act 1976 (c. 74)] 수정인종관계법 [Race Relations (Amendment) Act 2000 (c. 34)]	-고용 -교육 -재화·시설·용역 -공공기관	
-장애	장애차별금지법 [Disability Discrimination Act 1995 (c. 50)]	-고용 -교육 -재화·시설·용역 -대중교통수단	
-성전환	성차별(성정체성)규칙 [Sex Discrimination (Gender Reassignment) Regulations 1999 No. 1102]	-고용	
-성적 지향	고용(성적지향)평등규칙 [Employment Equality (Sexual Orientation) Regulations 2003 No. 1661)]		
-종교·신념	고용(종교)평등규칙 [Employment Equality (Religion or Belief) Regulations 2003 No. 1660)]		
-연령	고용(연령)평등규칙 [Employment Equality (Age) Regulations 2006 No. 1031]		
-연령 -장애 -성별(gender) -성전환 -인종 -종교·신념 -성적 지향	평등법 [Equality Act 2006(c. 3)]	-교육 -재화·시설·용역 -광고 -공공기관(public authority)	

4. 호 주

호주의 경우에도 2006년 평등법 제정 전의 영국과 유사하게 차별금지사유별로 차별금지법이 제정되어 있다. 제정된 연도순으로 정리하면 ① **인종차별금지법** [Racial Discrimination Act 1975 (Act No. 52 of 1975)], ② **성차별금지법** [Sex Discrimination Act 1984 (Act No. 4 of 1984)], ③ **장애차별금지법** [Disability Disrimination Act 1992 (Act No. 135 of 1992)], ④ **연령차별금지법**(Age Discrimination Act: ADA 2004)[20]이 있다. 이러한 차별금지법을 집행하는 차별시정기구로 **인권·기회평등위원회**(Human Rights and Equal Opportunity Commission: HREOC)[21]가 설치되어 있다. 인권·기회평등위원회(HREOC)에는 각각의 차별금지법을 집행하기 위한 인종차별위원(Race Discrimination Commissioner), 성차별위원(Sex Discrimination Commissioner), 장애차별위원(Disability Discrimination Commissioner), 연령차별위원(Age Discrimination Commissioner)이 포함되어 있다. 한편 인권·기회평등위원회(HREOC)의 설치근거가 되는 **인권·기회평등위원회법** [Human Rights and Equal Opportunity Commission Act 1986 (Act No. 125 of 1986)][22]에는 앞서 언급한 차별금지사유 이외에 종교, 정치적 의견, 출신국가(national extraction), 출신지역(social origin)이 열거되어 있다. 아무튼 차별시정기구로서 인권·기회평등위원회(HREOC)는 이러한 차별금지사유들에 근거한 차별행위와 그밖의 차별행위에 대해서도 시정권한을 가지고 있기 때문에 성적 지향을 이유로 한 차별행위도 이 기구를 통해 시정될 수 있다.

---

20) 호주의 차별금지법에 대해서는 호주 인권·기회평등위원회(HREOC)의 웹사이트(www.hreco.gov.au) 참조, 특히 호주의 연령차별금지법에 대해서는 이준일, "연령차별의 법제와 법적 문제," <미국헌법연구>(미국헌법학회), 제19권 제1호(2008), 117면 이하 참조.

21) 호주의 인권·기회평등위원회(HREOC)에 대해서는 그 웹사이트(www.hreco.gov.au) 및 이준일, <차별금지법>(2007), 198면 이하 참조.

22) 호주의 인권·기회평등위원회법에 대해서는 인권·기회평등위원회의 웹사이트(www.hreco.gov.au) 및 이준일, <차별금지법>(2007), 154면 이하 참조.

[표] 호주의 차별금지법

<table>
<tr><th>차별금지
사유</th><th>법률명</th><th>차별영역</th><th>차별시정
기구</th></tr>
<tr><td>-인종
-피부색
-출신민족
-출신국가</td><td>인종차별금지법(Racial Discrimination Act 1975)</td><td>-법적 권리
-편의시설
-토지・주거・영업시설
-재화・용역
-노동조합
-고용
-광고</td><td rowspan="4">인권・기회평등위원회(Human Rights and Equal Opportunity Commission)</td></tr>
<tr><td>-성별
-혼인여부
-임신</td><td>성차별금지법(Sex Discrimination Act 1984)</td><td>-고용
-교육
-재화・용역・편의시설
-주거・영업시설
-토지
-회원가입(clubs)
-법집행</td></tr>
<tr><td>-장애</td><td>장애차별금지법(Disability Discrimination Act 1992)</td><td>-고용
-교육
-건물(premises)
-재화・용역・편의시설
-주거・영업시설
-토지
-회원가입
-스포츠
-법집행</td></tr>
<tr><td>-연령</td><td>연령차별금지법(Age Discrimination Act 2004)</td><td>-고용
-교육
-주거・영업시설
-재화・용역・편의시설
-법집행
-건물
-토지</td></tr>
</table>

-인종 -피부색 -성별 -종교 -정치적 의견 -출신국가 (national extraction) -출신지역 (social origin)	인권 · 기회평등위원회법 (Human Rights and Equal Opportunity Commission Act 1986)	위의 모든 영역	인권 · 기회평등위원회 (Human Rights and Equal Opportunity Commis-sion)

5. 캐 나 다

캐나다인권법 [Canadian Human Rights Act (R.S., 1985, c. H-6): 이하 'CHRA'로 약칭][23]은 차별금지사유로서 성적 지향을 명시하고 있다(CHRA 제3조 제1항). ① 성적 지향 이외에 열거된 차별금지사유로는 ② 인종, ③ 출신국가 또는 출신민족(national or ethnic origin), ④ 피부색, ⑤ 종교, ⑥ 연령, ⑦ 성별(sex: 임신과 출산 포함), ⑧ 혼인여부(marital status), ⑨ 가족상태(family status), ⑩ 장애, ⑪ 실효된 전과(conviction for which a pardon has been granted)가 있다. 캐나다인권법은 이와 같은 다양한 차별금지사유를 이유로 한 차별행위를 거의 모든 차별영역에서 금지하는 포괄적인 차별금지법에 해당한다.

따라서 차별금지사유인 성적 지향을 이유로 ① 공중이 일반적으로 접근할 수 있는(customarily available to the general public) 재화, 용역, 편의시설(facilities)이나 편의(accommodation)의 제공을 거부하는 행위(CHRA 제5조), ② 상업용 건물이나 주거용 시설의 제공을 거부하는 행위(CHRA 제6조), ③ 고용을 거부하는 행위(CHRA 제7조), ④ 취업지원이나 고용광고에서 제한을 가하는 행위(CHRA 제8조), ⑤ 노동조합 활동에서 배제하거나 제한하는 행위(CHRA 제9조), ⑥ 특정인이나 특

23) 캐나다인권법 전문은 캐나다인권위원회의 웹사이트(www.chrc-ccdp.ca) 참조.

정집단을 배제하는 고용관련 정책이나 관행 또는 계약을 수립하거나 체결하는 행위(CHRA 제10조), ⑦ 차별이나 차별의도를 표현하거나 다른 사람에게 차별을 선동하는 표시나 상징 등을 공중을 상대로 출판하거나 전시하는 행위(CHRA 제12조), ⑧ 통신수단을 이용하여 특정개인이나 집단에게 증오나 저주를 표현하는 사안에 대해서 반복적으로 통화하는 행위(CHRA 제13조), ⑨ 괴롭히는 행위(CHRA 제14조)는 차별행위로서 불법행위에 해당한다. 다만 고용과 관련된 영역에서 사용자가 진정직업요건(bona fide occupational requirement)이라는 이유로 차별하는 행위는 허용된다. 어떤 경우에 성적 지향이 진정직업요건이 될 수 있는지에 대해서는 검토가 필요하다.

성적 지향을 이유로 금지된 차별행위를 당한 자는 **캐나다인권위원회**(Canadian Human Rights Commission)[24]에 진정(complaint)을 제기할 수 있다. 성적 지향을 이유로 한 차별행위에 대해서 진정을 했다는 이유로 보복(retaliation)하는 행위도 불법적인 차별행위에 해당한다(CHRA 제14.1조).

6. 남아프리카공화국

남아프리카공화국에서 성적 지향은 헌법에 명시적으로 열거된 차별금지사유 가운데 하나다. 성적 지향을 헌법상의 차별금지사유로 규정한 것은 남아프리카공화국이 전세계적으로 최초이자 유일하다. **남아프리카공화국 헌법**[the Constitution of the Republic of South Africa, 1996 (Act 108 of 1996): 이하 'SAC'으로 약칭]은 ① 성적 지향과 함께 차별금지사유로서 ② 인종, ③ 젠더(gender), ④ 성별(sex), ⑤ 임신, ⑥ 혼인여부(marital status), ⑦ 출신민족 또는 출신사회(ethnic or social origin), ⑧ 피부색, ⑨ 연령, ⑩ 장애, ⑪ 종교, ⑫ 양심, ⑬ 신

24) 캐나다인권위원회(CHRC)에 대해서는 그 웹사이트(www.chrc-ccdp.ca) 및 이준일, <차별금지법>(2007), 194면 이하 참조.

념, ⑭ 문화, ⑮ 언어, ⑯ 출생을 열거하고 있다(SAC 제9조 제3항). 성적 지향을 포함한 헌법상의 차별금지사유를 이유로 차별하는 행위를 시정하기 위하여 헌법상의 국가기구로서 **인권위원회**(Human Rights Commission)[25]가 설치되어 있다(SAC 제184조). 인권위원회의 권한과 책임에 대해서는 **인권위원회법** [Human Rights Commission Act, 1994 (NO. 54 OF 1994)]에서 상세하게 규정하고 있다. 아무튼 성적 지향이 헌법적 차별금지사유이면서 헌법기관인 인권위원회에 의해서 성적 지향을 이유로 한 차별이 시정되고 있는 것이 남아프리카공화국만의 독특한 특징이라고 볼 수 있다.

7. 미 국

연방법으로서 고용상 차별을 금지하는 법률인 **민권법 제7편**(Civil Right Act Title Ⅶ)은 차별금지사유로 인종, 피부색, 종교, 성별, 출신국가를 열거하고 있다.[26] 그 밖에도 연방차원의 개별적 차별금지법으로서 **동일임금법**(Equal Pay Act, 1963), **연령차별금지법**(Age Discrimination Act, 1967), **미국장애인법**(Americans with Disabilities Act, 1990)등이 제정되어 있다. 결국 연방법 수준에서 성정체성이나 성적 지향은 차별금지사율로 명시되어 있지 않다. 한편 차별금지법을 가지고 있는 미국의 많은 주(state)에서 공통적으로 등장하는 차별금지사유로는 인종, 피부색, 종교, 성별, 장애, 출신국가가 있다(아래 [표] 참조). 성정체성이나 성적 지향을 차별금지사유로 규정하고 있는 주는 3분의 1 정도다.

---

25) 남아프리카공화국 인권위원회(HRC)에 대해서는 그 웹사이트(www.sahrc.org.za) 및 이준일, <차별금지법>(2007), 208면 이하 참조.

26) 미국의 차별금지법제에 대해서는 이준일, <차별금지법>(2007), 147면 이하 참조. 특히 미국의 연령차별금지법에 대해서는 이준일, "연령차별금지의 법제와 법적 문제," <미국헌법연구>(미국헌법학회), 제19권 제1호(2008), 110면 이하 참조.

주에 따라서 성적 지향은 성정체성(성전환)을 포함하는 개념으로 사용되기도 한다. 예를 들어 고용상의 차별금지사유로 성적 지향을 열거하고 있는 콜로라도(Colorado)주는 성적 지향을 "어떤 사람이 가지고 있는 이성애나 동성애 또는 양성애에 대한 지향, 어떤 사람이 **성전환자인 상태**, 또는 이러한 성적 지향이나 성정체성에 대한 사용자의 인식"[27]으로 정의함으로써 성적 지향의 개념에 성정체성을 포함시키고 있다. 또한 일리노이(Illinois)주도 성적 지향은 "실제의 또는 인식된 이성애적, 동성애적, 양성애적 성적 지향 또는 출생 당시의 성별과 상관없이 **성에 관한 정체성**"[28]이라고 정의하여 성정체성을 포함하는 넓은 의미로 성적 지향의 개념을 사용한다. 하지만 성적 지향을 차별금지사유로 열거하고 있는 대부분의 주에서 성적 지향과 성정체성은 구별되는 개념으로 사용된다. 한편 하와이(Hawaii)주처럼 성적 지향은 현재의 성적 지향뿐만 아니라 과거의 성적 지향도 포함하기도 한다.[29]

성적 지향을 이유로 한 차별적 관행은 주로 고용영역에서 금지되지만 코네티컷(Connecticut)주와 같이 고용을 포함하여 공중이용시설(public accommodations: 여행・교통수단, 숙박시설, 음식점, 쇼핑센터, 영화관・극장, 이・미용업소, 공원, 병원, 장례시설 등),[30] 주택(housing), 신용거래(credit practices), 주행정기관의 고용, 공공서비스, 고용알선서비스(job recruitment and placement services provided by state), 인・허가업무(licensing

---

27) Colorado Revised Code Title 24, Article 34, §24-34-401 (7.5): "a person's orientation toward heterosexuality, homo- sexuality, bisexuality, or ***transgender status*** or an employers perception thereof".(강조는 필자)

28) Illinois Complied Statutes Chapter 775, 5/(Illinois Human Rights Act) Article 1, §775 ILCS 5/1 103 (O-1): "actual or perceived heterosexuality, homosexuality, bisexuality, or ***gender - related identity***, whether or not traditionally associated with the person's designated sex at birth".(강조는 필자)

29) Hawaii Revised Statutes §378-1, §489-2 참조.

30) 공중이용시설의 자세한 예는 Hawaii Revised Statutes §489-2 참조.

practices of state agencies), 교육 및 직업프로그램 등 민간부문과 공공부문을 포괄하는 다양한 생활영역에서 성적 지향을 이유로 한 차별적 관행이 금지되기도 한다.[31] 하지만 미네소타(Minnesota)주처럼 성적 지향이 진정직업자격(bona fide occupational qualification)인 경우에는 고용영역에서 성적 지향을 이유로 차별하는 행위가 허용되기도 한다.[32]

[표] 미국 각 주의 차별금지법

각주(State)	해당 법령	차별금지사유
Arkansas	Arkansas Code Title 16 Chapter 123 (민권법: Arkansas Civil Rights Act) §16-123-107	인종, 종교, 출신국가, 젠더(gender), 장애(the presence of any sensory, mental, or physical disability)
California	California Government Code §12940; §12949; §12955	인종, 종교적 신조(creed), 피부색, 출신국가, 출신가문(ancestry), 신체장애, 정신장애, 건강상태(medical condition), 혼인여부, 성별, 연령, 성적 지향, 성정체성, 가족관계(familial status), 수입원(source of income)
Colorado	Colorado Revised Statutes §§24-34-401, 24-34-402.	장애, 인종, 신조(creed), 피부색, 성별, 성적 지향(성정체성 포함), 종교, 연령, 출신국가, 출신가문
Connecticut	Connecticut General Statutes §§46a-60, 46a-81c~o	인종, 피부색, 종교적 신조(religious creed), 연령, 성별, 혼인여부(marital status), 출신국가, 출신가문, 정신병력 (present or past history of mental disability), 정신지체(mental retardation), 장애(learning disability or physical disability, including, but not limited to, blindness), 성적 지향

31) Connecticut General Statutes Title 46a, Chapter 814c §§46a-81c~o 참조.

32) Minnesota Statutes Chapter 363A (Human Rights Act), 363A.20 Subd. 2 참조.

D.C.	D.C. CODE §2-1401.01, 02, §2-1402.11, 21, 31, 41, 71, 73	성정체성 및 성표현(gender expression), 성적 지향
Hawaii	Hawaii Revised Statutes §378-2(고용) §489-3(대중이용시설)§515-3(부동산거래)	인종, 성별(성정체성 포함), 성적 지향, 연령, 종교, 피부색, 출신민족(ancestry), 장애, 혼인여부, 전과(arrest and court record), 가족관계, HIV감염(human immunodeficiency virus infection)
Idaho	Idaho Code §67-5901; §67-5909 §18-7301; §18-7303	인종, 피부색, 종교, 성별, 출신국가, 장애, 연령(고용)
Illinois	Illinois Complied Statutes Title 775 5/(Illinois Human Rights Act) §775 ILCS 5/1 102	인종, 피부색, 종교, 성별, 출신국가, 출신가문, 연령, 혼인여부, 장애(physical or mental disability), 병역관계(military status), 성적 지향(성정체성 포함), 병역면제(unfavorable discharge from military service); 국적(citizenship status: 고용), 가족관계(부동산거래)
Kansas	Kansas Statutes Article 10 (차별금지법: Kansas Acts against Discrimination) §44-1001	인종, 종교, 피부색, 성별, 장애, 출신국가, 출신민족(ancestry); 가족관계(주택)
Kentucky	Kentucky Revised Statutes Chapter 344.00	인종, 피부색, 종교, 출신국가, 성별, 연령, 장애
Maine	Maine Revised Statutes Title 5, Chapter 337(인권법) §4571(고용), §4581(주택), §4591(공공시설), §4595(신용거래), §4601(교육기회)	인종, 피부색, 성별, 성적 지향(성정체성 포함), 장애(physical or mental disability), 종교, 연령, 출신민족, 출신국가, 가족관계
Maryland	Maryland Code Article 49B §5(공공시설), §16(고용), §22(주택)	인종, 종교, 신조(creed), 성별, 연령, 피부색, 출신국가, 혼인여부, 성적 지향, 장애, 가족관계

Massachusetts	Mass. General Laws Chapter 151B, §4	인종, 피부색, 종교적 신조, 출신국가, 성별, 성적 지향, 유전정보, 출신민족
Michigan	Michigan Complied Laws Chapter 750(형법) §750.147 §750.147a	인종, 피부색, 종교, 출신국가, 성별, 장애(physical disability), 시각장애(blindness), 혼인여부
Minnesota	Minnesota Statutes Chapter 363A(인권법) §363A.08(고용) §363A.09~17(고용 외)	인종, 피부색, 신조(creed), 종교, 출신국가, 성별, 혼인여부, 공적 부조 수급여부(status with regard to public assistance), 장애, 성적 지향(성정체성 포함), 연령, 가족관계
Missi-ssippi	Mississippi Code §43-33-723(주택) §25-9-103(공직)	인종, 종교적 원리(religious principles), 피부색, 성별, 출신국가, 출신민족, 장애(handicap), 연령
Missouri	Missouri Revised Statutes Title XII §213.030	인종, 피부색, 종교, 출신국가, 출신민족, 성별, 연령, 장애, 가족관계
Montana	Montana Constitution Art. II §4	인종, 피부색, 성별, 문화, 출신사회 또는 사회적 조건(social origin or condition), 정치적 또는 종교적 의견(political or religious ideas)
Nebraska	Nebraska Revised Statutes §48-1101(고용) §20-132(공공시설)	인종, 피부색, 신조(creed), 종교, 성별, 장애, 출신국가
Nevada	Nevada Revised Statutes §613.330	인종, 피부색, 종교, 성별, 성적 지향, 연령, 장애, 출신국가
New Hampshire	N.H. Revised Statutes. §21-I:42 §354-A:6(고용) §354-A:8(주택) §354-A:16(공공시설)	연령, 성별, 인종, 피부색, 성적 지향, 출신민족(ethnic background), 혼인여부, 장애(physical or mental disability)
New Jersey	New Jersey Statutes §10:2-1(행정기관의	인종, 신조(creed), 피부색, 출신국가, 출신민족, 연령, 혼인여부,

	계약)	성정체성(gender identity or expression), 성적 지향(affectional or sexual orientation), 성별
	§10:5-4(고용, 공공시설)	위의 사유에 시민결합여부(civil union status), 동반자관계여부(domestic partnership status), 유전정보, 가족관계, 장애, 국적, 소득원(source of lawful income used for rental or mortgage payments) 추가
New Mexico	N.M. Statutes Annotated Chapter 28, Article 1(Human Rights Act) §28-1-7	인종, 연령, 종교, 피부색, 출신국가, 출신민족, 성별, 장애(physical or mental handicap or serious medial condition), 배우자(spousal affiliation), 성적 지향, 성정체성
New York	NY Executive Laws §296(고용) §296-a(신용거래)	연령, 인종, 신조(creed), 피부색, 출신국가, 성적 지향, 병역(military status), 성별, 장애, 유전정보(predisposing genetic characteristics), 혼인여부, 가족관계
North Carolina	N.C. General Statutes §143-422.2(고용) §41A-4(주택)	인종, 종교, 피부색, 출신국가, 연령, 성별, 장애(handicap), 가족관계
North Dakota	N.D. Century Code §12.1-14-04	성별, 인종, 피부색, 종교, 출신국가
	§14-02.4-03(고용) §14-02.5-10(주택)	위의 사유에 연령, 장애(physical or mental disability), 혼인여부(status with regard to marriage), 공적부조, 근무시간 외의 합법적 활동 (participation in lawful activity off the employer's premises during nonworking hours)
Ohio	Ohio Revised Code §4112.02	인종, 피부색, 종교, 성별, 출신국가, 장애, 연령, 출신가문
Oklahoma	Oklahoma Statutes Title 74 §74-840-2.9.(행정서비스) Title 25	정치적 또는 종교적 의견이나 소속, 인종, 신조, 젠더, 피부색, 출신국가, 장애, 가족관계

	§251452(주택)	
Oregon	Oregon Revised Statutes(2007) Chapter 659A	인종, 종교, 피부색, 성별, 장애, 혼인여부, 출신민족, 가족상태
	Oregon Equality Act(Senate Bill 2)	성적 지향, 성정체성
Rhode Island	R.I. General Laws Chapter 28-5 (Fair Employment Practices) §28-5-3, §28-5-7; Chapter 11-24(Hotels And Public Places) §11-24-2	인종 또는 피부색, 종교, 성별, 성적 지향, 성정체성(gender identity or expression), 장애, 연령, 출신국가(country of ancestral origin)
	R.I. General Laws Chapter 34-37(Fair Housing Practices Act) §34-37-4, §34-37-4.3;	위의 사유에 혼인여부 및 가족관계 추가
South Carolina	S.C. Code §1-13-80(고용) §31-21-40(주택)	인종, 종교, 피부색, 성별, 연령, 출신국가, 장애, 가족관계
South Dakota	S.D. Codified Laws §20-13-10(고용) §20-13-20(주택) §20-13-23(공공시설) §20-13-24(공공서비스)	인종, 피부색, 신조(creed), 종교, 성별, 출신민족(ancestry), 장애, 출신국가
Tennessee	Tennessee Code §4-21-101	인종, 신조(creed), 피부색, 종교, 성별, 연령, 출신국가
Texas	Texas Labor Code §21.051(고용) Texas Property Code §301.021(주택)	인종, 피부색, 장애, 종교, 성별, 출신국가, 연령, 가족관계
Utah	Utah Code Title 34A, Chapter 5 (고용차별금지법) §34A-5-106	인종, 피부색, 성별, 임신(출산, 임신관련 건강상태), 연령, 종교, 출신국가, 장애
	Title 57, Chapter 21	인종, 피부색, 종교, 성별, 출신국가,

<table>
<tr><td></td><td>(공정주택거래법)
§57-21-5</td><td>가족관계, 수입원(source of income), 장애</td></tr>
<tr><td rowspan="3">Vermont</td><td>Vermont Statutes
Title 8
§10403(금융 · 보험)</td><td>성별, 혼인여부, 인종, 피부색, 종교,
출신국가, 연령, 성적 지향,
장애(handicapping condition)</td></tr>
<tr><td>Title 9, §4503(주택)</td><td>인종, 성별, 성적 지향, 연령, 혼인여부,
종교적 신조, 피부색, 출신국가,
장애(handicap), 동거자녀수, 공적 부조
수급자 (recipient of public assistance)</td></tr>
<tr><td>Title 21, §495(고용)</td><td>인종, 피부색, 종교, 출신민족(ancestry),
출신국가, 성별, 성적 지향, 출생지역,
연령, 장애</td></tr>
<tr><td>Virginia</td><td>Virginia Code Title
2.2 Chapter 39
(인권법) §2.2-3901
§36-96.3</td><td>인종, 피부색, 종교, 출신국가,
성별(임신, 출산, 임신 · 출산관련
건강상태), 연령, 혼인여부, 장애</td></tr>
<tr><td rowspan="2">Washington</td><td>Revised Code of
Washington
§49.60.130.175
(금융기관)
§49.60.130.176
(신용거래)
§49.60.130.178
(보험거래)
§49.60.130.215
(공공시설)
§49.60.130.222~225(
부동산거래)</td><td>성별, 인종, 신조(creed), 피부색,
출신국가, 혼인여부, 병역(honorably
discharged veteran or military status),
성적 지향(성정체성 및 성의 표현 포함),
장애(the presence of any sensory, mental,
or physical disability of any person, or the
use of a trained dog guide or service
animal by a person with a disability)</td></tr>
<tr><td>§49.60.130.180
(고용)
§49.60.130.190
(노동조합)
§49.60.130.200
(직업알선기관)</td><td>위의 사유에 연령 추가</td></tr>
<tr><td>West Virginia</td><td>West Virginia Code
§5-11-9</td><td>인종, 종교, 피부색, 출신국가,
출신가문, 성별, 연령, 장애(blindness or
disability)</td></tr>
</table>

Wisconsin	Wisconsin Statutes §36.12(대학)	인종, 피부색, 신조(creed), 종교, 성별, 출신국가, 장애, 출신민족(ancestry), 연령, 성적 지향, 임신, 혼인여부, 자녀상황 (parental status)
	§106.50(고용)	성별, 인종, 피부색, 성적 지향, 장애, 종교, 출신국가, 혼인여부, 가족관계, 소득원(lawful source of income), 연령, 출신민족
	§106.52(3)(a)(1) (공공시설)	성별, 인종, 피부색, 신조, 장애, 성적 지향, 출신국가, 출신민족
	§111.31(고용)	연령, 인종, 신조, 피부색, 장애, 혼인여부, 성별, 출신국가, 출신민족, 성적 지향, 체포경력(arrest record), 전과(conviction record), 병역(membership in the national guard, state defense force or any reserve component of the military forces of the United States or this state), 해당기업 생산물건의 사용여부(use or nonuse of lawful products off the employer's premises during nonworking hours)
	§230.18(공직)	정치적 또는 종교적 의견이나 소속(affiliations), 연령, 성별, 장애, 인종, 피부색, 성적 지향, 출신국가, 출신민족
	§224.77(금융)	성별, 인종, 피부색, 장애(handicap), 성적 지향, 종교, 출신국가, 연령, 출신민족, 소득원(the person's lawful source of income), 가계담당자의 성별 또는 혼인여부(the sex or marital status of the person maintaining a household)

8. 정 리

성적 지향을 이유로 한 차별대우를 예방하고 시정하기 위하여 제정된 세계 각국의 차별금지법들은 다양한 형태로 존재한다. 차별금지법을 가지고 있는 대부분의 국가에서처럼 다양한 차별금지사유를 포괄하는 '일반적 차별금지법'의 형태로 존재할 수도 있고, 영국이나 2008년 이전의 스웨덴처럼 성적 지향을 특정하여 제정된 '개별적 차별금지법'의 형태로 존재할 수도 있다. 심지어 남아프리카공화국에서처럼 성적 지향을 '헌법상의 차별금지사유'로 명시하는 예도 있다. 아무튼 성적 지향은 적어도 인권의 보장과 향상을 중요한 국가적 과제로 인식하는 국가들에서는 이제 필수적인 차별금지사유의 하나로 인정되고 있는 추세라고 볼 수 있다. 또한 성적 지향은 고용영역뿐만 아니라 고용 이외의 다양한 생활영역에서 차별적 관행을 정당화하는 사유가 될 수 없다는 것이 세계적인 경향이 되고 있다는 사실을 확인할 수 있다. 물론 세계적인 추세가 존재한다고 해서 반드시 그것이 한국에도 그대로 적용되어야 하는 것은 아니지만 적어도 참고사항은 될 수 있다는 점에서 성적 지향이 많은 나라에서 차별금지사유로 포함되고 있는 세계적 추세는 차별금지법을 제정할 경우에 반드시 고려해야 할 내용이라고 생각된다.

III. 한국의 경우

1. 법 령

(1) 국가인권위원회법

현행 국가인권위원회법은 성적 지향을 19가지 차별금지사유 가운데 하나로 규정하고 있다. 2006년에 국가인권위원회가 정부에 입법을 권고하면서 제안한 차별금지법안[33]에도 성적 지향은 여전히 차별금지사유로 포함되어 있었다. 하지만 2007년 법무부가 공청회를 거치면서 최종적으로 국회에 제출한 차별금지법안에는 성적 지향이 명시적인 차별금지사유에서 제외되고 이른바 '기타 사유("등"이라는 문구로 표현되는 사유)'에 포함될 수 있는 가능성만 남겼다. 성적 지향이 명시적인 차별금지사유에 포함되는지 아니면 기타 사유에 포함되는지에 따라 그 중요성을 달리 평가하는 견해도 일면 타당하다. 하지만 헌법에는 단지 세 가지 차별금지사유(성별, 종교, 사회적 신분)만 규정되었다고 해도 그러한 차별금지사유들 외의 다른 차별금지사유들도 충분히 고려되어야 하는 것이 헌법의 정신에 합치한다는 점을 기억할 필요가 있다. 명시적인 차별금지사유에 대해서 특별히 주목할 필요는 있어도, 그렇다고 해서 다른 차별금지사유에 눈감으라는 뜻은 아니기 때문이다. 따라서 성적 지향이 명시적인 차별금지사유에 포함되었는지 여부에 특별히 주목할 필요는 없다고 생각된다. 차별이 존재하는 곳에는 어디서나 평등원칙이 적용되고, 합리적인 근거가 없는 차별대우는 언제나 금지되는 것이므로 성적 지향이 명시적인 차별금지사유로 열거되어 있지 않다고 하더라도 성적 지향을 이유로 한 차별대우도 합리적인 근거가 없다면 평등원칙에 반하는 위헌적이고 불법적인 차별이 된다.

(2) 징병 · 신체검사 등 검사규칙

국방부령인 「징병 · 신체검사 등 검사규칙」(최근개정: 2008. 2. 14. 국방부령 제645호)에 따르면 동성애는 인격장애 및 행태장애의 한 유형인 "성적 선호 장애"로 분류된다(동규칙 제11조 및 별표 2 질병 · 심신장애의 정도 및 평가기준 제102호). 이에 따라 동성애자는 그 정도에 따라 3

---

33) 국가인권위원회는 2006년 7월 24일 차별금지법의 제정을 권고하면서 독자적인 차별금지법안을 제시하였다. 국가인권위원회의 차별금지법안은 국가인권위원회의 웹사이트(www.humanrights.go.kr)에서 참조. 또한 이 법안과 법무부의 차별금지법안을 비교한 논문으로 이준일, "차별금지법(안)에 대한 검토와 비교를 통한 대안의 제시," <안암법학>(안암법학회), 제25호(2007), 157면 이하 참조.

급에서 5급 또는 7급으로 평가를 받게 된다. 3급이나 4급은 현역이나 보충역복무를 할 수 있고, 5급은 제2국민역에 편입되며, 7급은 다시 신체검사를 받아야 한다. 이것은 동성애자가 이른바 "성적 선호 장애"로 취급받아 그 정도에 따라 병역이 면제될 수 있음을 의미한다.

[참고] 징병 · 신체검사 등 검사규칙

[별표2] 질병 · 심신장애의 정도 및 평가기준

(제11조 · 제20조 및 제21조 관련)

102. 인격장애 및 행태장애(습관 및 충동장애 · 성주체성장애 · 성적 선호 장애 등)

가. 향후 일정기간 관찰이 필요한 경우: 7급

나. 경도(진단을 내리기 위한 최소한의 증상이 있으며 이로 인한 사회적 · 직업적 장애가 적은 경우): 3급

다. 중등도(경도와 고도 사이의 증상이나 기능장애가 존재하는 경우): 4급

라. 고도(1년 이상 치료경력이 있거나 1개월 이상의 입원력이 확인된 자 또는 학교생활기록부 및 그 밖의 증빙자료로 입증된 사회부적응적 행동이 있는 자 중 진단을 내리기에 충분한 여러 가지 증상이 있거나 몇 가지의 심각한 증상이 있어서 군복무에 상당한 지장이 초래된다고 판단되는 경우): 5급

성적 지향을 장애의 개념에 포함되는 것으로 해석하는 것이 동성애자에게 유리한 결과를 가져올 수도 있지만 성적 지향이 정신적 질병으로 이해되는 것이 타당한지에 관한 근본적인 문제를 제기해볼 수 있다. 한편으로 성적 지향이 장애로 이해되지 않는 경우에 동성애적 성적 지향을 가진 남성이 병역의무를 이행하는 과정에서 받게 될 정신적 고통을 고려할 수 있는 방안이 무엇인지에 대한 논의도 필요할 것으로 보인다.

2. 비판과 대안

(1) 차별금지사유로서 성적 지향과 기독교

성적 지향이 명시적인 차별금지사유에서 제외된 가장 큰 이유는 기독교계의 반대였다. 기독교적 교리에 비추어 볼 때 동성애를 인정할 수 없다는 논리다.[34] 기독교의 종교적 신념에 따라 동성애를 인정할 수 없다면 이러한 입장은 충분히 고려되는 것이 마땅하다. 종교의 자유는 헌법이 보장한 중요한 기본권 가운데 하나이기 때문이다. 따라서 동성애를 반대하는 종교적 신념(신앙)을 가진 기독교인에게 성적 지향을 이유로 차별하지 말라고 강요할 수는 없다. 하지만 종교의 자유를 보장한다고 해도 성적 지향을 이유로 한 모든 차별행위가 정당한 것은 아니다. 평등권도 헌법이 보장한 중요한 기본권이기 때문이다. 여기서 조화와 균형이 요구된다.

이에 따라 앞에서 소개한 많은 국가들도 차별금지법을 제정하면서 종교의 교리와 충돌하는 차별사안에 대해서는 예외를 인정하고 있다. 예를 들어 네덜란드의 평등대우기본법(AWGB)에 따르면 법률에 열거된 차별금지사유를 이유로 한 차별행위의 금지는 종교적 공동체와 그 종파 및 단체, 그리고 사제실(office of minister of religion) 내부에서는 적용되지 않는다(AWGB 제3조). 또한 고용과 직업의 영역에서 종교적 교리(principles)에 따라 설립된 기관이나 교육시설의 경우에 기관의 설립목적에 비추어 직무와 결부된 의무의 이행에 필수적으로 요구되는 조건을 부과하는 것은 차별이 아니다

34) 기독교와 동성애의 관계에 대해서는 이준일, "헌법상 혼인의 개념 – 동성간 혼인의 헌법적 허용가능성," <공법연구>(한국공법학회), 제27집 제3호(2009), 178면 이하 참조. 성적 지향을 이유로 한 차별금지에 반대하는 기독교의 입장에 대한 비판적 견해로 고상균, "웃고 있는 그대! 진정 무엇을 이유로 삭제하려는가? – 차별금지법 입법 과정에서 나타난 개신교 동성애혐오의식의 문제점," <기독교사상>, 통권 제590호(2008년 2월호), 65면 이하 참조.

(AWGB 제5조 제2항). 그리고 종교적 교리에 따라 설립된 조직이나 단체 또는 교육시설의 경우에 그 설립목적에 비추어 종교적 교리의 이행에 필수적으로 요구되는 조건을 부과하는 것도 차별에 해당하지 않는다(AWGB 제6a조 제2항 제a호 및 제7조 제2항). 다만 종교적 교리에 따른 조건의 부과가 법률에 열거된 차별금지사유들 가운데 오로지 하나만을 겨냥한 경우는 금지되기 때문에 단지 성적 지향만을 이유로 한 차별이 되면 허용되지 않는다는 한계가 있다.

또한 2000년 제78호 EU지침도 교회 또는 종교나 신념에 기반하고 있는 에토스(ethos)를 가지는 공적 단체 또는 사적 단체에서 이루어지는 직업활동의 경우에는 종교나 신념이 정당하고 진정한 직업요건에 해당하면 종교나 신념을 이유로 한 차별대우는 차별이 아니라고 한다(동지침 제4조 제2항). 또한 그러한 단체에서 일하는 사람들에게 그 단체의 종교적 에토스에 대해서 신의와 성실(in good faith and with loyalty)의 원칙에 따라서 행동하도록 요구할 수 있다고 한다. 따라서 일정한 성적 지향이 종교적 에토스에 해당하는 경우에는 그러한 성적 지향을 가진 사람들과 그렇지 않은 사람들을 차별대우해도 차별에 해당하지 않게 된다.

아무튼 성적 지향을 차별금지사유의 하나로 포함시킨다고 하더라도 동성애에 반대하는 기독교인에게 보장된 종교의 자유와 충돌하지 않도록 조화와 균형의 지점을 찾는다면 반드시 동성애자와 기독교인이 일방적으로 승리하는 양자택일적 해결책만 가능한 것만은 아니다. 사실 그러한 조화와 균형의 지점을 찾는 것이 법과 제도가 할 일이다. 법과 제도가 모든 사람을 완전하게 만족시킬 수는 없지만 적어도 한쪽이 일방적으로 피해를 입도록 방치해서는 안 된다. 그것은 바로 특별한 성적 지향을 가진 사람에 대해서 반대하는 종교적 신념을 보호하면서도 그러한 성적 지향을 가진 사람들이 차별받지 않도록 보호하는 것이다. 이를 위해서는 원칙적으로 특별한 성적 지향을 가진 사람들에 대한 차별을 금지시키면서 이러한 성적 지향을 반대하는 종교적 신념을 가진 사람들의 종교적 감수성이 심각하게 침해받는 상황에서는 그러한 성적 지향의 인정을 강요하지 않아야 한다.

기독교인들은 성경의 명령에 따라 성경의 교리를 위반하는 "원수"까지도 사랑한다. 그렇다고 해서 성경의 교리에 위반되는 "원수"의 행동까지도 찬성하는 것은 아니다. 마치 기독교인들이 감옥에 갇힌 죄수들에게 사랑을 베풀면서도 죄수들의 범죄행위까지 인정하는 것은 아닌 것처럼 말이다. 따라서 비록 기독교의 교리가 동성애를 반대한다고 해도 동성애자를 미워해도 된다는 뜻은 아닐 것이다. 바로 여기서 기독교가 반대하는 성적 지향을 가진 사람들과 기독교인들이 만날 수 있는 지점을 발견할 수 있다. 기독교의 교리와 기독교인들의 감수성이 특정한 성적 지향을 반대한다면 그것은 당연히 인정받아야 한다. 종교는 목숨까지 바칠 수 있는 신념을 의미하므로 기독교인들이 목숨을 걸고서라도 반대하는 특정한 성적 지향을 그들에게 강요할 수는 없기 때문이다. 하지만 기독교인들 역시 특정한 성적 지향을 가진 사람들에게 자신의 신념을 강요하거나 그들을 미워할 수는 없다. 오히려 그들은 기독교인들이 그들의 종교적 교리에 따라 사랑해야 할 "이웃"이다. 이러한 사랑에는 그들이 반대하는 성적 지향을 가진 사람들이 차별받는 것에 반대하는 것도 포함된다. 따라서 기독교인들은 그들이 반대하는 성적 지향을 가진 사람들을 스스로 차별해서도 안 되지만 오히려 그런 성적 지향을 가진 사람들의 차별에 반대해야 할 것이다.

(2) 병역면제사유로서 성적 지향

동성애자를 일종의 장애인으로 취급하여 병역면제처분을 하는 것은 동성애자들에게 유리한 차별인가, 아니면 불리한 차별에 해당하는가? 병역의무는 국민의 기본의무로서 원칙적으로 헌법직접적인 기본권제한에 해당한다.[35] 따라서 병역의무의 면제는 기본적으로 유리한 대우로 이해될 수 있다. 하지만 동성애적 성적 지향을 일종의 장애로 볼 수 있는지가 우선적으로 의문이고, 이러한 사유로 병역면제를 받는 것이 반드시 유리한 대우라고 볼 수도 없다. 동성애자를 장애인으로 취급하여 병역면제를 하는 것은 병역의무이행자에 대한 긍정적인 사회적 평가의 가능성을 배제한다는 점에서 결코 유리한 대우가 아니기 때문이다.[36] 물론 병영생활은 신체적 접촉이 많은 집단생활이라는 점에서 동성애자를 보호하는 차원에서 이러한 제도가 만들어졌을 수도 있다. 하지만 신체적 접촉이 많은 만원 지하철에 여성전용칸을 따로 두는 것과 같이 매우 우스꽝스러운 제도로 보일 수도 있다.

---

35) 국민의 기본권의무를 헌법직접적 기본권제한으로 이해하는 것에 대해서는 이준일, <헌법학강의>(2008), 928면 이하 참조.

36) 비슷한 맥락에서 혼혈인에 대한 병역면제가 혼혈인 집단을 열등한 집단으로 구분하여 차별하게 되는 결과를 초래하게 된다는 논리에 대해서는 이준일, "혼혈인 병역면제의 평등권 침해성," <고려법학>(고려대학교 법학연구원), 제52호(2009), 41면 이하 참조.

제4절

동성애의 비범죄화

I. 문제제기

성적 지향의 문제를 논의하면서 소개된 국가들은 대부분 유럽과 미국, 캐나다 등 경제적으로 부유하고 인권보장의 역사가 상대적으로 오래된 국가들로 한정되어 있다. 동성애나 양성애는 여전히 많은 국가에서 형법상 처벌되는 범죄이거나 적어도 도덕적으로 금기시된다. 이런 국가들은 동성애가 범죄시되기는커녕 법적 보호를 향유하는 유럽 국가들의 입장에서 볼 때 대단히 '이상하게' 보일 수도 있다. 반대로 동성애를 범죄화하고 있는 국가들도 동성애를 합법화한 유럽의 국가들을 매우 '언짢은' 눈으로 바라볼 수 있다. 하지만 각 나라가 처한 역사와 문화의 특수한 맥락, 특히 종교적 배경을 충분히 고려해야만 한다. 동성애를 범죄시한다고 해서 미개한 국가이거나 동성애를 합법화했다고 해서 문명국가라고 섣불리 단정할 수는 없다. 다만 개인의 성적 지향을 고려하는 것이 인권의 보장과 향상에 기여하고 있다는 사실은 분명하다. 따라서 동성애를 범죄화하고 있는 국가에 대해서 적극적으로 동성애에 대한 법적 보호를 제공하지는 않더라도 적어도 소극적으로 동성애를 비범죄화할 필요가 있다는 점을 설득하기 위한 국제적인 노력이 필요할 것으로 보인다.

II. 동성애의 범죄화에 대한 세계 각국의 입법례

1. 동성애를 범죄화하고 있는 국가

여전히 많은 국가에서 동성애는 형법상 처벌되는 범죄로 규정되어 있다.[1] 동성애를 처벌하는 국가는 대체로 아프리카와 중동지역에 몰려 있고, 대부분 이슬람교를 신봉한다. 우간다, 방글라데시, 인도, 네팔, 싱가포르 등에서는 동성애를 '종신형'에 처할 수 있고, 나이지리아, 수단, 아프가니스탄, 파키스탄, 이란, 사우디아라비아 등에서 동성애는 심지어 '사형'에 처해질 수 있는 중범죄에 해당한다. 국가에 따라 남성간 동성애와 여성간 동성애를 모두 처벌하기도 하지만 남성간 동성애만 처벌하기도 한다. 예를 들어 나이지리아, 탄자니아, 우간다, 잠비아, 짐바브웨, 자메이카, 스리랑카, 우즈베티스탄 등은 남성간 동성애만 처벌한다.

2. 비범죄화의 논거

동성애를 범죄화하여 처벌했던 텍사스주의 법률이 문제가 된 **로렌스 대 텍사스주(Lawrence v. the State of Texas)** 사건[2]에서 2003년 6월 미국 연방대법원은 위헌이라고 판시하였다. 그 근거는 성행위와 같은 은밀한 행위에 대해서 국가가 간섭하는 것은 개인에게 보장된 자유를 침해하기 때문이라고 주장한다. 이러한 연방대법원의 논거는 동성애의 비범죄화에 대한 중요한 논거를 제시한다. 은밀한

1) 동성애를 범죄화하고 있는 국가에 대한 자세한 소개는 동성애의 비범죄화를 위한 인권단체의 웹사이트(www.sodomylaws.org) 참조. 이하의 설명은 이 웹사이트의 자료를 근거로 한다.

2) Lawrence v. the State of Taxas, 539 U.S. 558 (미국연방대법원 2003. 6. 26. 판결) 참조.

성행위에 관한 자유는 헌법이 보장하는 기본권으로서 국가가 법률로써 제한할 수 없다는 점이 그것이다. 미국 연방대법원은 1986년 **바우어스 대 하드위크**(Bowers v. Hardwick) **사건**[3]에서 동성간 성행위(homosexual sodomy)를 처벌하는 조지아(Georgia)주 법률은 헌법에 위반되지 않는다고 판시한 바 있다. 왜냐하면 동성애자간에 성행위를 할 수 있는 권리는 헌법상 보장된 기본권에 해당하지 않기 때문이라고 한다. 따라서 2003년의 연방대법원 판례는 동성애자에게 헌법상 기본권을 인정함으로써 1986년의 판례를 뒤집은 것이 된다. 사실 1986년의 판례 이후에 1992년 켄터키주대법원[4], 1996년 테네시주 항소법원[5], 1997년 몬태나주대법원[6], 1998년 조지아주대법원[7], 2002년 아칸소주대법원[8] 등은 주헌법상 보장된 사생활에 관한 권리(right to privacy)로부터 동성애자들에게 동성간의 성행위를 할 수 있는 권리가 보장되기 때문에 동성간의 성행위를 금지하는 주법률은 주헌법에 위반된다고 판시하여 연방대법원의 판례를 사실상 거부하였다. 이러한 주대법원과 항소법원의 판례는 2003년의 연방대법원 판례를 예고하는 것이나 마찬가지다.[9]

---

3) Bowers v. Hardwick, 478 U.S. 186 (미국연방대법원 1986. 6. 30. 판결) 참조. 이 판례에 대한 설명으로 조재현, "동성애에 관한 법적 고찰," <헌법학연구>(한국헌법학회), 제8권 제3호(2002), 159면 이하 참조.

4) Commonwealth v. Wasson, 842 S.W.2d 487 (켄터키주대법원 1992. 9. 24. 판결) 참조.

5) Campbell v Sundquist, 926 S.W.2d 250 (테네시주 항소법원 1996. 1. 26. 판결) 참조.

6) Gryczan v. the State of Montana, 283 Mont. 433, 942 P.2d 112 (몬태나주대법원 1997. 7. 2. 판결) 참조.

7) Powell v. the State of Georgia, 270 Ga. 327, 510 S.E.2d 18 (조지아주대법원 1998. 11. 23. 판결) 참조.

8) Jegley v Picado, No. 01-815 (아칸소주대법원 2002. 7. 5. 판결)

9) 그밖에 주헌법상 보장된 기본권에 근거하여 동성애처벌법이 주헌법에 위반된다는 하급심 판례로는 메릴랜드주 항소법원 판례 [Williams v. State, 1998 Extra LEXIS 260 (1998)], 메사추세츠주 판례 [GLAD v. Reilly, 436 Mass. 132

[판례] Lawrence v. Texas 사건
— 2003. 6. 26. 미국 연방대법원 판례 —

[사건개요]
총격사건을 진압하기 위해 출동한 경찰은 로렌스(John Geddes Lawrence)의 주택에 들어가게 된다. 이곳에서 경찰은 그가 다른 남성인 가너(Tyron Garner)와 성관계를 맺고 있는 것을 목격하게 된다. 이에 경찰은 동성간 성행위를 금지하고 있는 텍사스주의 법률에 따라 이들을 체포했고, 이들은 기소되었다. 재판을 진행하던 항소법원(The Court of Appeals for the Texas Fourteenth District)은 동성간 성행위를 금지하고 있는 텍사스주의 법률이 헌법에 위반된다고 주장하며 연방대법원에 위헌법률심판을 청구하였다.
[결정요지]
자유는 국가가 개인의 주거나 사적인 공간에 침범하는 것으로부터 개인을 보호한다. 미국의 전통에 따라 국가는 주거 안에 들어갈 수 없다. 그리고 주거 이외에도 국가가 지배할 수 없는 공간이 존재한다. 또한 자유는 공간적인 한계를 뛰어넘는다. 자유는 사상, 신념, 표현, 은밀한 행위의 자유를 포괄하는 자아의 자율성을 전제하는 것이다. 따라서 문제가 된 텍사스주의 법률은 공간적 차원과 그것을 뛰어넘는 차원에서 개인에게 보장된 자유를 침해한다.

III. 동성애의 비범죄화에 대한 전망

미국의 경우에 동성애를 범죄화하는 것은 헌법에 위반된다는 2003년의 연방대법원 판결이 있기까지 동성애를 처벌하는 주가 상당수 있었다. 예를 들어 버지니아주는 수간과 함께 항문(anus)이나 구강(mouth)을 이용한 성행위를 "자연질서에 반하는 범죄(crime against nature)"로 규정하여 처벌하였다.[10] 물론 자연질서에 반하는 범죄는

(1992)], 미네소타주 지방법원 판례[Doe v. Ventura, No. MC 01-489 (2001)] 참조.

동성간의 성행위에만 해당하는 것은 아니다. 동성간뿐만 아니라 이성간에 행해지는 일정한 성행위를 처벌하는 주로 알라바마주,[11] 플로리다주,[12] 아이다호주,[13] 루이지애나주,[14] 미시간주,[15] 미시시피주,[16] 노스캐롤라이나주,[17] 사우스캐롤라이나주,[18] 유타주[19] 등이 있었다. 한편 오클라호마주도 동물이나 사람과 행해진 일정한 성교행위(sexual penetration)를 "자연질서에 반하는 혐오스럽고 가증스러운(detestable and abominable)" 범죄로 처벌하였다.[20] 다만 이러한 범죄는 동성간의 성행위에 국한된다. 그밖에도 동성간의 일정한 성행위를 처벌하는 주로는 캔자스주,[21] 미주리주[22]가 있었다.

10) Code of Virginia Title 18.2 (Crimes and Offenses Generally) Chapter 8 (Crimes Involving Morals and Decency) §18.2-361 참조.

11) Code of Alabama §13A-6-65: "일탈적 성행위(deviate sexual intercourse)".

12) Florida Statues §800.02: "자연질서에 반하는 음란한 행위(unnatural and lascivious act)".

13) Idaho Code §18-6605: "자연질서에 반하는 범죄(crime against nature)".

14) Louisiana Revised Statutes Title 14 (Criminal law) §14:89 : "자연질서에 반하는 범죄(crime against nature)".

15) Michigan Compiled Laws §750.158: "자연질서에 반하는 가증스럽고 혐오스러운 범죄(abominable and detestable crime against nature)".

16) Mississippi Code Annotated §97-29-59: "자연질서에 반하는 혐오스럽고 가증스러운 범죄(detestable and abominable crime against nature)".

17) North Carolina General Statues §14-177: "자연질서에 반하는 범죄(crime against nature)".

18) South Carolina Code Annotated §16-15-120: "가증스러운 비역의 범죄(abominable crime of buggery)".

19) Utah Code Title 76 Utah Criminal Code §76-5-403: "비역(sodomy)".

20) Oklahoma Statutes Citationized Title 21 (Crimes and Punishments) Chapter 34 (Bigamy, Incest, and Sodomy) §886 참조.

21) Kansas Statues Annotated §21-3505: "동성간의 계간(sodomy between members of the same sex)".

22) Missouri Revised Statutes Title XXXVIII Crimes and Punishment; Peace Officers and Public Deffenders §566.090: "동성간의 일탈적 성행위(deviate sexual intercourse with another person of the same sex)."

[참조] 2003년 연방대법원 판결 이전에 동성애처벌법을 폐지한 주[23)]

알라스카(Alaska, 1980), 애리조나(Arizona, 2001),
캘리포니아(California, 1976), 콜로라도(Colorado, 1972),
코네티컷(Connecticut, 1971), 델라웨어(Delaware, 1973),
컬럼비아특별구(District of Columbia, 1993)[24)],
하와이(Hawaii, 1973), 일리노이(Illinois, 1962),
인디애나(Indiana, 1977), 아이오와(Iowa, 1978),
메인(Maine, 1976), 네브래스카(Nebraska, 1978),
네바다(Nevada, 1993), 뉴햄프셔(New Hampshire, 1975),
뉴저지(New Jersey, 1979), 뉴멕시코(New Mexico, 1975),
노스다코타(North Dakota, 1975), 오하이오(Ohio, 1974),
오리건(Oregon, 1972), 펜실베이니아(Pennsylvania, 1995)[25)],
로드아일랜드(Rhode Island, 1998), 사우스다코타(South Dakota, 1977),
버몬트(Vermont, 1977), 워싱턴(Washington, 1976),
웨스트버지니아(West Virginia, 1976), 위스콘신(Wisconsin, 1983),
와이오밍(Wyoming, 1977) 이상 28개 주

이러한 미국의 입법례는 동성애를 범죄화하고 있는 국가들이 동성애에 대해서 가지는 태도를 잘 반영한다. 인간 사이에서만 성행위가 가능한 것처럼 남녀 사이(이성간)에서만 성행위가 허용되는 것은 자연질서(nature)에 속한다는 가치관이 동성애의 범죄화에 대한 기초가 되고 있는 듯하다. 하지만 수간과 동성애를 동일시하는 것

23) 이 표는 동성애의 비범죄화를 위한 인권단체의 웹사이트(www.sodomylaws.org)와 미국 동성애자 인권단체인 Human Rights Campaign (HRC)의 웹사이트(www.hrc.org)를 종합하여 정리하였음.

24) 컬럼비아특별구(워싱턴 D.C.)의 경우는 1993년 우선적으로 합의에 의한 비상업적 성행위를 삭제한 뒤 1995년 완전히 삭제하였다. 자세한 내용은 HRC의 웹사이트(www.hrc.org) 참조.

25) 펜실베이니아주는 입법자가 법률을 폐지하기 이전인 1980년에 동성애처벌법이 주헌법에 위반된다는 판례가 먼저 있었다.

은 논리적 비약이라는 비판이 가능하다.

IV. 한국에서 동성애의 비범죄화

1. 군형법상의 계간 등 추행에 대한 처벌

대한민국 형법은 동성애를 범죄로 규정하고 있지 않다. 하지만 군형법은 계간(鷄姦)을 포함한 추행을 범죄화함으로써(동법 제92조)[26] 군대내 동성애가 범죄가 될 가능성을 남기고 있다. 계간을 포함한 추행은 반드시 강제에 의한 행동일 필요가 없고, 일정한 행위가 성적인 행위로서 추행에 해당하면 범죄의 구성요건에 해당하기 때문이다. 헌법재판소에 따르면 군형법상의 추행은 사회적 법익에 해당하는 '군이라는 공동사회의 건전한 생활과 군기'를 보호하는 것으로서 모든 형태의 "변태성 성적 만족행위"를 의미한다고 한다(아래 [판례] 참조). 따라서 동성간의 일정한 성적 행위가 "변태성 성적 만족행위"에 해당하면 동성애는 범죄로 처벌받게 된다. 여기서 제기되는 물음은 동성간에 행해지는 모든 성적 행위가 변태성 성적 만족행위인지, 아니면 동성간에 행해지는 성적 행위들 가운데 일정한 형태만이 변태성 성적 만족행위인지 하는 점이다. 만약 전자의 경우에는 군형법이 동성애를 차별하는 것은 명백하고, 후자의 경우에도 이성간의 변태성 성적 행위를 처벌하지 않으면서 동성간의 변태성 성적 행위를 처벌하는 것은 차별에 해당한다.

2. 비판과 대안

'군이라는 공동사회의 건전한 생활과 군기'가 중대한 법익이라

---

26) 군형법 제92조: 계간 기타 추행을 한 자는 1년 이하의 징역에 처한다.

면 남성 동성애자의 병역의무를 면제해주는 대안을 생각해볼 수 있다. 그리고 남성 동성애자든 여성 동성애자든 지원에 의한 군입대를 금지시키는 대안도 고려해볼 수 있다. 하지만 이것도 앞서 설명한 것처럼[27] 동성애자를 분리시키는 차별일 수 있다. 따라서 징병이든 지원이든 동성애자가 군인이 되는 것을 막을 수는 없다. 또한 이성의 군인이 사랑하는 것을 막을 수 없는 것처럼 동성의 군인이 사랑하는 것도 막을 수는 없다. 이미 남성간의 항문성교를 '닭들의 성교'에 비교하여 '계간'이라고 표현하는 것부터 동성간의 성행위에 대한 혐오와 비하가 포함되어 있다. 물론 기강과 질서가 필요한 군대(병영)내에서의 사랑과 섹스는 제한될 필요가 있다. 하지만 제한되는 사랑과 섹스는 동성간의 그것에 한정될 수 없다. 그리고 제한이 필요하다면 그 구체적인 방법은 징계에 국한되어야 한다. 동성애자의 성행위도 남들이 다 볼 수 있는 공개된 장소에서 행해지지 않는다는 점에서 군대내에서 남성 동성애자들이 아무런 장소에서나 성행위를 할 수 있다는 가정은 동성애자에 대한 극단적인 편견과 혐오감의 표현에 지나지 않는다.

[판례] 군형법상의 '추행' 개념의 불명확성
— 헌법재판소 2002. 6. 27. 2001헌바70 결정 —

[결정요지]

1. ① 이 사건 법률조항은 군 내부의 건전한 공적생활을 영위하고, 이른바 군대가정의 성적 건강을 유지하기 위하여 제정된 것으로서, 주된 보호법익은 '개인의 성적 자유'가 아니라 '군이라는 공동사회의 건전한 생활과 군기'라는 사회적 법익이다. 우리 대법원도 위와 같은 입법목적 등을 고려하여, 군형법 피적용자와 민간인 사이에서 이루어진 추행행위에 대하여는 이 사건 법률조항을 적용할 수 없고, 개인적 성적 자유를 주된 보호법익으로 하는 '추행'에 관련된 일반형사범죄와 달리, 이

27) 이 책 제3장 제3절 Ⅲ. 2. (2) 참조

사건 법률조항에 해당하는 범죄는 친고죄가 아니라고 판시하고 있다.

② 한편, '추행'이란 일반적으로 정상적인 성적 만족행위에 대비되는 다양한 행위태양을 총칭하는 것이고, 그 구체적인 적용범위도 사회적 변화에 따라 변동되는 동태적 성격을 가지고 있기 때문에, 입법자가 이러한 변태성 성적 만족행위의 모든 형태를 미리 예상한 다음, '추행'에 해당하는 행위를 일일이 구체적, 서술적으로 열거하는 방식으로 명확성의 원칙을 관철하는 것은 입법기술상 불가능하거나 현저히 곤란하다. 따라서, 이 사건 법률조항이 명확성의 원칙에 위배되는지 여부를 판단하기 위해서는 그 입법목적과 다른 법률조항과의 연관성 등을 고려하여 '추행'이라는 일반조항에 대한 합리적인 해석이 가능한지 여부를 우선적으로 검토해야 한다.

③ 이 사건 법률조항의 범죄구성요건사실인 '추행'은 '군이라는 공동사회의 건전한 생활과 군기'라는 보호법익을 침해하는 동시에 일반인의 입장에서 추행행위로 평가될 수 있는 행위이고, 건전한 상식과 통상적인 법감정을 가진 군형법 피적용자는 어떠한 행위가 이 사건 법률조항의 구성요건에 해당되는지 여부를 어느 정도 쉽게 파악할 수 있으며, 법률적용자가 이 사건 법률조항 중 '기타 추행' 부분을 자의적으로 확대하여 해석할 염려가 없기 때문에, 형벌법규의 명확성의 원칙에 위배되지 아니한다.

2. 입법자가 사회적 법익을 주된 보호법익으로 하는 이 사건 법률조항을 제정하면서, 군형법 피적용자가 행한 추행의 유형이나 그 상대방의 피해상황 등을 구체적으로 구분하지 아니하고 위와 같은 사회적 법익을 침해한 모든 추행행위에 대하여 일괄적으로 1년 이하의 징역형으로 처벌하도록 규정하였다는 사유만으로 입법재량권을 자의적으로 행사하였다고 볼 수는 없으므로, 이 사건 법률조항 중 '기타 추행' 부분이 헌법상 과잉금지의 원칙 등에 위배된다고 보기도 어렵다.

[재판관 송인준, 재판관 주선회의 반대의견]

1. 다수의견과 같이 '추행'의 의미에 대해서는 통상의 판단능력을 가진 군형법 피적용자가 이를 이해할 수 있어 명확성 여부는 문제되지 않는다. 다만, 이 사건 법률조항의 경우, 추행의 강제성을 요구하는지에 대해 그 구성요건이 불명확할 뿐만 아니라, 행위의 주체나 그 상대방 등에 대하여 명백하게 규정하지 않고 있기 때문에, 본죄에 해당

하는 행위의 범위를 확정하기가 어려워 죄형법정주의의 내용인 형벌법규의 명확성원칙에 위배된다.
2. 만일, 이 사건 법률조항의 '추행'에 강제에 의하지 아니하고 군형법 피적용자 상호간에 은밀하게 행해짐으로써 타인의 혐오감을 직접 야기하지 않는 행위가 포함된다면, 이러한 행위에 대해서까지 1년 이하의 징역형에 처하는 것은 과잉금지원칙에 위반된다.

Sexuality and Law

제4장 | HIV와 에이즈환자의 권리

Constitutional and Legal Issues in Gender Identity, Sexual Orientation and HIV/AIDS

제1절

문제제기

I. 개 념

현대의 흑사병으로 불리는 에이즈(AIDS, Acquired Immune Deficiency Syndrome: 후천성면역결핍증)는 HIV(Human Immunodeficiency Virus: 인체면역결핍바이러스)라는 바이러스에 의해 전염되는 질병으로 알려져 있다. HIV에 감염되어도 에이즈의 증상이 나타나지 않는 경우도 있기 때문에 HIV감염은 에이즈보다 넓은 개념으로 사용되기도 한다. 섹슈얼리티와 관련된 문제를 다루면서 에이즈가 중요한 이유는 에이즈가 B형간염(Hepatitis B)이나 매독(syphilis)과 함께 성행위를 통해 전염되는 질병(Sexually transmitted diseases) 가운데 가장 대표적이기 때문이다.[1)]성행위를 통해 전염되는 질병은 '안전하지 않은 일회적인 성행위(unsafe and casual sex)', 다시 말해 콘돔을 사용하지 않은 채 우연히 만난 파트너와 행하는 섹스(unprotected sexual intercourse with casual partner)가 중요한 원인이 된다. 그밖에도 에이즈는 산모로부터 태아에게 전염되기도 하고, 오염된 혈액의 수혈이나 오염된 혈액제재의 투입, 오염된 주사바늘의 사용으로 전염되기도 한다.[2)]

---

1) 세계보건기구(WHO)가 여행객에게 위험스러운 질병을 소개하면서 에이즈를 성행위를 통해 전염되는 가장 대표적인 질병으로 분류하고 있다. 세계보건기구의 웹사이트(www.who.int) 참조.

2) HIV의 감염경로에 대한 설명으로 권영설, "에이즈(AIDS)와 그 공법적 대응,"

에이즈가 발병하면 생식기궤양(genital ulcer), 골반염(pelvic inflammatory disease), 요도분비물(urethral discharge) 및 질분비물(vaginal discharge) 등의 증상이 나타나지만 많은 경우에 증상이 나타나지 않을 수도 있다. 성행위를 할 때 콘돔을 사용하지 않는 것이 주된 원인인 만큼 성행위시에 콘돔을 정확하고 지속적으로(properly and consistently) 사용하는 것이 에이즈를 예방하는 가장 중요한 방안이라고 세계보건기구(World Health Organization: WHO)는 권고하고 있다. 한쪽만이 HIV양성반응을 나타낸 커플(serodiscordant couple)이 2년 이상 정기적으로 성행위를 하는 가운데 콘돔을 사용했을 경우 거의 제로(O)에 가까운 감염률을 보였다는 자료를 그 근거로 제시한다.

현행 「후천성면역결핍증 예방법」(2008. 3. 21. 법률 제8940호로 개정된 것으로 이하 '에이즈법'으로 약칭)은 에이즈환자를 "후천성면역결핍증환자"로 지칭하면서 인체면역결핍바이러스에 감염된 '감염인' 가운데 대통령령이 정하는 후천성면역결핍증 특유의 임상증상이 나타난 자"로 정의한다(동법 제2조 제2호). 대통령령인 「후천성면역결핍증 예방법 시행령」(이하 '에이즈법 시행령'으로 약칭)에 따르면 후천성면역결핍증 특유의 임상증상이란 세포면역기능에 결함이 있고, 주폐포자충폐렴(主肺胞仔蟲肺炎), 결핵 등의 기회감염 또는 기회질환이 있는 경우를 말한다(동 시행령 제2조). 이처럼 한국의 에이즈법에서도 HIV감염이 에이즈보다 넓은 개념으로 사용된다. 따라서 이하에서도 에이즈환자를 포함하는 넓은 개념으로 사용할 때는 'HIV감염인'이라는 용어를 사용하고, 에이즈환자와 구별이 필요할 때 양자를 모두 사용하기로 한다.

<미국헌법연구>(미국헌법학회), 제8호(1997), 317면 이하 참조.

II. 현 황

유엔(UNAIDS: Joint United Nations Programme on HIV/AIDS)의 보고에 따르면 2007년 12월 현재 HIV감염인의 숫자는 3,320만여 명(**여성: 154만여 명, 15세 미만 아동: 250만여 명**)이고, 2007년 한 해 동안 새로 감염된 사람은 250만여 명(**15세 미만 아동: 42만여 명**)이며, 2007년에만 에이즈로 210만여 명(**15세 미만 아동: 33만여 명**)이 사망한 것으로 추정된다고 한다.[3] 한국의 경우 대략 1만3천여 명(**최소 7,900여 명에서 최대 2만5천여 명**)의 HIV감염인이 살고 있는것으로 추정되고 있다.

[표] 한국의 에이즈환자수

연도	남성	여성	총합
1990	2	0	2
1991	0	1	1
1992	2	0	2
1993	5	1	6
1994	10	1	11
1995	14	0	14
1996	20	2	22
1997	29	4	33
1998	34	1	35
1999	30	4	34
2000	29	3	32
2001	37	5	42
2002	79	9	88
2003	57	5	62
2004	73	6	79
2005	64	3	67

자료: 세계보건기구(WHO) HIV/AIDS와 성행위를 통해 전염되는 질병에 관한 전세계적 상황보고서(The Epidemiological Fact Sheets on HIV/AIDS and Sexually Transmitted Infections) 2006.

3) UNAIDS의 보고서 <2007 AIDS epidemic update> 참조. 이 보고서는 웹사이트(www.unaids.org)에서 참조.

[표] 한국의 HIV 감염인수

연도	남성	여성	총합
1996	93	12	105
1997	107	17	124
1998	111	18	129
1999	160	26	186
2000	194	25	219
2001	292	35	327
2002	363	35	398
2003	502	32	534
2004	557	53	610
2005	640	40	680

자료: 세계보건기구(WHO) HIV/AIDS와 성행위를 통해 전염되는 질병에 관한 전세계적 상황보고서 (The Epidemiological Fact Sheets on HIV/AIDS and Sexually Transmitted Infections) 2006.

질병관리본부의 통계도 유사한 결과를 보여준다.[4] 2008년 12월말 현재 HIV감염인의 누적총계는 6,120명으로 이 가운데 1,084명이 사망하여 5,036명이 생존해 있다고 한다. 남성 감염인은 90퍼센트가 넘는 압도적으로 높은 비율을 차지하고 있다.

[표] 연도별 발생현황

(단위: 명)

	1985 ~95	1996	1997	1998	1999	2000	2001	2002
합 계	517	105	124	129	186	219	327	398
남 성	453	93	107	111	160	194	292	363
여 성	64	12	17	18	26	25	35	35

	2003	2004	2005	2006	2007	2008	총계
합 계	534	610	680	751	744	797	6,121
남 성	502	557	640	689	701	743	5,605
여 성	32	53	40	62	43	54	516

자료: 질병관리본부(www.cdc.go.kr)

4) 질병관리본부의 웹사이트(www.cdc.go.kr) 참조.

III. HIV/AIDS와 인권

1. 소수자로서 HIV감염인/AIDS환자

HIV감염인이나 에이즈환자의 숫자에 대한 정확한 통계가 없는 것처럼 그들이 처한 상황에 대한 정확한 조사도 없는 것이 사실이다. 그들은 발언권도 결정권도 없는 사회적 약자이고 소수자이기 때문이다. 따라서 그들은 다른 사람들의 눈을 피해 숨어 지내는 동안 충분한 의료서비스를 받고 있지 못하고, 국가의 통제대상이 되면서 신체의 거동이나 이동 또는 사생활에 관한 권리를 침해받으며, 에이즈에 대한 편견이나 혐오감으로 인해 가혹한 차별을 받고 있다는 사실은 분명하다. 소수자집단으로서 HIV감염인이나 AIDS환자는 그 사실 자체로 인해 인권을 침해받을 뿐만 아니라 인권침해에 더 많이 노출되어 있는 소수자집단에 소속되어 있는 사람들일수록 더욱 HIV에 감염되거나 AIDS환자가 될 가능성이 높다. 예를 들어 여성, 아동, 난민, 이주외국인, 남성 동성애자, 주사용마약사용자(injecting drug user), 성매매여성, 기타 사회하층집단에 속하는 소수자가 더 많이 인권침해에 노출되어 있고, 또한 HIV/AIDS에도 더 많이 노출되어 있는 것이 현실이다.

2. 예비적 범죄자로서 HIV감염인/AIDS환자

HIV는 성행위를 통해 전염되기 때문에 HIV감염인은 예비적 범죄자로 취급받곤 한다. 이와 관련하여 에이즈거부주의자(AIDS Denialist)는 에이즈는 HIV에 의해서 전염되지 않거나 적어도 이성간에는 전염되지 않는다고 주장한다.[5)] 이러한 주장에 따르면 HIV양

5) 예를 들어 이훈희, “도전적 문제제기 – HIV 양성인 구아무씨의 빼앗긴 인권 – 에이즈는 없다. 편견이 만든 인간흉기만 있을 뿐,” <월간 말>, 2002년도 10월

성반응자의 성행위를 처벌하는 것은 대단히 가혹하게 된다. 그렇지만 현행 「후천성면역결핍증 예방법」에 따르면 HIV감염을 가능하게 만드는 전파매개행위는 금지되고(동법 제19조) 이를 위반하면 처벌을 받는다(동법 제25조). 여기서 전파매개행위는 콘돔을 사용하지 않는 성행위 또는 혈액이나 체액을 통하여 타인에게 전파할 수 있는 행위를 뜻할 수 있다. 이 가운데 콘돔을 사용하지 않는 성행위는 2008년 3월 21일의 **법률개정**으로 삭제되었다.

[참고] HIV전파매개행위의 처벌: 후천성면역결핍증 예방법

제19조 (전파매개행위의 금지) 감염인은 혈액 또는 체액을 통하여 타인에게 전파매개행위를 하여서는 아니 된다.

제25조 (벌칙) 다음 각 호의 1에 해당하는 자는 3년 이하의 징역에 처한다.

1. 생략
2. 제19조의 규정에 위반하여 전파매개행위를 한 자

호(통권 196호), 115면 참조. 그 밖에도 HIV전파행위의 범죄화를 다음과 같은 10가지 이유에서 반대하는 견해가 흥미롭다: ① HIV전파행위는 고의적인 경우에만 처벌되어야 하고, 이것은 기존의 형법으로도 가능하다는 점, ② HIV전파행위의 범죄화로 HIV확산을 막을 수 없다는 점, ③ HIV전파행위의 범죄화로 HIV예방정책을 위축시킬 수 있다는 점, ④ HIV전파행위에 대한 처벌로 공포와 낙인을 증가시킬 수 있다는 점, ⑤ HIV전파행위의 범죄화로 여성에 대한 억압이 증가할 수 있다는 점, ⑥ HIV전파행위의 개념이 너무 광범위해서 비난가능성이 없는 행위로 처벌받을 수 있다는 점, ⑦ HIV전파행위를 처벌하는 법률이 불공정하게 적용되거나 실효성이 없을 수 있다는 점, ⑧ HIV 예방과 관련된 현실적 문제를 간과할 수 있게 한다는 점, ⑨ 입법자는 HIV를 예방하고 치료하기 위한 법률의 제정을 우선적으로 개선해야 한다는 점, ⑩ HIV에 대한 가장 효과적인 대응방식은 인권적 관점이라는 점. Open Society Institute의 웹사이트(www.soros.org)에 실린<10 Reason to Oppose the Conmilization of HIV Exposure or Transanission> 참조.

호주에서도 2007년 4월 27일 HIV감염사실을 알고도 고의적으로 콘돔을 착용하지 않은 채 성행위를 한 남성에게 유죄판결이 선고되었다.[6] 35세인 한 남자(Andre Parenzee)는 자신이 HIV양성반응이라는 사실과 함께 콘돔을 하지 않은 채 성행위를 하면 HIV가 전염될 수 있다는 말을 듣고 세 명의 여성과 콘돔을 하지 않은 채 성행위를 했고, 검찰은 이 남자를 살인행위로 기소했다. 하지만 이 남자는 HIV가 AIDS의 원인이 아니며 성행위에 의해서 전염되지도 않는다고 주장했다. 그러나 사우스오스트레일리아(South Ausralia)주 대법원은 HIV가 성행위에 의해서 전염된다는 이론을 받아들여 유죄를 선고했다.

미국의 경우에 HIV전파매개행위를 처벌하는 주는 32개(Washington D.C. 포함)로 처벌하지 않는 19개의 주보다 많다(아래 [표] 참조). 처벌하는 주의 경우에는 대체로 징역형이나 벌금형이 부과된다.

[표] 미국 각 주의 HIV전파매개행위의 처벌

각 주 (States)	HIV전파매개행위 처벌규정
Alabama	Ala. Code §22-11A-21 (Class C misdemeanor)
Alaska	Alaska Stat. §11.41.420 (Class B Felony)
Arizona	관련규정 없음
Arkansas	Ark. Code Ann. §5-14-123 (Class A felony)/ Ark. Code Ann. §20-15-903 (Class A misdemeanor)
California	Cal. Health & Saf. Code §120291 (Felony: 3, 5, 8년 징역)/ Cal. Health & Saf. Code §120290 (Misdemeanor)/ Cal. Health & Saf. Code §1621.5 (Felony: 2, 4, 6년 징역)/ Cal. Pen. Code §12022.85(3 year sentencing enhancement)/Cal. Pen. Code §647f (Felony-penalty enhancement)
Colorado	Colo. Rev. Stat. §18-7-201.7 (Class 5 felony) / Colo. Rev. Stat. §187-205.7 (Class 6 felony)

6) R v Parenzee, [2007] SASC 143 참조.

Connecticut	관련규정 없음
Delaware	Del. Code Ann. Tit. 16 ch. 28. §2801 (Class E Felony)
DC Washington	관련규정 없음
Florida	Fla. Stat. Ann. Tit. 29 §384.24 / Fla. Stat. Ann. Tit. 29 §381.0041 (11)(b) (3rd Degree Felony: 5년 이하의 징역)
Georgia	Ga. Code Ann. §16-5-60(c) (Felony: 10년 이하의 징역) / Ga. Code Ann. §16-5-60(d) (Felony: 5년 이상 20년 이하의 징역)
Hawaii	관련규정 없음
Idaho	Idaho Code §39-608 (Felony: 15년 이하의 징역 또는 5천달러 이하의 벌금 또는 양벌)
Illinois	720 Ill. Comp. Stat. 5/12-16.2 (Class 2 felony)
Indiana	Ind. Code Ann. §35-42-1-7 (Class C felony: 전파매개행위; Class A felony: HIV감염) / Ind. Code Ann. §35-42-2-6(c) (Class D felony: 전파매개행위; Class C felony: 체액을 통한 Hepatitis B, HIV or TB 전염 가능성을 알거나 과실로 모른 경우; Class B felony: 체액을 통한 Hepatitis B or TB전염 가능성을 알거나 과실로 모르고 감염시킨 경우; Class A felony: HIV전염 가능성을 알거나 과실로 모르고 감염시킨 경우) / Ind. Code Ann. §35-42-2-6(d) (Class D felony: 혈액, 정액, 소변을 통한 Hepatitis B, HIV or TB전염 가능성을 알거나 과실로 모른 경우; Class C felony: 혈액, 정액, 소변을 통한 Hepatitis B or TB전염 가능성을 알거나 과실로 모르고 감염시킨 경우; Class B felony: 혈액, 정액, 소변을 통한 HIV전염 가능성을 알거가 과실로 모르고 감염시킨 경우 fecal waste)
Iowa	Iowa Code ch. 709 C (Class B felony)
Kansas	Kan. Stat. Ann. §21-3435 (Class A misdemeanor)
Kentucky	Ky. Rev. Stat. §529.090 (Class D felony) / Ky. Rev. Stat. §529.090 (4) (Class D felony)/ Ky. Rev. Stat. §311.990(24)(b) (Class D felony)
Louisiana	La. Rev. Stat. 14:43.5 (5,000달러 이하의 벌금 또는 10년 이하의 징역 또는 양벌; 피해자가 공무수행중인 공무원인 경우에 1,000달러 이하의 벌금과 11년 이하의 징역)
Maine	관련규정 없음
Maryland	Md. Code Ann. Health-General §18-601.1 (2,500달러의 벌금 또는 3년 이하의 징역 또는 양벌)
Massachusetts	관련규정 없음
Michigan	Mich. Comp. Laws §333.5210 (Felony)
Minnesota	관련규정 없음

Mississippi	Miss. Code Ann. §97-27-14(1) (Felony)
Missouri	Mo. Rev. Stat Tit. 7 §191.677 (Class B felony; 전염된 경우에는 Class A ferony)
Montana	Mont. Code Ann. §50-18-112 (Misdemeanor)
Nebraska	관련규정 없음
Nevada	Nev. Rev. Stat. §201.205 (Category B felony: 2년 이상 10년 이하의 징역 또는 10,000달러 이하의 벌금 또는 양벌) / Nev. Rev. Stat §201.358 (Category B felony: 2년 이상 10년 이하의 징역 또는 10,000달러 이하의 벌금 또는 양벌)
New Hampshire	관련규정 없음
New Jersey	N.J. Stat. §2C:34-5 (3rd degree crime: 5년 이하의 징역 및 15,000달러 이하의 벌금)
New Mexico	관련규정 없음
New York	관련규정 없음
North Carolina	관련규정 없음
North Dakota	N.D. Cent. Code §12-1-20-17 (Class A felony)
Ohio	Ohio Rev. Code Ann. Tit. 29 §2927.13 (4th degree felony)
Oklahoma	Okla. Stat. Tit. 21 §1192.1 (Felony: 5년 이하의 징역) / Okla. Stat. 1031 (Felony: 5년 이하의 징역) / Okla. Stat. Tit. 63 §1-519 (Felony)
Oregon	관련규정 없음
Pennsylvania	18 Pa. Cons. Stat. §2703 (2nd degree felony) / 18 Pa. Cons. Stat. §2704 [사형 또는 종신형에 처해질 수 있는 2급(2nd degree)살인과 동일한 형벌] / 18 Pa. Cons. Stat. §5902(a) (Felony of the 3rd degree) / 18 Pa. Cons. Stat. §5902(b) (Felony of the 3rd degree) / 18 Pa. Cons. Stat. §5902(e) (Felony of the 3rd degree)
Rhode Island	관련규정 없음
South Carolina	S.C. Code Ann. §44-29-145 (Felony: 5,000달러 이하의 벌금 또는 10년 이하의 징역)
South Dakota	S.D. Codified Laws §22-18-31 (Class 3 felony)
Tennessee	Tenn. Code Ann. §39-13-109 (Class C felony) / Tenn. Code Ann. §68-10-107 (Class C misdemeanor)

Texas	관련규정 없음
Utah	Utah Code Ann §76-10-1309 (Felony of the 3rd degree)
Vermont	관련규정 없음
Virginia	Va. Code Ann. §18.2-67, 4:1(A) (Class 6 felony) / Va. Code Ann. §18.2-67, 4:1(B) (Class 1 misdemeanor) / Va. Code Ann. §32.1-289.2 (Class 6 felony)
Washington	Rev. Code Wash. §9A.36.011(1)(b) (Class A felony)
West Virginia	관련규정 없음
Wiscinsin	관련규정 없음
Wyoming	관련규정 없음

자료: www.statehealthfacts.org

IV. 유엔의 가이드라인

유엔의 에이즈퇴치기구(UNAIDS)와 고등인권판무관실(Office of the High Commissioner for Human Rights: OHCHR)은 1996년에 개최된 'HIV/AIDS와 인권에 관한 제2차 국제자문회의'에서 HIV감염인과 AIDS환자의 인권을 보장하기 위하여 가이드라인을 만들기로 하고 1998년 출간하였다.[7] 12개의 조항으로 구성된 이 가이드라인은 인권에 관한 국제규범들을 HIV/AIDS와 관련하여 구체화하는 것으로 ① HIV에 대응하는 기본제도의 마련, ② 지역사회에 의한 자문과 지역사회 단체의 활동에 대한 보장, ③ HIV와 관련되는 **공중보건**에 관한 법률들의 개선, ④ HIV와 관련되는 형사법과 교정제도의 개선, ⑤ HIV감염인에 대한 차별을 예방하는 차별금지법의 제정, ⑥ HIV관련 재화・용역・정보・의약품의 이용에 관한 입법 및 조치, ⑦ HIV관련 법률지원서비스의 제공,

7) Joint United Nations Programme on HIV/AIDS (UNAIDS), <International Guidelines on HIV/AIDS and Human Rights 2006 Consolidated Version> 참조. 이 가이드라인은 2002년 6월에 개최된 UNAIDS와 OHCHR의 'HIV/AIDS와 인권에 관한 제3차 국제자문회의'에서 개정되었다.

법률전문가의 양성 및 인권보호기관의 활용, ⑧ HIV노출집단에 대한 환경의 조성, ⑨ HIV에 대한 차별과 편견을 시정하는 교육 프로그램의 개발, ⑩ HIV와 관련된 구체적 법규의 제정, ⑪ HIV감염인의 인권보호 체계에 대한 감시, ⑫ 세계 각국의 상호 협력 및 유엔과의 협력으로 요약할 수 있다(아래 [참고] 참조).

[참고] HIV/AIDS와 인권에 관한 국제 가이드라인
- International Guidelines on HIV/AIDS and Human Rights -

가이드라인 1: 세계 각국은 모든 국가기관의 HIV관련 정책과 프로그램에 대한 책무를 통합하면서 질서정연하고 참여적이며 투명하고 책임있는 접근을 확보하기 위하여 HIV에 대응하는 효과적인 국가적 차원의 기본제도를 마련해야 한다.

GUIDELINE 1: States should establish an effective national framework for their response to HIV which ensures a coordinated, participatory, transparent and accountable approach, integrating HIV policy and programme responsibilities across all branches of government.

가이드라인 2: 세계 각국은 정치적·재정적 지원을 통하여 HIV 정책 수립, 프로그램 보완, 평가의 모든 단계에서 지역사회의 자문이 이루어질 수 있도록, 그리고 지역사회의 단체들이 윤리, 법, 인권을 포함한 자신들의 활동을 효과적으로 수행할 수 있도록 보장해야만 한다.

GUIDELINE 2: States should ensure, through political and financial support, that community consultation occurs in all phases of HIV policy design, programme implementation and evaluation and that community organizations are enabled to carry out their activities, including in the field of ethics, law and human rights, effectively.

가이드라인 3: 세계 각국은 HIV에 의해 제기된 공중보건정책에 관한 주제에 대해서 적절하게 대응하고, 전염병에 관한 규정들이 HIV에 부적절하게 적용되지 않으며 그런 규정들이 인권에 관한 국제적인 규범들과 일치하도록 **공중보건**에 관한 법률들을 검토하고 개선해야만 한다.

GUIDELINE 3: States should review and reform public health laws to ensure that they adequately address public health issues raised by HIV, that their provisions applicable to casually transmitted diseases are not inappropriately applied to HIV and that they are consistent with international human rights obligations.

가이드라인 4: 세계 각국은 형사법과 교정제도가 인권에 관한 국제적 규범과 일치하도록, 그리고 HIV와 관련되어 오용되거나 감염노출집단을 표적으로 삼지 않도록 형사법과 교정제도를 검토하고 개혁해야만 한다.

GUIDELINE 4: States should review and reform criminal laws and correctional systems to ensure that they are consistent with international human rights obligations and are not misused in the context of HIV or targeted against vulnerable groups.

가이드라인 5: HIV감염노출집단과 감염인 및 장애인을 공적 영역과 민간 영역 모두에서 차별로부터 예방하고, 인간과 관련된 주제를 포함하는 연구의 프라이버시와 비밀 및 윤리를 확보하며, 교육과 중재를 강조하고, 신속하고 효과적인 행정적・민사적 구제제도를 규정하는 차별금지법 및 기타 차별예방법을 제정하거나 강화해야만 한다.

GUIDELINE 5: States should enact or strengthen antidiscrimination and other protective laws that protect vulnerable groups, people living with HIV and people with disabilities from discrimination in both the public and private sectors, ensure privacy and confidentiality and ethics in research involving human subjects, emphasize education and conciliation, and provide for speedy and effective administrative and civil remedies.

가이드라인 6 (2002년 개정): 세계 각국은 HIV와 관련된 재화와 용역 및 정보를 규율하고, 양질의 예방조치와 서비스, 적절한 HIV예방과 치료 정보, 적당한 가격의 안전하고 효과적인 의약품을 폭넓게 이용할 수 있도록 보장하는 법률을 제정해야만 한다.

세계 각국은 HIV 및 이와 관련된 전염병과 질병을 예방・치료・완화하는 항생제와 그 밖의 안전하고 효과적인 의약품, 진단기술 및 관련기술을 포함하여 HIV의 예방, 치료, 지원에 필요한 양질의 재화, 용역, 정보를 이용하고 접근하는 데 있어서 모든 사람에게 지속적이고 평등하게 보장될 수 있도록 필수적인 조치를 취해야만 한다.

세계 각국은 국내적인 차원과 국제적인 차원에서 감염에 노출된 개인들과 국민들을 특별히 주목하여 위의 조치들을 취해야만 한다.

GUIDELINE 6 (as revised in 2002): States should enact legislation to provide for the regulation of HIV-related goods, services and information, so as to ensure widespread availability of quality prevention measures and services, adequate HIV prevention and care information, and safe and effective medication at an affordable price.

States should also take measures necessary to ensure for all persons, on a sustained and equal basis, the availability and accessibility of quality goods, services and information for HIV prevention, treatment, care and support, including antiretroviral and other safe and effective medicines, diagnostics and related technologies for preventive, curative and palliative care of HIV and related opportunistic infections and conditions.

States should take such measures at both the domestic and international levels, with particular attention to vulnerable individuals and populations.

가이드라인 7: 세계 각국은 HIV에 감염된 사람들에 대해서 그들의 권리를 교육하는 법률지원서비스를 보완하고 지원하며, 그러한 권리를 실행할 수 있는 무료법률서비스를 제공하고, HIV와 관련된 법적 주제에 관한 전문가를 양성하며, 법원과 더불어 법무부, 옴부즈만, 보건에 관한 진정기관 및 인권위원회와 같은 보호기관을 활용해야만 한다.

GUIDELINE 7: States should implement and support legal support services that will educate people affected by HIV about their rights, provide free legal services to enforce those rights, develop expertise on HIV-related legal issues and utilize means of protection in addition to the courts, such as offices of ministries of justice, ombudspersons, health complaint units and human rights commissions.

가이드라인 8: 세계 각국은 지역사회와 협력하고 지역사회를 이용함으로써 여성, 아동, 기타 전염노출집단을 위하여 지역사회와의 대화, 특별하게 고안된 사회복지·보건서비스, 지역단체에 대한 지원을 통해 기존의 편견과 불평등에 대응함으로써 그들을 지원하는 실질적인 환경을 조성해야만 한다.

GUIDELINE 8: States, in collaboration with and through the community, should promote a supportive and enabling environment for women, children and other vulnerable groups by addressing underlying prejudices and inequalities through community dialogue, specially designed social and health services and support to community groups.

가이드라인 9: 세계 각국은 HIV와 관련된 차별과 낙인의 태도를 이해와 수용의 태도로 변화시키기 위한 분명한 목적으로 고안된 효과적인 교육, 훈련, 언론 프로그램의 광범하고 지속적인 확산을 촉진해야만 한다.

GUIDELINE 9: States should promote the wide and ongoing distribution of creative education, training and media programmes explicitly designed to change attitudes of discrimination and stigmatization associated with HIV to understanding and acceptance.

가이드라인 10: 세계 각국은 정부영역과 민간영역이 인권 원리를 전문적인 책임과 관행에 관한 법규로 변형시키는 HIV관련 주제와 관련된 행위법규를 제정하고, 이러한 법규를 보완하고 집행하는 체계를 부수적으로 확보해야만 한다.

GUIDELINE 10: States should ensure that Government and the private sector develop codes of conduct regarding HIV issues that translate human rights principles into codes of professional responsibility and practice, with accompanying mechanisms to implement and enforce these codes.

가이드라인 11: 세계 각국은 HIV감염인과 그의 가족 및 지역사회의 인권을 포함하여 HIV와 관련된 인권의 보호를 확보하는 체계에 대한 감시와 집행을 보장해야만 한다.

GUIDELINE 11: States should ensure monitoring and enforcement mechanisms to guarantee the protection of HIV-related human rights, including those of people living with HIV, their families and communities.

가이드라인 12: 세계 각국은 HIV와 관련된 인권에 관한 주제에 대하여 지식과 정보를 공유하고, 국제적 수준에서 HIV와 관련된 인권을 보호하는 효과적인 체계를 확보하기 위하여 UNAIDS를 포함한 유엔체제의 모든 중요한 프로그램과 기관들을 통해 협력해야만 한다.

GUIDELINE 12: States should cooperate through all relevant programmes and agencies of the United Nations system, including UNAIDS, to share knowledge and experience concerning HIV-related human rights issues and should ensure effective mechanisms to protect human rights in the context of HIV at international level.

제2절

건 강 권

아프면 병원에 가서 의사의 적절한 치료를 받을 수 있는 권리는 인간의 기본적인 권리에 속한다. 이러한 건강권 또는 보건(의료)에 관한 권리는 단순히 병원에 갈 수 있는 자유권이나 치료를 받을 수 있는 자유권의 측면뿐만 아니라 병원시설의 제공과 치료비의 지원을 요구할 수 있는 적극적 권리로서 사회권의 측면을 포함한다. 우리 헌법도 '보건에 관한 권리'를 규정함으로써[1] 질병의 치료에 관한 자유권과 사회권 모두를 보장하고 있다. 따라서 HIV감염인이나 에이즈환자도 자신의 질병을 치료하기 위하여 병원을 찾아 의사의 적절한 치료를 받을 수 있는 자유권과 사회권을 보장받는다.

I. 치료거부

HIV감염인들이나 에이즈환자들은 전염을 우려한 병원으로부터 치료(health care)를 거부당하기 쉽다. 따라서 원천적으로 치료가 불가능해지고 그들의 건강은 치명적인 손상을 입게 된다. 특히 의사나 간호사 등 의료종사자들이 HIV/AIDS에 대해서 일반인과 동일한 편견이나 공포심을 가지고 있는 경우에는 문제가 더욱 심각해질 수 있다. 더욱이 의료기관은 다른 환자들이나 보호자들의 거부감이나 혐오감을 이유로 HIV감염인이나 에이즈환자에 대한 치료거부를

---

1) 헌법 제36조 제3항: 모든 국민은 보건에 관하여 국가의 보호를 받는다.

정당화할 가능성도 있다.

치료거부는 환자의 치료요구에 대한 즉각적인 거부뿐만 아니라 치료의 지연이나 중단까지도 포함한다. 또한 치료과정에서 과도한 지시사항을 부과하거나 치료를 위해 강제적 입원을 요구하거나 치료비용을 과다하게 청구하는 등으로 환자에게 지나친 정신적·경제적 부담을 지우는 경우에도 환자의 입장에서는 '사실상의 치료거부'로 받아들여질 수 있다. 이러한 치료거부는 의료서비스의 전체적인 상황이 충분하지 않을 때 더욱 빈번하게 발생할 수 있다. 불충분한 의료서비스에 대한 혜택을 우선적으로 일반 환자의 치료에 사용할 수 있기 때문이다. 이에 따라 HIV감염인이나 에이즈환자는 생명을 다투는 응급상황이 아닌 경우에 다른 환자보다 치료의 우선순위에서 밀려날 가능성이 높다. 하지만 이러한 방식으로 정당화될 수 있는 치료거부는 다른 환자와 비교하여 HIV감염인이나 에이즈환자를 차별대우하는 것이므로 차별의 관점에서도 정당화될 수 있는지에 대해서 다시금 검토될 필요가 있다.

II. 치료받을 권리

HIV감염인들이나 에이즈환자들에 대해서는 다른 질병의 환자들과 마찬가지로 통상적인 치료를 받을 수 있는 권리가 보장되어야 한다. 이러한 권리는 감염인이나 환자 당사자들의 개인적 관점에서만 이해될 수 없다. 감염인이나 환자가 치료를 받지 못하면 HIV감염의 위험성이 높아지고, 이로 인해 공중의 건강에 치명적인 결과를 초래할 수도 있기 때문이다.

따라서 HIV감염인이나 에이즈환자는 질병에 걸린 일반인과 마찬가지로 에이즈 및 다른 질병에 관한 치료를 받을 수 있는 기본적 권리를 주장할 수 있다. 그리고 이러한 권리에 상응하여 국가는 HIV감염이나 에이즈발병을 이유로 치료를 거부하는 행위를 금지함과 동시에 이러한 금지위반에 대해서 제재를 규정하는 법률을 제정해야 할 의무를 진다. 동시에 국가는 의료기관이나 의료종사자들이 HIV감염이나 에이즈발병을 이유로 치료를 거부하지 않도록 그들을 교육시키기 위해 노력해야 할 의무도 부담한다. 이러한 교육의 내용에는 특히 HIV/AIDS에 관한 정확한 정보의 전달 및 HIV감염자나 에이즈환자에 대한 의식(편견)의 개선이 포함되어야 한다. 또한 의료기관이나 의료종사자들도 스스로 HIV감염인이나 에이즈환자의 치료에 관한 '의료윤리지침'을 만들어 합리적으로 판단했을 때 본인들의 건강이 침해되는 불가피한 경우가 아닌 한 최선을 다해 환자를 치료해야만 한다.

한편 HIV감염이나 에이즈발병을 이유로 치료를 거부하는 행위는 차별행위가 되기도 하기 때문에 HIV감염인이나 에이즈환자에 대한 치료거부는 차별의 관점에서도 논의될 수 있다. 다시 말해 HIV감염인이나 에이즈환자에 대한 치료거부는 대부분의 국가에서 차별금지사유로 인정되는 '장애(disability)'를 이유로 장애인을 차별하는 행위에 해당할 수 있는데 이에 대해서는 아래에서 다시 설명하기로 한다.

III. 국가의 지원을 받을 권리

HIV와 에이즈는 전염성이 강한 질병이므로 국가적 차원의 대책이 필요하다. 따라서 HIV와 에이즈의 퇴치를 위한 정책의 개발과 함께 이를 수행할 전문기관의 설립도 요구된다. 또한 이러한 전문기관은 HIV/AIDS에 관한 전문의료기관을 독자적으로 운영하거나 기존의 의료기관과 협력하여 HIV감염인과 에이즈환자의 검사와 치료를 지원해야 할 책임도 부여된다. 여기서 이러한 검사와 치료에 대한 적극적 권리가 사회권으로서 HIV감염인과 에이즈환자에게 부여될 수 있는지가 문제된다.

재정이나 시설 또는 서비스에 대한 국가의 지원을 요구할 수 있는 권리는 이른바 '사회적 기본권'의 문제로 논의된다. 하지만 '권리'라는 명칭에도 불구하고 사회적 기본권은 권리로 인정되지 않거나 기껏해야 국가의 의무로 이해되는 것이 고작이다.[2] 특히 한국헌법의 경우에 사회적 기본권으로서의 건강권은 명시적으로 '권리'라는 용어를 사용하지도 않는다. 어쨌든 건강권을 사회적 기본권으로서 주관적 권리성을 인정한다고 해도 사회적 기본권은 일반적으로 국가의 재정규모나 정책방향에 따라 그 인정 여부나 제공 정도가 결정되는 것이므로 섣불리 확정적인 권리로 주장하기는 어려운 측면이 분명히 존재한다. 하지만 사회적 기본권의 주관적 권리성이 인정되어야 한다는 사실은 분명하고 적어도 최소한의 보장이 확보되지 않는다면 그것은 사회적 기본권에 대한 침해가 된다. 따라서 HIV/AIDS에 대한 국가의 지원도 최소한이라도 확보되지 못하면 헌법상 보장된 사회적 기본권의 침해로 볼 수 있다.

에이즈법에 따르면 보건복지가족부장관은 후천성면역결핍증의 예방·관리와 그 감염인의 보호·지원 또는 치료를 위하여 필요한 연구기관 또는 전문진료기관을 설치·운영할 수 있다(동법 제13조 제1항). 또한 보건복지가족부장관 또는 시·도지사는 감염인의 요양 및 치료 등을 위한 시설인 '요양시설'과 감염인에 대한 정보제공, 상담 및 자활 등을 위한 시설인 '쉼터'를 설치·운영할 수 있다(동법 제16조 제1항). 그리고 보건복지가족부장관은 후천성면역결핍증의

---

2) 사회적 기본권의 법적 성격에 대한 논란에 대해서는 이준일, <헌법학강의>, 제3판(2008), 859면 이하 참조.

예방과 치료를 위한 의약품과 기술 확보에 노력하여야 하며, 이를 위한 연구 사업을 지원할 수 있다(동법 제17조의2). 이처럼 에이즈법의 규정양식("할 수 있다")에 따르면 에이즈의 진료, 요양, 상담 및 연구 등에 관한 지원은 국가의 의무가 아닐 뿐만 아니라 국민의 권리는 더욱 아니기 때문에 에이즈환자의 사회적 기본권을 최소한도라도 실현하고 있는지에 대해서는 의문이 제기될 수 있다.

제3절

사생활에 관한 권리

I. 필수적 검사

국가나 기업이 근로자를 고용할 때 필수적 요건으로서 에이즈 검사를 실시하는 경우에 HIV감염인들이나 에이즈환자들은 본인의 의사에 반하여 자신의 병력(病歷)을 공개당하게 된다. 이것은 단순히 HIV감염이나 에이즈환자라는 사실에 대한 공개일 뿐만 아니라 이로 인하여 고용을 거부당하거나 해고당할 가능성이 있기 때문에 심각한 문제가 된다. 따라서 HIV/AIDS를 이유로 인권을 침해하는 행위를 사전에 예방하기 위해서는 고용 이전에 HIV감염검사를 실시하는 것을 금지시키고, 이를 위반할 경우에 일정한 제재를 부과하는 법률의 제정이 필요하다. 이와 같은 요청을 수용하여 현행 「후천성면역결핍증 예방법」에 따르면 사업주가 근로자에게 후천성면역결핍증에 관한 검진결과서를 제출하도록 요구하는 것은 금지된다(동법 제8조의2 제3항).[1]

한편 HIV감염의 확산을 예방하기 위하여 임신부의 출산을 위한 필수적 요건 또는 혼인신고를 위한 필수적 요건으로서 HIV/AIDS검사를 요구할 수도 있다. 하지만 이러한 '출산전 검사(antenatal testing)' 또는 '혼인전 검사(premarital testing)'는[2] 출산 여부나 혼인

1) 이러한 금지의무를 위반한 자에 대해서는 1년 이하의 징역형 또는 300만 원 이하의 벌금형이 부과된다(동법 제27조 제3호).

2) 출산전 검사나 혼인전 검사에 관한 논의에 대해서는 J. Chalmers, <Legal

여부의 결정 그 자체에 대한 직접적 강제는 아니 지만 사실상 그러한 결정에 영향을 줄 수 있다는 점에서 출산에 관한 자기결정권이나 혼인의 자유를 침해할 수 있다.

II. 강제적 검사

1. 일반적인 강제적 검사

고용·출산·혼인과 연계된 간접적 형태의 강제적 검사보다 문제가 큰 것은 공익을 이유로 시행되는 직접적 형태의 강제적 검사다. 강제적 검사는 감염인 또는 환자의 자발적 동의가 없이 시행되는 검사를 의미하므로 원칙적으로 고용·출산·혼인과 연계된 간접적 형태의 강제적 검사는 강제적 검사에서 제외된다. 이러한 간접적 형태의 강제적 검사는 고용·출산·혼인을 포기하면 적어도 검사 자체가 강제되지는 않기 때문이다. 물론 고용·출산·혼인이 인간의 삶의 필수적인 요소이므로 비록 이러한 요소들을 매개로 간접적인 형태로 가해지는 강제적 검사도 직접적 형태로 가해지는 강제적 검사와 유사한 강도의 강제성을 가질 수 있다는 점에서 넓은 의미의 강제적 검사에 포함될 수 있다. 하지만 논의의 편의를 위하여 고용·출산·혼인을 매개로 한 간접적 강제는 앞서 설명한 '필수적 검사'로 분리시키고, 지금 논의하는 강제적 검사에서는 제외하기로 한다.

현행 에이즈법은 보건복지가족부장관, 특별시장·광역시장·도지사 또는 특별자치도지사(이하 '시·도지사'로 약칭), 시장·군수·구

Responses to HIV and AIDS>, Oxford/Portland/Oregon, 2008, 31면 이하 및 38면 이하 참조.

청장에게 **공중과 접촉이 많은 업소에 종사하는 자**로서 법정 검진대상이 되는 자에 대하여 후천성면역결핍증에 관한 정기 또는 수시검진을 실시하여야 하는 의무를 부과하고 있다(동법 제8조 제1항).[3] 법정 검진대상이 되는 자는 **후천성면역결핍증에 감염되었다고 판단되는 충분한 사유가 있는 자** 또는 **후천성면역결핍증에 감염되기 쉬운 환경에 있는 자**로서 ① 감염인의 배우자(사실혼 포함) 및 성 접촉자, ② 그밖에 후천성면역결핍증의 예방을 위하여 보건복지가족부장관이 필요하다고 인정하는 사람 중 어느 하나에 해당하는 자를 의미한다. 이러한 법적 검진대상에 대하여 보건복지가족부장관, 시·도지사, 시장·군수·구청장은 후천성면역결핍증에 관한 검진을 실시할 수 있다(동조 제2항). 이러한 검진에 응하지 않는 자에 대해서는 1년 이하의 징역 또는 300만 원 이하의 벌금이라는 형벌이 부과되기 때문에(동법 제27조 제2호) 이러한 검진은 강제적 검진에 해당한다.

강제적 검진의 대상은 '공중과 접촉이 많은 업소에 종사하는 자'이면서 '에이즈에 감염의 개연성이 높은 자' 또는 '에이즈에 감염될 환경에 노출된 자'로 한정되고, 더욱이 '감염인의 배우자'나 '감염인과 성접촉한 자'로 국한되기 때문에 그 요건이 대단히 엄격하게 규정되어 있다. 그럼에도 불구하고 에이즈검사는 강제적 검사보다는 자발적 검사가 바람직하다는 측면에서 현재의 규율방식에는 문제가 있다고 보인다.[4] 특히 "그밖에 후천성면역결핍증의 예방을

3) 「후천성면역결핍증 예방법」 시행령에 따르면 정기 또는 수시검진 대상자는 「전염병예방법」 제8조에 따라 성병에 관한 건강진단을 받아야 할 사람으로 한다(동 시행령 제10조 제1항). 한편 「전염병예방법」 제8조에 의하면 성병의 예방을 위하여 종사자의 건강진단이 필요한 직업으로 보건복지가족부령이 정하는 직업에 종사하는 자와 성병에 감염되어 그 전염을 매개할 상당한 우려가 있다고 시장·군수·구청장이 인정한 자는 보건복지가족부령이 정하는 바에 의하여 성병에 관한 건강진단을 받아야 한다.

4) 필수적 검진의 문제점을 "강제검진"의 측면에서 비판하는 견해로 권영설, "에이즈(AIDS)와 그 공법적 대응," <미국헌법연구>(미국헌법학회), 제8호(1997), 349면

위하여 보건복지가족부장관이 필요하다고 인정하는 사람"의 범위는 대단히 포괄적이기 때문에 가중된 요건에도 불구하고 강제적 검진의 대상을 확대하는 문제가 발생한다.

그리고 해외에서 입국하는 외국인 중 대통령령이 정하는 장기체류자는 입국전 1월 이내에 발급받은 후천성면역결핍증 음성확인서를 보건복지가족부장관에게 제시해야 하는 의무를 부담한다. 이를 제시하지 못하는 경우에는 입국 후 72시간 이내에 검진을 받아야 한다(동법 제8조 제3항). 「후천성면역결핍증 예방법 시행령」에 따르면 "장기체류자"는 ① 91일 이상 국내에 체류하기 위하여 입국하는 사람(체류기간을 연장하여 91일 이상 체류하는 사람을 포함)으로서 수입을 목적으로 한 연예·운동경기, 그 밖의 흥행업을 하려는 사람(다른 목적으로 입국하여 수입을 목적으로 한 연예·운동경기, 그 밖의 흥행업을 하는 사람을 포함) 또는 ② 「출입국관리법」에 따른 재난상륙허가의 대상자로서 보건복지가족부장관이 후천성면역결핍증의 예방을 위하여 필요하다고 인정하는 사람을 의미한다(동 시행령 제10조 제2항). 다만 배우자를 동반하는 사람은 제외된다. 외국인에 대한 검진도 이에 불응하는 자에 대해서 1년 이하의 징역형 또는 300만 원 이하의 벌금형에 처해지기 때문에(동법 제27조 제2호) 강제적 검진에 해당한다.

대한민국에 입국하는 장기체류자에게 강제적 검사를 요구하는 것은 수입을 목적으로 하는 연예·운동경기 등의 흥행업을 하려는 자에게 한정되어 있지만 이런 사람에게 전면적으로 실시된다는 점에서 문제가 될 수 있다. 또한 수입을 목적으로 하는 연예·운동경기 등의 흥행업을 하려는 자에 한정하여 강제적 검진을 요구하는 것도 다른 입국목적을 가진 외국인과 비교하여 차별대우하는 것이므로 차별에 해당할 수 있다는 점을 주목할 필요가 있다.

이하 참조.

한편 후천성면역결핍증에 관한 검진을 실시하는 자는 검진 전에 피검진자에게 이름·주민등록번호·주소 등을 밝히지 아니하거나 가명을 사용하는 "익명검진"을 할 수 있다는 사실을 고지하여야 하고, 익명검진을 신청하는 경우에도 검진을 실시하여야 한다(동법 제8조 제4항). 익명검진을 실시하는 자는 검진결과 감염인으로 밝혀진 자가 있는 경우에는 보건복지가족부령으로 정하는 바에 따라 관할 보건소장에게 신고하여야 하고, 이 경우 감염인의 정보는 익명으로 관리하여야 한다(동조 제5항). 이러한 익명검진의 허용으로 인해 앞서 논의한 강제적 검진의 문제점이 어느 정도 해결될 수는 있다. 또한 검진결과를 원칙적으로 피검진자 본인에게만 통보할 수 있도록 한 것(동법 제8조의2 제1항)과 검진결과를 통보하는 경우에 감염인으로 판정을 받은 자에 대하여는 면접통보 등 검진결과의 비밀이 유지될 수 있는 방법으로 하도록 한 것(동조 제2항)도 강제적 검진의 문제점을 해결하는 제도적 장치가 될 수 있다.

2. 동의 없는 검사

본인의 동의 없이 HIV감염검사가 실시되는 경우가 있다. 일반적으로 일정한 혈액검사나 조직검사를 시행하면서 HIV감염에 대한 검사를 동시에 실시하는 방식으로 본인의 동의를 생략하게 된다. 하지만 이것은 당사자의 기본적 인권을 침해하는 행위에 해당한다. 개인의 신체에 대한 정보를 얻기 위해서는 반드시 본인의 동의가 필요하기 때문이다. 따라서 개인의 질병감염에 대한 검사도 본인의 동의가 필요하고, 만약 동의 없이 검사가 행해진 경우에는 형사처벌 등의 제재가 가해져야 한다. 이를 위해서는 법적 규정이 요구된다. 이러한 법적 규정에는 HIV/AIDS 검사를 위해서 반드시 본인의 동의를 필수적 요건으로 요구하고, 본인의 동의를 받기 전에는 검사의 내용에 대한 설명의무를 부과해야 하며, 사전설명이나 본인의 동의 없이 검사한 경우에 일정한 형사적 또는 행정적 제재가 가해진다는 내용이 포함되어야 한다.

III. 감염사실의 공개

1. 공개금지의 원칙과 상대방에 대한 고지의 의무

HIV감염검사와 관련된 가장 큰 문제는 그 결과의 공개 또는 누설이다. HIV감염인의 입장에서는 감염사실에 대한 공개나 누설은 곧바로 편견과 차별, 심지어 평생 지워지지 않는 낙인으로 이어지기 때문에 당연히 원하지 않게 된다. 더욱이 헌법상 보장되는 '사생활의 비밀에 관한 기본권', 특히 '개인정보에 관한 자기결정권'을 고려할 때[5] HIV감염에 관한 정보는 중요한 개인정보로서 본인의 의사에 반하여 공개될 수 없다. 따라서 원칙적으로 본인이 원하지 않는 공개는 형사처벌 등 법적 제재의 대상이 되어야 한다. 하지만 다른 사람에 대한 전염을 예방하기 위한 공익적 목적에서, 또한 본인의 치료를 위한 목적에서 공개가 요구되는 경우도 있고, 적어도 HIV감염인과 성행위를 하게 될 가능성 있는 상대방에게는 감염의 위험성이 크기 때문에 감염사실을 고지할 필요가 있다. 여기서 HIV감염인은 물론 이 사람의 감염사실을 확인한 의료종사자나 공무원 등에 대해서 HIV감염인과 성행위를 하게 될 가능성 있는 '상대방에 대한 고지(partner notification)'의 의무가 요구되는지가 문제될 수 있다.[6]

5) 헌법은 사생활의 비밀에 관한 기본권을 보장하고 있으며 이 기본권에서 개인정보자기결정권이 도출될 수 있다.

6) 상대방에 대한 고지의무에 관한 자세한 설명은 The World Bank, <Legal Aspects of HIV/AIDS>, Washington D.C., 2007, 13면 이하 참조.

2. HIV감염인의 경우

우선 HIV감염인의 경우에 성행위 상대방에게 감염시킬 개연성이 크기 때문에 자신의 감염사실을 고지해야 할 '법적 의무'가 있다고 볼 수도 있지만 성행위시에 확실한 감염예방수단으로 알려진 콘돔을 사용하는 경우에는 단지 '윤리적 의무'만이 있다고 볼 수도 있다. 다시 말해 콘돔을 사용하는 경우에는 자신의 의사에 따라 공개 여부를 결정할 수 있다는 뜻이다. 어쨌든 UN의 지침은 공개에 관한 자발적인 결정을 권고하고 있다.

3. 의료종사자의 경우

한편 의료종사자의 경우에 환자의 비밀을 보호해주어야 할 의무도 있지만 환자의 상대방에게 감염의 위험을 알리고 감염을 예방하도록 주의를 주어야 할 의무(duty to warn)도 있기 때문에 경우에 따라서는 '감염인의 동의 없이(without consent)'도 상대방에게 감염사실을 고지해야만 한다. 물론 이 경우에도 감염사실에 대한 고지는 비밀이 유지된 상태에서 오로지 상대방에게만 행해져야 한다. 그리고 감염인 본인이 상대방에게 고지할 의사가 분명한 경우에는 의료종사자는 감염인의 의사를 존중하여 스스로 상대방에게 고지하는 일을 자제할 필요가 있다. 상대방에 대한 고지에서 가장 우선해야 하는 것은 감염인 본인의 자발적 고지이기 때문이다. 아무튼 중요한 것은 감염사실의 공개로 실현되는 공공의 이익과 감염사실의 비밀유지로 실현되는 감염인의 이익을 비교하여 전자가 후자를 압도하는 경우에만 감염인의 동의 없이도 감염사실의 공개가 정당화된다는 점이다.

4. 공무원의 경우

마지막으로 공무원의 경우에 공중의 건강을 보호하기 위하여 전염을 예방할 의무가 있고, 이를 위해 감염경로를 추적할 수 있는 권한이 있기 때문에 감염경로에 관한 정보를 얻기 위하여 감염인의 상대방에게 고지해야 되는 상황이 존재한다. 무엇보다도 의료종사자에게는 일반적으로 HIV감염에 관한 정보를 보건관련 행정기관에 보고해야 할 의무가 부과되기 때문에 보건관련 행정기관은 감염인에 관한 정보를 체계적으로 구축할 수 있다. 어쨌든 감염경로를 추적하는 과정에서 감염인과 접촉한 상대방에게 감염사실을 고지하는 경우에도 비밀은 엄수되어야 한다.

5. 현행법의 태도

현행 「후천성면역결핍증 예방법」은 의사와 의료기관이 HIV감염을 확인한 경우에 신고해야 할 의무를 부과함과 동시에 감염인과 그 상대방에게도 감염사실을 고지해야 할 의무를 부과하고 있다(동법 제5조). 이러한 신고의무를 위반한 자에 대해서는 1년 이하의 징역 또는 300만원 이하의 벌금이 부과된다(동법 제27조 제1호). 한편 ① 국가 또는 지방자치단체에서 후천성면역결핍증의 예방·관리와 감염인의 보호·지원에 관한 사무에 종사하는 자, ② 감염인의 진단·검안·진료 및 간호에 참여한 자, ③ 감염인에 관한 기록을 유지·관리하는 자에게 재직중은 물론 퇴직후에도 정당한 사유 없이 감염인에 대하여 업무상 알게 된 비밀의 누설을 금지하고 있다(동법 제7조). 그리고 이러한 금지를 위반한 자에 대해서는 3년 이하의 징역 또는 1,000만 원 이하의 벌금에 처하도록 규정한다(동법 제26조 제1호).

[참고] 후천성면역결핍증 예방법(개정: 2008. 3. 21. 법률 제8940호)

제5조 (의사 또는 의료기관 등의 신고)

① 감염인을 진단하거나 감염인의 사체를 검안한 의사 또는 의료기관은 보건복지가족부령으로 정하는 바에 따라 즉시 진단·검안사실을 관할 보건소장에게 신고하고, 감염인과 그 배우자(사실혼 포함) 및 성 접촉자에게 후천성면역결핍증의 전파방지에 관하여 필요한 사항을 알리고 이를 준수하도록 지도하여야 한다. 이 경우 가능한 한 감염인의 의사를 참고하여야 한다.

② 학술연구 또는 제9조의 규정에 의한 혈액 및 혈액제제에 대한 검사에 의하여 감염인을 발견한 자나 당해 연구 또는 검사를 실시한 기관의 장은 보건복지가족부령이 정하는 바에 의하여 즉시 보건복지가족부장관에게 신고하여야 한다.

③ 감염인이 사망한 경우 이를 처리한 의사 또는 의료기관은 보건복지가족부령으로 정하는 바에 따라 즉시 관할 보건소장에게 신고하여야 한다.

④ 제1항 및 제3항의 규정에 의하여 신고를 받은 보건소장은 특별자치도지사·시장·군수 또는 구청장(자치구의 구청장을 말한다. 이하 같다)에게 이를 보고하여야 하고, 보고를 받은 특별자치도지사는 보건복지가족부장관에게, 시장·군수·구청장은 특별시장·광역시장 또는 도지사를 경유하여 보건복지가족부장관에게 이를 보고하여야 한다.

제4절

거주 · 이전의 자유

거주 · 이전의 자유는 자신이 원하는 체류지나 거주지를 선택하고 결정할 수 있으며 변경할 수 있는 자유를 의미한다. 이러한 자유는 병원이나 수용소와 같은 특정한 장소에 거주하도록 강제당하거나(이 경우에 신체의 자유도 문제될 수 있다) 자신이 원하는 나라에 입국이나 난민신청이 금지되는 경우에 제한을 받게 된다. 바로 이와 같은 제한이 HIV감염이나 AIDS환자라는 이유로 부과될 수 있다.

I. 병원출입의 제한

HIV감염인 또는 에이즈환자들은 다른 사람들에 대한 감염의 위험을 이유로 병원이나 수용시설에 감금되어 병원출입을 제한당하기 쉽다. 이로써 본인들에 대한 적절한 치료를 제한당할 뿐만 아니라 아픈 가족이나 친지, 특히 임종을 앞둔 가족이나 친지의 방문을 거부당함으로써 본인과 가족에게 회복할 수 없는 상처를 남기게 된다. 문제는 HIV감염인이나 AIDS환자가 자유롭게 체류지나 거주지를 변경함으로써 HIV/AIDS가 확산될 위험성이 높아진다는 추정에 있다. 물론 HIV/AIDS는 전염성 질병이지만 다른 전염성 질병과는 달리 일상적인 접촉(악수, 포옹 등)을 통해서는 전염되지 않는다는데 특징이 있다. 따라서 전염의 위험성을 이유로 HIV감염인이나 AIDS환자를 병원과 같은 일정한 시설에 감금하거나 출입을 제한하는 것은 심각한 인권침해의 문제가 있다고 보인다.

II. 해외여행의 제한

HIV감염인들 또는 에이즈환자들은 해외여행을 하고자 해도 여행국의 법령에 따라 입국을 거부당할 가능성이 높다. 해당 국가가 HIV/AIDS의 전염을 우려해 HIV/AIDS의 강제적 검진을 요구하면서[1] 미리 해당 외국인의 입국을 거부하거나 이미 입국한 외국인을 강제로 출국하게 할 수 있는 법령을 구비했을 가능성이 높기 때문이다. 문제는 이러한 입국제한이나 강제출국에 관한 법령들이 체류의 기간과 상관 없이 적용될 수 있다는 점, 당사들에게 HIV감염 여부나 AIDS환자라는 사실에 대한 진술을 강요하거나 이를 확인하기 위하여 강제적인 검사가 실시될 수 있다는 점, 그리고 실제로 이러한 출입국제한이 HIV/AIDS의 전염을 예방하는 효과가 있는지에 대해서 의문이 있다는 점 등이다.

한국의 경우에 출입국관리법[2]에 따르면 입국을 거부할 수 있는 외국인에 전염병환자를 포함시키고 있다(동법 제11조 제1항 제1호). 한편 전염병예방법[3]에 따르면 에이즈는 제3군전염병에 속한다(동법 제2조 제1항 제3호 러목). 따라서 에이즈환자에 대해서는 입국을 거부할 수 있고, 입국 후에 에이즈환자임이 발견되거나 에이즈환자가 되는 경우에는 강제퇴거시킬 수 있다(출입국관리법 제46조 제1항 제2호).

1) 앞서 설명한 것처럼 해외에서 대한민국으로 입국하는 외국인 가운데 장기체류자로서 수입을 목적으로 하는 연예 · 운동경기, 그 밖의 흥행업을 하려는 사람에게 강제적 검진을 요구하고 있다(후천성면역결핍증 예방법 제8조 제3항 및 동 시행령 제10조 제2항).

2) 출입국관리법 최근개정: 2008. 12. 19. 법률 제9142호.

3) 전염병예방법 최근개정: 2008. 2. 29. 법률 제8852호.

[참고] 입국이 금지될 수 있는 외국인

출입국관리법 제11조 (입국의 금지 등)

① 법무부장관은 다음 각 호의 1에 해당하는 외국인에 대하여는 입국을 금지할 수 있다.

1. **전염병환자**·마약류중독자 기타 공중위생상 위해를 미칠 염려가 있다고 인정되는 자

2.~8. 생략

② 법무부장관은 입국하고자 하는 외국인의 본국이 제1항 각 호 외의 사유로 국민의 입국을 거부할 때에는 그와 동일한 사유로 그 외국인의 입국을 거부할 수 있다.

전염병예방법 제2조 (정의)

이 법에서 사용하는 용어의 정의는 다음과 같다.

① "전염병"이라 함은 다음 각 호의 어느 하나에 해당하는 질환을 말한다.

1.~2. 생략

3. **"제3군전염병"**이라 함은 간헐적으로 유행할 가능성이 있어 지속적으로 그 발생을 감시하고 방역대책의 수립이 필요한 다음 각 목의 전염병을 말한다.

가. 말라리아
나. 결핵
다. 한센병
라. 성병
마. 성홍열
바. 수막구균성수막염
사. 레지오넬라증
아. 비브리오패혈증
자. 발진티푸스
차. 발진열
카. 쯔쯔가무시증
타. 렙토스피라증

파. 브루셀라증
하. 탄저
거. 공수병
너. 신증후군출혈열(유행성출혈열)
더. 인플루엔자
러. 후천성면역결핍증(AIDS)
4.~7. 생략

② "전염병환자"라 함은 전염병의 병원체가 인체내에 침입하여 증상을 나타내는 자로서 제4조 제2항의 진단기준에 의한 의사의 진단 또는 보건복지가족부령이 정하는 기관의 실험실 검사를 통하여 확인된 자를 말한다.

③~⑦ 생략

국민의 건강을 보호하고, 외국인 HIV감염인이나 AIDS환자로 인해 발생하는 치료비용을 절감할 수 있다는 측면에서 HIV감염인이나 AIDS환자의 입국을 제한할 수는 있다. 하지만 그러한 입국제한의 목적에 비추어 원칙적으로 장기체류를 원하는 자에 대해서만 그러한 조치가 취해져야 한다. 무엇보다도 다른 전염성 질환과는 달리 HIV는 일상적인 접촉을 통해서는 전염되지 않는다는 점에서 과연 국민건강의 보호라는 목적의 달성에 꼭 필요한 수단인지도 의심해보아야 한다. 그리고 제한된 의료서비스를 효율적으로 운영한다는 측면에서 HIV감염인이나 AIDS환자의 입국을 거부하게 되면 높은 의료비용이 요구되는 질병을 가진 모든 사람들에 대한 입국의 거부도 정당화될 수 있는 위험성을 고려해야만 한다.

III. 난민신청의 제한

HIV감염인이나 AIDS환자도 난민의 지위나 유민의 지위를 신청해야 되는 상황이 발생할 수 있다. 특히 HIV감염인이나 AIDS환자는 본국에서 HIV/AIDS로 인한 박해와 차별을 당하여 또는 열악한 의료서비스로 인하여 외국으로 도피할 수밖에 없는 상황에 처해 있을 가능성이 높다. 하지만 HIV감염인이나 AIDS환자의 입국조차 거부하는 것이 세계 각국의 일반적인 경향이라면 해당 국가에서 HIV감염인이나 AIDS환자의 난민이나 유민 신청을 받아들일 가능성은 그리 높지 않아 보인다. 무엇보다도 대부분의 국가에서 난민의 자격을 인정받기 위해서는 본국으로 돌아가는 경우에 학대, 고문, 박해 등 정치적 탄압을 받을 개연성이 높은 경우이어야 하기 때문에 HIV감염인이나 AIDS환자가 난민의 지위를 인정받을 가능성은 크지 않다고 보아야 한다. 그렇지만 많은 나라에서 HIV감염인이나 AIDS환자는 HIV/AIDS로 인하여 박해와 차별을 받고, 열악한 의료서비스 때문에 사망할 개연성이 높다는 점에서 난민의 지위를 인정받아야 한다는 주장을 제기할 수도 있다. 또한 HIV감염인이나 AIDS환자에 대한 난민의 지위를 인정하지 않으면 불법체류자를 양산하고 적절한 치료를 받지 못하게 하여 오히려 공중보건에 커다란 위험요소가 될 수 있다는 점도 지적된다.[4] 하지만 HIV감염인이나 AIDS환자에 대하여 난민의 지위를 인정하게 되면 HIV감염인이나 AIDS환자의 과도한 유입이라는 결과를 초래할 수 있다. 따라서 HIV감염인이나 AIDS환자에 대한 난민지위의 인정 여부는 해당 국가가 여러 가지 상황을 고려하여 개별적으로 판단할 수밖에 없을 것이다.

4) The World Bank, <Legal Aspects of HIV/AIDS>, Washington D.C., 2007, 73면 참조.

제5절

차별받지 않을 권리

I. 문제제기

국제적 인권단체의 보고서에는 인도의 어린이 에이즈환자들에 대한 차별의 현실이 잘 기술되어 있다.[1] 이 아이들은 다른 학생들의 감염을 우려한 학교당국에 의해 학교에서 다른 학생들로부터 격리되거나 아예 학교를 그만두어야 한다. 또한 다른 환자에 대한 감염을 두려워한 병원으로부터 적절한 치료조차 받지 못하고 있다. 이처럼 에이즈환자들은 편견(bias)과 고정관념(stereotype)으로 인해 교육기관과 의료기관뿐만 아니라 가족과 사회로부터 멸시와 냉대의 대상이 되어 차별대우를 받고, 전염병을 퍼뜨리는 자라는 낙인(stigma) 때문에 적절한 치료시기를 놓침으로써 비참하게 생을 마감해야 하는 처지에 놓여 있다.

HIV/AIDS를 이유로 한 차별행위는 국가의 법률에 의해서 강화되기도 한다. 대부분의 국가에서 동성애와 마약 및 성매매는 법으로 금지되어 있다. 따라서 HIV/AIDS에 더 많이 노출되어 있는 동성애자와 마약사용자 및 성매매여성들은 오히려 법망을 피해야 하는 자신들의 처지 때문에, 또는 법집행을 담당하는 공무원들의 뇌물이나 성상납에 대한 요구 때문에 HIV/AIDS에 관한 예방과 치

1) Human Rights Watch, <Future Forsaken Abuses Against Children Affected by HIV/AIDS in India>, 2004 참조.

료에서 차별을 받고 있다.[2)]

또한 여성에 대한 차별이 존재하는 국가에서는 여성들이 더 많이 HIV/AIDS에 노출된다. 왜냐하면 경제적으로 남편에게 의존하는 여성의 경우에 남편에게 성행위를 거부하거나 콘돔의 사용을 주장할 수 없기 때문이다. 또한 남편의 사망이나 이혼으로 경제적으로 어려움을 겪게 되는 여성들이 성매매로 진입하거나 성폭력의 위험에 노출된 노동현장으로 내몰리게 되기 때문이다. 한편 여성이 성폭력에 노출될 가능성이 높은 국가에서 여성은 더 많이 HIV/AIDS에 노출된다. HIV/AIDS는 자발적 성행위보다는 강제된 성행위에 의해서 전염될 가능성이 높기 때문이다.

II. HIV/AIDS를 이유로 차별받지 않을 권리

1. 장애차별로서 HIV/AIDS를 이유로 한 차별

다양한 차별사유 가운데 질병은 중요한 차별사유에 해당한다. 이러한 질병은 중요한 차별금지사유인 '장애(disability)'의 개념에 포함되고, 장애를 이유로 한 차별은 일반적으로 금지되기 때문에 HIV감염이나 AIDS환자라는 이유로 차별대우하는 것은 합리적인 근거가 없는 경우에 장애를 이유로 한 차별로서 금지된다. 대표적으로 영국은 장애차별금지법(Disability Discrimination Act)에서 HIV를 이유로 한 차별을 장애차별의 개념에 포함시키고 있다.[3)] 또한 미국 연

---

2) R. Jürgens/J. Cohen, Human Rights and HIV/AIDS: Now More Than Ever, 2007, 4면 참조. 이 자료는 Open Society Institute의 웹사이트(www.soros.org)에서 참조.

3) 2005년 개정된 영국 장애인차별금지법(DDA)에 따라 부칙 제1장(Schedule 1) 제6A조가 추가되어 장애인의 개념에 HIV감염자가 포함되었다.

방대법원도 HIV는 장애의 개념에 포함된다고 판시한 바 있다.[4)]

2. 차별이 금지되는 영역

장애를 포함하여 차별금지사유에 의한 차별이 금지되는 영역에는 고용, 교육, 재화·용역의 제공 등 다양한 영역이 포함된다. 특별히 중요한 영역은 고용이다. HIV/AIDS를 이유로 고용을 거부하거나 해고하는 행위는 차별에 해당한다. 우선 모집·채용단계에서 HIV감염 여부를 확인하기 위한 강제적 검사는 차별을 위한 것으로 의심할 수밖에 없기 때문에 금지되어야 한다. 물론 사용자는 HIV가 다른 근로자들에게 전염될 위험성이나 근로자의 HIV감염에 관한 치료비용을 이유로 HIV감염 사실을 확인하기 위한 강제적 검사를 정당화하고, 이에 근거한 차별도 정당화할 수 있다. 하지만 HIV는 일상적인 접촉을 통해서는 전염되지 않는 것으로 알려져 있기 때문에 HIV감염은 채용을 거부하거나 근로자의 해고를 정당화할 수 있는 사유가 되지 못한다. 따라서 HIV감염 사실을 확인하기 위한 강제적 검사는 차별을 위한 것으로서 모집·채용 단계는 물론이고, 고용의 모든 단계에서 금지될 필요가 있다. 또한 교육기관이나 의료기관에서 HIV/AIDS를 이유로 입학을 거부하거나 퇴학시키는 행위 또는 치료를 거부하거나 강제로 퇴원시키는 행위도 차별에 해당한다.

3. 장애인차별금지법의 적용

「장애인차별금지 및 권리구제 등에 관한 법률」(이하 '장애인차별금지법'으로 약칭)에 따르면 장애는 "신체적·정신적 손상 또는 기능상실이 장기간에 걸쳐 개인의 일상 또는 사회생활에 상당한 제약을 초래하는 상태"로 정의된다(동법 제2조 제1항). 이러한 장애

---

4) 미국 연방대법원 Bragdon v. Abbott, 524 U.S. 624(1998) 참조.

를 이유로 한 직접차별,[5] 간접차별,[6] 정당한 편의제공의 거부, 장애인관련자나 보조견 또는 장애인보조기구에 대한 차별행위는 금지된다(동법 제4조 제1항). 따라서 HIV감염이 장애에 포함될 수 있다면 HIV감염인 또는 에이즈환자에게 장애인차별금지법에서 금지된 차별행위를 하는 것도 법적으로 금지된 장애차별행위에 해당한다. 이러한 금지된 장애차별행위는 고용, 교육, 재화·용역의 제공·이용, 사법·행정절차 및 서비스와 참정권, 모·부성권과 성, 가족·가정·복지시설 및 건강권과 같은 다양한 영역에 적용된다.

장애를 이유로 차별을 받은 피해자는 국가인권위원회에 '진정'할 수 있고(동법 제38조), 법무부장관에게 '시정명령'을 신청할 수도 있다(동법 제43조 제1항). 또한 법원에 '손해배상'을 청구할 수 있고(동법 제46조 제1항), 차별행위의 중지와 같은 '임시조치'를 신청하거나(동법 제48조 제1항) '적극적 조치'에 관한 판결을 청구할 수도 있다(동조 제2항). 금지된 장애차별행위가 '악의적인 것'으로 인정되는 경우 법원은 차별을 한 가해자에 대하여 3년 이하의 징역 또는 3천만 원 이하의 벌금에 처할 수 있다(동법 제49조 제1항).[7] 따라서 HIV/AIDS를 이유로 차별을 받은 피해자도 이러한 진정, 시정명령, 손해배상, 임시조치, 적극적 조치, 형벌 등과 같은 장애인차별금지법이 보장하는 구제수단과 제재수단을 통하여 침해당한 권리를 구제받을 수 있다.

---

5) 장애인차별금지법 제4조 제1항 제1호: 장애인을 장애를 사유로 정당한 사유 없이 제한·배제·분리·거부 등에 의하여 불리하게 대하는 경우.

6) 장애인차별금지법 제4조 제1항 제2호: 장애인에 대하여 형식상으로는 제한·배제·분리·거부 등에 의하여 불리하게 대하지 아니하지만 정당한 사유 없이 장애를 고려하지 아니하는 기준을 적용함으로써 장애인에게 불리한 결과를 초래하는 경우.

7) 차별행위의 '악의성'을 판단할 때는 ① 차별의 고의성, ② 차별의 지속성 및 반복성, ③ 차별 피해자에 대한 보복성, ④ 차별 피해의 내용 및 규모를 전부 고려하여 판단해야 한다(장애인차별금지법 제49조 제2항).

[참고] 장애인차별금지법의 시정명령

제43조 (시정명령)

① 법무부장관은 이 법이 금지하는 차별행위로 「국가인권위원회법」 제44조의 권고를 받은 자가 정당한 사유 없이 권고를 이행하지 아니하고 다음 각 호의 어느 하나에 해당하는 경우로서 그 피해의 정도가 심각하고 공익에 미치는 영향이 중대하다고 인정되는 경우 피해자의 신청에 의하여 또는 직권으로 시정명령을 할 수 있다.

1. 피해자가 다수인인 차별행위에 대한 권고 불이행
2. 반복적 차별행위에 대한 권고 불이행
3. 피해자에게 불이익을 주기 위한 고의적 불이행
4. 그 밖에 시정명령이 필요한 경우

② 법무부장관은 제1항에 따른 시정명령으로서 이 법에서 금지되는 차별행위를 한 자(이하 "차별행위자"라 한다)에게 다음 각 호의 조치를 명할 수 있다.

1. 차별행위의 중지
2. 피해의 원상회복
3. 차별행위의 재발방지를 위한 조치
4. 그 밖에 차별시정을 위하여 필요한 조치

③~④ 생략.

III. 성적 소수자의 차별과 HIV/AIDS

1. 남성 동성애자와 HIV/AIDS

남성과 성행위를 하는 남성 동성애자들은 HIV에 감염될 위험성이 높다고 알려져 있다. 문제는 앞서 논의한 바와 같이[8] 동성애적 성적 지향은 많은 국가에서 중요한 차별사유가 되고, 심지어 범

8) 이 책 제3장 제3절 및 제4절 참조.

죄로 규정되어 사형이나 종신형에 처해지는 경우도 있다. 이에 따라 남성 동성애자들은 자신의 성적 지향을 숨기기 원하기 때문에 HIV감염을 예방하거나 치료할 수 있는 길을 원천적으로 차단당하게 된다. 또한 동성애가 범죄로 규정되는 경우에 남성 동성애자들 간의 합의에 의한 성교가 봉쇄당함으로써 남성 동성애자들은 성폭력의 대상이 될 수도 있고, 이로 인한 HIV감염의 위험성도 높아지게 된다. 심지어 동성애가 불법화되어 있는 국가에서는 법을 집행하는 공무원들이 남성 동성애자의 불법행위를 눈감아 주는 대가로 성행위를 요구하는 경우도 있어 남성 동성애자들의 HIV감염 위험성은 더욱 높아진다고 한다.[9] 여기서 성적 지향을 이유로 한 차별의 금지 및 동성애의 비범죄화가 HIV/AIDS전염을 예방할 수 있는 효과적인 방법임을 확인하게 된다. 또한 이를 위하여 동성애자들에게 자신들의 권리를 자유롭게 주장할 수 있도록 '표현의 자유'가 보장되어야 한다. 무엇보다도 동성애가 공중도덕이나 사회윤리에 반하는 행위로 평가받아 이들의 권익에 대한 주장이나 이를 위한 단체의 결정이 제한받을 수는 없다.

2. 여성과 HIV/AIDS

(1) 여성에 대한 차별과 HIV/AIDS

경제적으로, 그리고 사회적으로 약자인 여성은 HIV/AIDS의 치료에서도 차별을 받는다. 치료에 필요한 재원이 한정된 경우에 먼저 남성 감염인이나 환자를 치료하고, 일반적으로 더 많은 차별과 박해의 대상이 되는 여성은 HIV감염인이나 AIDS환자라는 사실이 드러나는 것을 두려워하여 애초에 스스로 치료를 포기하기 때문이다. 특히 경제력이 없는 여성 감염인이나 환자가 이혼하거나 사별

9) The World Bank, <Legal Aspects of HIV/AIDS>, Washington D.C., 2007, 126면 참조.

하는 경우에 사정은 더욱 악화될 수밖에 없다.

(2) 여성에 대한 성폭력과 HIV/AIDS

여성에 대한 성폭력은 여성이 HIV에 전염될 위험성을 높인다. 강요나 폭력에 의한 성교는 여성의 신체에 상해를 발생시킴으로써 HIV감염의 가능성을 증가시키기 때문이다. 또한 성폭력의 피해자인 여성들이 절망감에 빠져 스스로 HIV감염의 가능성이 높은 행위를 선택할 수도 있기 때문이다. 같은 맥락에서 부부강간이 처벌되지 않는 경우에 혼인한 여성은 이성간의 성교를 통해서도 HIV감염의 위험성이 높아질 수 있다. 무엇보다도 부부간 성행위에 관한 결정권이 남성에게 부여되어 있는 문화적 환경 속에서는 그러한 경향이 두드러진다. 그밖에도 여전히 **형사취수제**와 같은 과부상속제(wife inheritance)나 죽은 남편의 영혼을 떠나가게 하기 위해 근친과 성교를 하도록 하는 과부청결의식(widow cleansing)의 문화적 전통이 남아 있는 일부 아프리카 국가들에서는 여성들이 이러한 전통적 관행을 거부할 수 없어 HIV감염에 노출되어 있다는 보고도 있다.[10] 또한 중동부 아프리카 국가들에서 여전히 중요한 의식으로 행해지는 여성할례(female circumcision)도 비위생적인 환경에서 시행될 뿐만 아니라, 나중에 성교시 상처를 발생시킴으로써 HIV감염의 위험성을 증가시키고 있다고 한다.

(3) 여성의 출산권과 HIV/AIDS

HIV감염인이나 AIDS환자인 여성이 부딪히는 또 다른 문제는 임신과 출산이다. 여성이 HIV감염인이나 AIDS환자가 되면 임신·출산의 자제 또는 심지어 생식능력의 제거를 강요당하게 된다. 모든 여성에게는 임신·출산의 횟수와 주기 및 시점을 결정할 수 있

10) The World Bank, <Legal Aspects of HIV/AIDS>, Washington D.C., 2007, 146면 참조.

는 출산권(reproductive right)이 보장되기 때문에 HIV감염인이나 AIDS 환자인 여성도 이러한 출산권을 향유할 수 있어야 한다. 다만 임신·출산의 과정에서 배우자나 자녀에 대한 HIV전염의 위험성이 있기 때문에 이러한 위험성을 감소시킬 수 있는 조치가 취해질 수는 있다.

(4) 성매매여성과 HIV/AIDS

성매매에 종사하는 여성들은 특별히 HIV감염의 위험성이 높다. 더욱이 대부분의 국가에서 성매매는 범죄가 되거나 범죄는 아니더라도 이러한 직업에 대한 사회적 차별이 존재하기 때문에 HIV 감염 여부를 확인할 수 없거나 확인되는 경우에도 적절한 치료의 기회를 제공받지 못하게 된다. 따라서 성매매를 비범죄화하여 이에 종사하는 여성들의 건강을 보호하거나 합법화가 불가능한 경우에는 성행위시 반드시 콘돔을 사용할 수 있도록 콘돔을 무료로 배포하는 정책과 같이 이들의 HIV감염을 막을 수 있는 적절한 조치가 필요하다.

(5) 비판과 대안

여성에 대한 차별을 철폐하고 모든 폭력을 제거하는 것이 HIV/AIDS의 확산을 예방할 수 있는 또 하나의 바람직한 대안임을 확인하게 된다. 이를 위해서는 성별을 이유로 한 차별을 금지하는 법률의 제정 및 관철, 여성에 대한 성폭력을 금지하고 제재를 가하는 법률의 엄격한 집행, 특히 가정폭력과 부부강간을 처벌하는 입법이 요청된다고 보인다. 반면에 성매매는 복잡한 맥락이 있어 선불리 합법화와 제도적 규율을 주장하기 어렵기 때문에 불법이지만 어차피 성매매가 존재할 수밖에 없다면 성매매여성에게 HIV전염의 위험성을 감소시킬 수 있는 안전대책이 모색되어야 한다. 물론 허용될 수 있는 성매매는 개인적이고 자발적인 것에 한정되기 때문에 조직적이고 강제적인 성매매를 위한 인신매매의 불법화와 처벌은 HIV전염의 위험성을 줄일 수 있는 대안이 될 수 있다.

3. 아동과 HIV/AIDS

HIV감염인이나 AIDS환자를 부모로 둔 아동들은 부모가 사망하면 곧바로 경제적 어려움에 처하게 된다. 이 때문에 이들은 가족의 생계를 위해 경제활동, 특히 성매매에 종사하게 될 가능성이 커지게 된다. 또한 부모로부터 HIV가 전염될 가능성도 높다. 이와 같은 여러 가지 이유로 인해 이러한 아동들은 교육의 기회도 박탈당하게 된다. 한편 아동에 대한 성적 학대나 성폭력 및 성매매도 아동 HIV감염인이나 AIDS환자를 발생시키는 원인이 된다. 따라서 HIV감염인이나 AIDS환자를 부모로 둔 아동들에 대한 특별한 보호가 요구되고, 특히 아동의 성에 대한 적절한 법적 보호가 HIV전염을 예방할 수 있는 방안이 될 수 있다.

「후천성면역결핍증 예방법」은 특별자치도지사·시장·군수 또는 구청장에게 감염인 중 부양가족의 생계유지가 곤란하다고 인정될 때에는 대통령령이 정하는 바에 의하여 부양가족의 생활보호에 필요한 조치를 해야 할 의무를 부과하고 있다(동법 제20조). 그리고 동법 시행령은 특별자치도지사·시장·군수 또는 구청장은 감염인의 부양가족을 「국민기초생활 보장법 시행령」 제4조 제1항 제5호에 따른 수급권자[11]로 보아 「국민기초생활 보장법」에 따른 급여를 해야 한다고 규정한다(동 시행령 제24조).

---

11) 부양의무자가 있어도 부양능력이 없는 경우의 하나로서 "기타 질병·교육·가구특성 등으로 인하여 부양능력이 없다고 보건복지가족부장관이 정하는 경우"를 말한다.

Sexuality and Law

제5장 | 결　론

Constitutional and Legal Issues in Gender Identity, Sexual Orientation and HIV/AIDS

결 론

1. 두 개의 진리

성별은 태어날 때부터 결정되어 죽을 때까지 변할 수 없다는 생각, 사람은 자신과 반대의 성별을 가진 사람과 사랑하고 섹스해야 한다는 생각, 이러한 생각은 마치 '절대불변'의 진리와도 같았다. 따라서 자신의 성별을 바꾸고 싶다는 생각을 가진 사람들, 자신과 동일한 성별의 사람을 사랑하고 그 사람과 섹스하고 싶다는 생각을 가진 사람들은 당연한 진리에 도전하는 '이상한' 사람들로 평가받을 수밖에 없었다. 이러한 평가를 정당화하는 결정적 근거는 그런 '이상한' 사람들의 숫자가 소수(minority)에 지나지 않는다는 사실이다. 이에 따라 다수(majority)에 의해 공동체의 가치가 결정되는 일반적인 상황(우리는 이것을 '민주주의'라고 부른다)에서 소수의 이상한 사람들이 가진 생각은 '비정상적'이거나 '비도덕적'인 가치에 근거한 것으로 폄하될 수밖에 없다. 그들은 정신적으로 문제가 있는 환자(정신병자)이거나 도덕적으로 문제가 있는 존재(범죄자)임에 틀림없다. 다수는 공동체의 가치를 수호하기 위해 이러한 소수를 구분하고 배제한다. 마치 정신병자를 정신병원에, 범죄자를 감옥에 가두듯이.

문제의 핵심은 다수가 진리로 믿고 있는 바로 그 생각이 진정으로 '절대불변'인지 하는 점에 있다. '절대'라는 말은 어떤 경우에도 예외가 없다는 뜻이고, '불변'이라는 말은 어떤 상황에서도 변하지 않는다는 뜻이다. '일반적으로' 사람은 자신과 반대의 성별에 속한 사람과 사랑하고 섹스하지만 자신과 동일한 성별의 사람을 사랑하고 그 사람과 섹스하는 '예외적인' 사람들이 존재한다. 또한 '대체적으로' 사람의 성별은 태어날 때부터 결정되어 죽을 때까지 변하지 않지만 살다가 자신의 성별을 변경해야만 하는 '특별한' 사람들도 존재한다. 이것은 다수가 진리로 믿고 있는 생각이 경우에 따라서는 예외가 인정될 수 있고, 상황에 따라서는 바뀔 수 있다는 의미다. 다시 말해 다수가 믿고 있는 진리가 적어도 특정한 소수에게는 절대불변의 진리가 아니라는 뜻이다. 물론 그런 예외적인 경우 또는 특수한 상황은 특정한 소수의 사람들에게만 해당된다. 따라서 다수가 진리로 믿고 있는 생각은 여전히 그 다수에게는 진리로서 타당하다.

여기서 중요한 것은 다수가 믿는 진리가 여전히 진리이지만 소수에게 적용될 수 있는 예외적인 경우와 특수한 상황도 역시 진리로서 인정되어야 한다는 사실이다. 다수가 믿는 진리와 소수가 믿는 진리가 서로 모순되는 내용을 가졌지만 둘 중의 하나만 진리가 되지 않고, 둘 다 모두 진리가 될 수 있다. 두 개의 진리는 적용되는 대상이 다르기 때문에 그 내용이 상충되지만 병존할 수 있다. 이로써 하나의 진리는 다른 하나의 진리를 비정상적이거나 비도덕적인 것으로 배제할 필요가 없다. 두 개의 진리는 서로 상대방을 인정하는 것으로 충분하다. 특별히 다수는 오로지 수적 우위에 근거하여 다수가 믿는 진리를 소수에게 강요하거나 소수가 믿는 진리를 배척하지 말고, 그러한 진리의 존재를 있는 그대로 인정할 필요가 있다. 따라서 자신의 성별을 바꾸고 싶어하는 사람, 그리고 자신과 동일한 성별의 사람을 사랑하고 그 사람과 섹스하는 사람도 비록 소수이기는 하지만 마찬가지로 정상적이고 도덕적인 사람으로 인정받아야 한다.

2. 고정관념과 편견에 대한 성찰

자신의 성별을 바꾸고 싶어하는 트랜스젠더(transgender)나 자신과 동일한 성별의 사람과 사랑하고 섹스하고 싶어하는 동성애자(또는 양성애자)에 대한 고정관념과 편견은 HIV감염인이나 AIDS환자에게도 동일하게 존재한다. 소수자인 그들은 다수자에게 트랜스젠더 또는 동성애자와 중첩되기도 하고, 성적으로 문란한 사람들, 따라서 그들의 감염이나 발병은 그런 성적 문란에 대한 징벌로 이해되기도 한다. 하지만 앞서 확인한 것처럼 소수자로서 트랜스젠더나 동성애자도 동등하게 정상적이고 도덕적인 구성원으로 인정받아야 한다는 사실, 그리고 HIV감염이나 AIDS발병이 많은 경우에 성관계를 매개로 하지만 오로지 문란한 성관계에서만 비롯되는 것은 아니라는 사실에 주목할 필요가 있다. 이처럼 고정관념과 편견만 버리면 HIV감염인이나 AIDS환자도 단지 소수자일 뿐, 다른 구성원과 동등한 인권을 향유해야 하는 존재로 이해될 수 있다.

다른 소수자에 대한 관심이 그렇듯이 성적 소수자에 대한 관심도 우리가 모두 소수자가 되어야 한다는 뜻은 아니다. 성정체성(gender identity)이나 성적 지향(sexual orientation)이 태어날 때부터 결정되는 것이라면 운명처럼 결정되어버린 성적 소수자는 자신의 의지에 따라 되거나 되지 않을 수 있는 그런 존재가 아니기 때문이다. 오히려 성적 소수자에 대한 관심은 그것이 자신의 의지와 상관없이 결정되었기 때문에 그 사람들의 성정체성이나 성적 지향을 있는 그대로 인정해주는 것에서부터 시작된다. 물론 HIV감염이나 AIDS발병의 경우에는 좀 다를 수 있다. 자신의 의지에 따라 회피할 수 있는 가능성이 존재하기 때문이다. 하지만 고정관념이나 편견이라는 관점에서 보면 문제의 본질은 동일하다. 소수자로서 그들에 대한 고정관념이나 편견을 걷어버리면 다수자와 다르기(different)는 하지만 다수자와 달리 잘못된(wrong) 존재는 아니기 때문이다.

오랫동안 믿어온 고정관념이나 편견은 버리기가 쉽지 않다. 따라서 그런 고정관념이나 편견을 깨뜨리려는 사람들을 만나면 우리는 흔히 당황해 한다. 그렇다고 그 고정관념이나 편견이 종국에 가서 깨지는 것은 아니다. 순간 당황하지만 곧바로 정신을 차리고 지금까지 가져온 고정관념이나 편견을 더욱 견고하게 만드는 근거를 찾고 만다. 그리고 우리를 당황하게 만든 그 사람들을 비난하고 그들의 잘못된 생각을 깨뜨리려고 공격한다. 아무래도 그런 고정관념이나 편견을 가진 우리 편의 숫자가 다수라는 사실이 우리를 안심시킨다. 타고난 성별을 바꾼다고? 남자끼리 혹은 여자끼리 사랑을 한다고? 에이즈환자에게 인권이 있다고? 길가는 사람을 잡고 물어봐라! 물론 대부분의 길 가던 사람들은 부정적인 답변을 할 것이다. 그 사람들도 오랫동안 동일한 고정관념과 편견을 의심 없이 믿고 사는 다수에 속할 테니까. 하지만 그 사람들에게 가던 길을 멈추고 잠시 성찰할 시간을 준다면 자신들의 고정관념과 편견이 아무런 고민 없이 반복적으로 경험되거나 학습됨으로써 입력된 가설이나 미신에 지나지 않는다는 사실을 쉽게 확인할 수 있을 것이다. 이제 모두가, 특히 다수에 속하는 사람들이 성정체성, 성적 지향, HIV감염과 같은 섹슈얼리티와 관련된 중요한 이슈에 대해서 내 문제는 아니지만 바삐 가던 길을 잠깐만 멈추고 고민과 성찰의 시간을 할애할 때가 되지 않았나 싶다. 우리가 자신을 '이성적 시민'이라고 믿는다면.

3. 성적 소수자를 위한 법의 필요성과 내용

법은 법공동체의 구성원들에게 실천을 강제할 수 있다는 점에서 세상을 바꾸는 가장 강력한 도구다. 따라서 다수가 믿고 있는 진리 또는 고정관념이나 편견을 바꿀 수 있는 가장 효과적인 도구는 법이다. 하지만 법은 오로지 다수의 의사(결정)에 따라서만 만들어질 수 있다.[1] 그래서 다수가 믿고 있는 진리 또는 고정관념이나 편견을 바꾸는 법의 제정은 어려울 수밖에 없다. 여기서 다수에 속하는 이성적 시민의 고민과 성찰이 다시금 요구된다. 만장일치가 아니라면 다수의 의사에 따라 결정되는 법은 소수의 이해관계와 충돌할 수밖에 없다. 다수와 소수의 이해관계가 서로 충돌할 경우에는 조정과 타협을 통해 합의점을 찾아야 하고, 소수의 이해관계에 대해서 일방적으로 희생을 강요할 수는 없다. 이처럼 다수와 소수의 이해관계가 상호 충돌하는 경우에조차 소수에 대한 관심과 존중이 요구된다. 반면에 성정체성, 성적 지향, HIV감염과 같은 이슈의 경우에는 다수와 소수의 이해관계가 상충하지 않는다. 문제의 본질은 다수가 믿고 있는 진리 또는 고정관념이나 편견에 있다. 따라서 다수가 양보해야 할 이해관계는 존재하지 않고, 어느 정도의 고민과 성찰을 통해 그러한 진리나 관념 또는 견해를 바꾸는 것이 소수에 대한 관심과 존중의 전부다. 비록 다수에 의해서 법이 만들어지지만 성적 소수자와 관련된 법의 제정에 주저할 필요가 없는 이유가 여기에 있다.

성적 소수자와 관련된 법의 제정이 가능하다면 이러한 법들이 담아야 할 내용은 그들이 겪고 있는 가혹한 현실과 그들이 요구하는 간절한 필요를 면밀하게 고려하여 구성되어야 한다. 트랜스젠더의 경우에는 이름과 성별의 변경, 혼인, 차별, 성폭력, 성전환치료, 프라이버시의 문제들,[2] 동성애자의 경우에는 혼인, 차별, 비범죄화의 문제들,[3] HIV감염인이나 AIDS환자의 경우에는 건강권, 프라이

1) 다수의 의사는 국민의 선거에 의해서 구성된 의회(parliament)의 의석비율에 따라 결정된다. 하지만 의회의 의석비율에 따라 항상 의회의 다수의사가 결정되는 것도 아니고, 의회의 다수의석 또는 다수의 의사가 반드시 국민 다수의 의사와 일치하는 것도 아니다. 이처럼 다수의 의사는 의회의 다수의석이나 다수의사 또는 국민 다수의 의사를 의미할 수 있지만 의회에서 정당의 영향력이 강한 현실에서 대체로 정당에 따라 형성된 다수의석을 의미한다.

2) 이 책의 제2장 참조.

3) 이 책의 제3장 참조.

버시, 거주·이전의 자유, 차별의 문제들이[4] 그러한 가혹한 현실 또는 간절한 필요와 밀접하게 관련되어 있다. 각각의 성적 소수자가 개별적으로 관련되는 문제의 경우에는 성적 소수자별로(예: 트랜스젠더특별법), 그리고 차별과 같이 모든 성적 소수자가 관련된 문제의 경우에는 문제유형별로(예: 성소수자차별금지법) 법제정이 필요할 것으로 보인다. 명시적인 법의 제정 전까지 판례에 의한 법의 보충도 가능하겠지만 이것은 어디까지나 잠정적인 해결책에 지나지 않는다. 대한민국은 선판례구속의 원칙이 적용되는 판례법국가가 아닐 뿐만 아니라, 국민의 기본권과 관련된 중요하고 본질적인 사항은 법률의 형식으로 규율하도록 요구하는 헌법적 요청(법률유보의 원칙)에 따라 비록 소수자이지만 성적 소수자와 관련된 문제들의 경우에도 원칙적으로 법률로써 규율하는 것이 타당하기 때문이다.

4) 이 책의 제4장 참조.

찾아보기

【저자 소개】

이 준 일

고려대학교 법과대학(법학사)
고려대학교 대학원 법학과 석사과정(법학석사) 및 박사과정(과정수료)
독일 킬(Kiel)대학교 법과대학 박사과정(법학박사)
(현재) 고려대학교 법학전문대학원(Law School) 교수

〈저　서〉

<법학입문>(2004)
<헌법학강의>(2005, 2007, 2008)
<인권법 - 사회적 이슈와 인권>(2007, 2009)
<차별금지법>(2007)
<법의 개념과 효력>(역서, 2000, 2007)
<기본권이론>(역서, 2007) 이외에 다수의 논문

섹슈얼리티와 법

2009년 8월 25일 초판 인쇄
2009년 9월 5일 초판 발행

저 자 이 준 일
발행인 이 방 원

발행처 세창출판사
서울 서대문구 냉천동 182 냉천빌딩 4층
전화 723-8660　　팩스 720-4579
e-mail: sc1992@empal.com
http://www.sechangpub.co.kr
신고번호 제300-1990-63호

잘못 만들어진 책은 바꾸어 드립니다.　　**정가 28000 원**

ISBN 978-89-8411-285-8 93360

이 도서의 국립중앙도서관 출판시도서목록(CIP)은 e-CIP 홈페이지
(http://www.nl.go.kr/ecip)에서 이용하실 수 있습니다.
(CIP제어번호: CIP2009002628)